Joshua Lund es profesor en la Universidad de Notre Dame. Ha publicado *The Impure Imagination: Toward a Critical Hybridity in Latin American Writing* (2006).

EL ESTADO MESTIZO

MALPASO
MÉXICO

JOSHUA LUND

EL ESTADO MESTIZO

LITERATURA Y RAZA EN MÉXICO

TRADUCCIÓN DE MARIANELA SANTOVEÑA

MALPASO

BARCELONA MÉXICO BUENOS AIRES NUEVA YORK

Para Kit y Kris, mis papás

INTRODUCCIÓN

Toda nación produce una identidad a través de la cual se expresa su historia como formación política. En las sociedades que derivan de Europa, esas identidades nacionales surgen mediante y en diálogo con el discurso racial. México no es la excepción a la regla; antes bien, constituye un caso arquetípico. Sin embargo, la idea de la raza en su especificidad mexicana moderna no ha sido lo suficientemente estudiada.

Esto raya en la paradoja si consideramos que en México la raza está manifiestamente presente y es un elemento central en las propias historias que el país se cuenta sobre sí mismo. Mientras la Nueva España se convertía en México y el país emergía lentamente de entre los escombros de un régimen colonial de siglos, los intelectuales, estadistas y poetas se congregaron en torno a la figura del mestizo —entendido como un individuo con herencias raciales mixtas, del que por lo general se supone que tiene ascendencia europea e indígena— como protagonista simbólico de un nuevo proyecto de formación del Estado.[1] Después de todo, la aún joven república no podía buscar ya su identidad nacional moderna en la versión indígena de los poderosos Estados protoburocráticos; éstos habían sido destruidos por España y ahora habitaban la imaginación intelectual como una historia gloriosa, pero superada. Y, ciertamente, esa república no podía abrevar sin problemas de un enemigo despreciado ambivalentemente al que México había derrotado recién tres veces: primero, al obtener su independencia (1821); después, al vencer a las facciones retrógradas del conservadurismo católico (1861); y, finalmente, al repeler la invasión de una veta más progresista de dominación europea bajo la forma de un imperio francés liderado por un emisario austriaco (1867).

Benito Juárez, el héroe santificado cuya presidencia produciría una modernidad mexicana liberal, representó un salto enorme hacia una nación cuya racialización articularía debidamente su propia cualidad histórica excepcional en la persona misma del presidente: un indígena «de pura raza» con una perspectiva secular, un rostro particularmente mexicano con un corte de cabello europeo un tanto adusto, ataviado cómodamente con levita negra, chaleco de vestir y corbata de moño. Una generación política más tarde, Porfirio Díaz concluiría la dialéctica al integrar políticamente lo que antes fuera un Estado fragmentado, justo como las porosas fronteras del contacto intercultural habían integrado ya a las razas de la nación. El presidente mestizo dirigiría una nación mestiza durante treinta años, un éxito inigualado que le permitiría al teórico social más agudo de su tiempo, el olvidado Andrés Molina Enríquez, colocar a México en la vanguardia de una hibridología latinoamericana más amplia, atribuyendo poderes casi mágicos de Díaz: un talento para equilibrar los antagonismos, para convertir una guerra entre razas en un discurso racial totalizante del Estado.[2]

Si el mestizo del siglo XIX fue el ciudadano idealizado que podía capturar la condición nacional inmediata de México, su reinvención a principios del siglo XX, tras la estela de la Revolución, sublimaría esa misma identidad racializada en una forma mexicana de universalización. Así surgió un cierto fanatismo en torno al «mestizaje», que alcanzaría su máxima intensidad con la publicación de la megalómana tesis de José Vasconcelos sobre la «raza cósmica», tesis que colocó la identidad mestiza mexicana en primera fila al inicio de una pugna antiracial (o hiperracial) por venir. Si bien su libro fue publicado en 1925 en el exilio y no circuló en México hasta mucho más tarde, Vasconcelos ya había dejado una impronta al legar al país un cierto lenguaje sobre la raza. Su impacto puede verse tanto en el lema que proclama el espíritu racial de la universidad más importante de México (y posiblemente de América Latina) —«Por mi raza hablará el espíritu»— como en las extraordinarias pinturas murales que alegorizan el surgimiento del mestizo.

Si tomamos en cuenta esta historia nacional, resulta sorprendente notar que la reflexión sobre el tema sea notablemente estrecha. Desde que Vasconcelos llevara a su extremo la lógica del mestizaje, el trabajo académico que ha reflexionado sobre este proyecto de construcción de la raza nacional mexicana —de por sí académico— se ha limitado a unos cuantos temas básicos, aunque cruciales. Dentro del trabajo intelectual moderno, podemos identificar fácilmente tres tendencias generales, muy relacionadas entre sí, cada una con su libro de cabecera y su correspondiente genealogía. Primero tenemos los estudios que reflexionan sobre la relación entre el surgimiento de la identidad mestiza y el papel de las comunidades indígenas en la construcción de esta narrativa histórica. Esta clase de trabajo suele reducirse a estudiar las relaciones entre mestizaje e indigenismo, que constituyen en realidad dos vetas del mismo proyecto. El trabajo académico en torno a la historia de esta relación produce, en consecuencia, toda una gama de análisis que se detienen en aspectos del alma indígena dentro de la identidad nacional mexicana. En segundo lugar está el proyecto más crítico y de denuncia que se pregunta por los límites de la supuesta inclusividad del modelo de la raza cósmica, especialmente en lo que toca (para usar el término de Étienne Balibar) a la forma nación. Este tipo de trabajo elabora variaciones sobre la idea de que el discurso estatista del mestizaje es una forma de vaciar la narrativa nacional de sus tradiciones vivas, semiautónomas e indígenas, reducidas de una vez por todas a una grandeza pasada y sublimada en el orden superior de algo más amplio, nacional. En tercer lugar, y hasta muy recientemente en los márgenes de estos dos proyectos más prominentes, se encuentran los esfuerzos por desvelar la historia generalmente encubierta de la presencia africana en la formación del México moderno.[3]

Es cierto que estos trabajos nos dicen mucho sobre la historia de la formación de la identidad racial y sobre las relaciones raciales en México. Sin embargo, su diversidad comparte una premisa común: la de tomar su categoría básica, la raza, como algo autoevidente. Es decir, todos, de alguna manera, reducen la raza a una reflexión afirmativa sobre la realidad que puede aprehender eficazmente, en términos etnológicos, a grupos humanos ya existentes. Lo que falta en este panorama, entonces, son trabajos que consideren la raza —una categoría filosófica y política que incide sobre las relaciones sociales— como objeto de reflexión crítica. Este libro quiere echar luz sobre la historia de la especificidad material de la raza tal y como se desarrolla en la producción cultural del México moderno. Su objetivo es pensar la raza más allá de su función como tema o símbolo, más allá de sus operaciones como algo que ilumina de manera transparente el mundo social. En lugar de ello, busco abordar la raza como una problemática político-cultural. Me interesa ir más allá de la idea de la raza como algo que se añade sin problemas a la forma nación o a la acumulación capitalista o al proceso de territorialización que acompañan el ascenso de la modernidad. Más que dejar de lado la raza, como un actor marginal en estos fenómenos, flotando por ahí en algún lugar de la superestructura de las formas estéticas, quiero considerarla como algo integral en la producción misma de esa historia nacional. Aquí propongo que la raza es la categoría que se erige como pilar central para la conceptualización de las dinámicas sociohistóricas de donde surge el México moderno. Es a través de la raza que pensamos esa historia cultural.

Hace algunos años, cuando trabajaba en otro libro, me topé con una tesis provocadora. *Mexico: Biography of Power* (1997) es la entretenida historia de Enrique Krauze sobre el México moderno.[4] Su enfoque es adorablemente anticuado y gira en torno a la historia de los grandes hombres —a saber, los presidentes y algunos héroes de la Revolución— que conforman el panteón político del país. El libro dibuja una trayectoria que va desde la Revolución hasta la era del Tratado de Libre Comercio y, para llegar a su punto de arranque, Krauze avanza a marchas forzadas a lo largo de todo el siglo XIX. La transición final a la Revolución se centra en Porfirio Díaz, en un capítulo llamado nada más y nada menos que «El triunfo del mestizo». Allí Krauze se ve obligado a explicar la agitación y abierta rebelión rural que abundó durante el turbulento siglo XIX. La lucha agraria era, por supuesto, un signo de aquellos tiempos, ya que los modos de producción dentro del espacio nacional todavía estaban un tanto segmentados y diferenciados, de manera que el proceso de nacionalización puede ser comprendido también como el de la penetración de la acumulación capitalista en las áreas de vida rural. Como es bien sabido, esta historia no está libre de violencia, escrita «en los anales de la humanidad con letras de sangre y fuego», como lo dijera Karl Marx o, para el caso, Gaspar Ilóm. Puesto que se trata de un capítulo de transición, Krauze avanza velozmente, no sin una alta dosis de perogrulladas. No sorprende que invoque el mestizaje como una metáfora del proceso de formación del Estado. Todo esto ya lo hemos visto antes y, aunque tiene un carácter ideológico, es ese tipo de cosas sobre las que, a estas alturas, no caben ya realmente comentarios.

Lo que me impactó del manejo que hace Krauze de la dialéctica fue su racialización literal —de alguna manera científica y a la vez extática— de ciertos espacios nacionales. La tesis de Krauze es que los espacios intranquilos, y en última instancia peligrosos, durante el siglo XIX mexicano —lo que Raymond Craib llama elocuentemente «paisajes fugitivos»— eran aquellos que habían pasado sólo superficialmente por el proceso de mestizaje. En pocas palabras: las regiones más rebeldes e intratables, las más resistentes a la nacionalización, eran las menos mezcladas racial y culturalmente. Y esto, por supuesto, lleva a la tesis inversa: los espacios más exitosos en términos nacionales, los más mexicanos del país llamado México, eran los más mezclados. Más allá de postular genéricamente una nación mestiza, Krauze propone aquí un mapa heterogéneo de espacios claramente racializados. De ese modo invierte el funcionamiento genérico del mestizaje nacionalista, haciéndolo más sugerente: más que imponer una «identidad mestiza» ideológicamente homogénea sobre una sociedad nacional materialmente diversa, Krauze propone una sociedad materialmente diversa cuyos fragmentos territorializados reconocían su mexicanidad en un grado mayor o menor. La vara para medir la «mexicanidad», en este caso dentro de México, es el mestizaje.

Como tesis histórica o sociológica, la idea de Krauze carece de toda base empírica: ¿cómo se identifica tal o cual grado de mestizaje? Generaciones de antropólogos mexicanos pueden dar fe de los naufragios que esperan a quien intente medir los niveles de pureza cultural o mezcla racial. Y, sin embargo, la tesis de Krauze tiene una cualidad extrañamente seductora que pone de manifiesto los efectos de verdad de la formación discursiva en la que reside. Es así que puede sostenerse como algo cercano a la sabiduría convencional. No es difícil imaginar sus contornos: una historia de pequeñas guerras raciales en la que indígenas enfurecidos se levantan y atacan a sus opresores criollos, sólo para ser reprimidos por el ejército federal o la milicia local y eventualmente ceder a la marea inexorable de la nacionalización, es decir, del mestizaje. Más todavía: Krauze vincula la raza con el espacio, con zonas de mestizaje débil enmarcadas como espacios de excepción. Se trata, pues, de una mentira histórica habitada por una semilla de verdad.

La narrativa de Krauze aún permanecía en mi cabeza cuando me embarqué en mi propia marcha a través de la historia de la literatura nacional de México, que se me encomendó enseñar a estudiantes de licenciatura y posgrado en una universidad estadounidense con un importante programa de estudios latinoamericanos. Mi formación como crítico literario tuvo lugar en la víspera de una revolución en los estudios literarios que dejó de lado la estética y se orientó hacia lo que podríamos llamar, de manera amplia y usando un término que aprendí de John Mowitt, «sociocrítica». Esto fue especialmente importante en los estudios literarios latinoamericanos; una amplia generación de académicos como Roberto Schwarz, Hernán Vidal, Jean Franco, Gerald Martin, Mabel Moraña, John Beverley y Doris Sommer harían de los estudios literarios una vía para dar cuerpo a las paradojas de las formaciones ideológicas, la forma nacional, la normalización del género, la economía política y los derechos humanos en América Latina. Antes de ellos, investigadores como Gilberto Freyre, Antonio Candido y Ángel Rama ya habían teorizado la interpenetración de las fronteras entre producción literaria, prácticas culturales, investigación científica y capacidad política en la historia de las repúblicas latinoamericanas. En muchos sentidos, la tesis de Krauze es sintomática de esta interdisciplinariedad *sui generis* que impulsa al latinoamericanismo contemporáneo: se trata, a la vez, de una conclusión histórica y de un postulado literario. En *Mexico: Biography of Power* Krauze estaba comprometido, en última instancia, con la escritura de México, con la confección de una narrativa capaz tanto de ofrecer una explicación plausible sobre la naturaleza de la identidad nacional como de articularse con una trayectoria más larga de afirmación de la raza en México. Si, en cierto nivel, Krauze estaba produciendo literatura, ¿cómo podemos leer la raza de forma más sistemática, más material, dentro y a través de la tradición literaria mexicana? ¿Cómo podemos interrogar la tesis de Krauze en su punto más fuerte?

Mis supuestos de trabajo se reducen a tres básicos. El primero: la raza es una teoría de la organización de la diferencia humana que, incluso con la mejor de las intenciones, esconde (o revela) dentro de sí una estructura de jerarquía. El segundo: la raza depende de una visión estética de la especie humana; está ligada a la belleza, la forma, la representación y la narrativa. El tercero: la raza produce identidad de grupo. Es decir, puede animar a la gente a reunirse y formar redes de solidaridad. Pero, puesto que en última instancia está gobernada por un impulso jerárquico, la raza siempre regresa a la segregación.[5]

Leída a la luz de estas premisas, la tradición literaria mexicana presenta ricas posibilidades analíticas. La raza, y su conversión al discurso, está en todas partes, desde *El Periquillo Sarniento* de Lizardi en adelante. Dicho de otra manera, la raza está en producción en una obra tras otra. Y, sin embargo, no existe una reflexión crítica sobre este hecho que vaya más allá del paradigma del mestizaje. Ya sea con o contra Vasconcelos, los académicos han pasado décadas abordando el problema de la raza como una cuestión de sangre, comunidad o espíritu, así como revisando las posibilidades y los límites de este proceso nacional de racialización. En vez de ello deberíamos haber pasado más tiempo observando, con o sin Krauze, el problema de la raza como una cuestión de espacio o, más específicamente, de tierra.

Sostengo que la raza se vuelve significativa en el mundo real sólo en tanto opera en la división histórica de los recursos materiales y en la vigilancia institucional sobre dicha división. Dado que el discurso literario es producto de y participa en la realidad de la vida política, un análisis de su producción de la raza debería prestar atención a esas determinaciones. Después de todo, esa historia de producción y naturalización de la desigualdad es, en última instancia, la apuesta política central del Estado moderno y de su acompañante, la forma nación. En este libro me concentro, entonces, en escritores que problematizan la raza en su forma más básica: como una categoría social que articula y hace posible una política moderna en torno a la relación entre el espacio y el ser humano. Esto quiere decir que leo a escritores cuya estética de la raza incide directamente sobre las políticas del espacio.

El paradigma del mestizaje y su crítica ubican correctamente las dimensiones estéticas de la raza. Sin embargo, hasta ahora ambos se han detenido ahí. Es decir, se han limitado a los símbolos de la identidad nacional y se han mantenido en el nivel de la estética sin poner los pies en el suelo. Este libro es un intento por releer la raza como el concepto alrededor del cual se expone, y se transforma en narrativa, la batalla política por los recursos de la tierra. La racialización no es sino la representación estética de esa batalla. Mi objetivo es traer dicha batalla de vuelta a la tierra.

La expresión que da título a este libro, «Estado mestizo», tiene tres dimensiones que resuenan simultáneamente —y cuando se le invoca a lo largo del trabajo, siempre expresa las tres—. En primer lugar, hace una referencia estructural a las instituciones de soberanía en México. La formación estatal hegemónica en el país ha sido conceptualizada como un Estado mestizo al menos desde la aparición de la obra maestra de Molina Enríquez en 1909. Porfirio Díaz, ya se vio, fue proclamado como el mestizo que podía equilibrar las difíciles contradicciones de México. Aun cuando se convirtió en el enemigo contra el cual se libraba la guerra revolucionaria, la expresión cultural del mestizaje que envolvía los proyectos del Estado nunca menguó, y el largo gobierno del Partido Revolucionario Institucional (PRI) retomó muchos de los tropos retóricos del Porfiriato, convirtiéndolos en propios. En segundo lugar, «Estado mestizo» es también una forma simbólica de indicar un «estado de ser» que definiría a una subjetividad nacional y a una familia nacional, específicamente en los influyentes términos de Justo Sierra: una «familia mestiza» que surgiría y se erigiría sobre la ficciosa etnicidad de México, su raza nacional. Finalmente, y de manera más urgente, «Estado mestizo» tiene también resonancias materiales: alude a un proceso histórico-político de formación estatal y de penetración capitalista que se explica y se sostiene a sí mismo abrevando de un discurso de la raza. A la vez estructural, simbólico y material, el «Estado mestizo» es el nombre de las consecuencias históricas de la confluencia de raza y nación en el México moderno.

Si bien este proyecto constituye un intento por «leer la raza» sistemáticamente a través de un conjunto de obras literarias, su objetivo no debe confundirse con un interés por «leer en busca de racismo». El racismo tiene una historia, y cualquier libro que intente rastrear la raza transhistóricamente necesita enfrentarse cara a cara con su propio anacronismo. Por una parte, expresiones como «progresista para su tiempo» siempre tienen un dejo de excusa; por otra parte, posturas, declaraciones y actitudes que hoy nos parecen autoevidentes también tienen su propia historia y tuvieron su momento de radicalismo social, a tal punto que individuos arriesgaron y perdieron sus vidas por articularlos y defenderlos. Frente a lo delicado de este desafío, la única postura analítica razonable que se puede asumir en un campo tan subjetivo como la crítica literaria es mantener cierto nivel de simpatía con el objeto de estudio. Al igual que todos los Estados nacionales modernos, México es una sociedad racista. Sus productores culturales a menudo reflejan este hecho pero también, milagrosamente, lo trascienden. Se puede encontrar racismo por doquier; el punto es encontrar cómo funciona, sus bases conceptuales, las categorías que lo gobiernan, cómo cambia y qué no cambia. La lucha contra el racismo es una de las grandes luchas de nuestro tiempo; si leer la raza puede constituir una pequeña contribución a esa lucha, tanto mejor. Los temas de la justicia social aparecen a lo largo de todo el libro, pero descubrir el racismo como una práctica social y denunciarla no es mi asunto central aquí. Los funcionamientos de la raza son infinitamente misteriosos y surgen en lugares inesperados, a menudo con resultados sorprendentemente críticos. El propósito de este libro es rastrearlos, considerarlos, problematizarlos.

Este libro no tiene la ambición de llevar a cabo un estudio históricamente comprehensivo de la idea de raza y de sus relaciones con el discurso literario en el México moderno. Mi objetivo aquí es contribuir a ese proyecto crítico más amplio mediante el análisis de obras importantes de cuatro escritores, divididos en dos escenas históricas. El primer par —el editorialista Luis Alva y el erudito Ignacio Manuel Altamirano— pertenece a lo que podríamos llamar el Alto Porfiriato, los años intermedios del gobierno de Díaz, aproximadamente las décadas de 1880 y 1890. El segundo par está formado por dos titanes de la producción literaria de mediados del siglo XX: Rosario Castellanos y Elena Garro, quienes prosperaron durante un periodo de hegemonía asociada con la postura dominante del Partido Revolucionario Institucional. Las obras de estas escritoras que examino con más detalle son magistrales novelas publicadas a principios de la década de 1960. Ya antes de que comenzara a involucrarme más sistemáticamente con sus contextos, me interesaba la obra de estas cuatro figuras en tanto escritores, pero pienso que también existe una cierta lógica histórica que los vincula, y que de alguna manera me atrajo inconscientemente antes de empezar a establecer conexiones.

Los escenarios históricos de ambos pares de escritores son engañosos periodos de paz prolongada en un país marcado por largos tramos de intensa inquietud social. Digo engañosos porque, por supuesto, la «paz» es simplemente la sublimación de una condición sociopolítica que puede representarse adecuadamente como estabilidad: la paz puede ser entendida, en términos de Alva, meramente como una palabra para el quietismo o, en términos de Michel Foucault, como el nombre de una guerra que el Estado nunca deja de librar. En su fascinante estudio sobre el activismo agrario en la era del PRI, Tanalís Padilla resume muy bien lo anterior cuando escribe: «Aclamado por su estabilidad política y por el rápido crecimiento económico, el periodo entre 1940 y 1968 experimentó en realidad un aumento constante de inquietud social ... [que] demuestra hasta qué punto el terror de Estado aseguraba la "dictadura perfecta" de México».[6] Lo mismo podía decirse —y, de hecho, a menudo se dice— del Porfiriato. No obstante, la ilusión de la paz —o el «mito» de la paz, en el recuento de Padilla— es ideológicamente efectiva porque tiene un cierto sentido de realidad. El Porfiriato y la hegemonía del PRI son algo así como el antónimo del conflicto abierto que define la inestabilidad social durante los primeros dos tercios del siglo XIX, la Revolución y la guerra entre el Estado y los carteles de la droga que asola hoy a la sociedad mexicana. Los largos periodos intermedios representan épocas de construcción de instituciones y de proyectos intelectuales cuyas propias crisis sociales no estallaron propiamente en una guerra civil. Para los intelectuales son momentos de reflexión y, por lo tanto, tiene sentido que sean los dos periodos más ricos de la producción literaria en la historia del México moderno. Ambos producen Estado, y esto no sólo implica a los intelectuales del Estado (una categoría sorprendentemente importante en la historia cultural de México, desde Justo Sierra hasta Carlos Fuentes), sino también a los pensadores y creadores, frecuentemente más interesantes, que existen en los márgenes de esas formaciones institucionales.

Como ya he dicho, este libro aborda escritos de cuatro figuras.[7] El protagonista del primer capítulo es el ensayista Luis Alva, prácticamente desconocido en los estudios mexicanos contemporáneos. Una breve cita en la historia clásica de Charles Hale sobre el liberalismo mexicano me llevó a los extraordinarios ensayos de Alva sobre «la raza indígena», publicados en serie en 1882 en un periódico de la ciudad de México. En dichos ensayos Alva aborda el problema de la intersección entre la raza (reificada en los indígenas mexicanos) y el espacio (tematizado como política de Estado para el desarrollo rural) y, al hacerlo, sondea los límites de la crítica liberal al racismo. En una cultura política dominada por una cierta vertiente conservadora del liberalismo, Alva dibuja los contornos del Estado mestizo, la especificidad de su racialización y las contradicciones que no puede resolver. El propio compromiso de Alva con la economía política liberal le proporciona los cimientos para una crítica algo devastadora del racismo estatal, crítica en la que subraya las formas en las que la política del Estado y las normas sociales son incapaces de respetar la promesa liberal de tolerancia cultural. Sin embargo, su osada postura crítica chocó con su propia aporía, ya que su defensa de una ciudadanía racialmente neutra contravenía a su propio liberalismo. Para articular a comunidades separadas y regular su relación con los recursos materiales, el Estado-nación liberal homogeneiza y mantiene un compromiso totalizador con una sola relación social: el capitalismo.

La normalización y universalización de la acumulación capitalista requiere una imposición, y ésta fue una tarea importante del México porfiriano. La obra de Ignacio Manuel Altamirano, específicamente su gran novela de bandidos *El Zarco* (finalizada en 1888 y publicada en 1901), constituye el tratamiento más complejo e iluminador de la época sobre este proceso histórico, sobre todo cuando se entrelaza con el discurso racial. El segundo capítulo de este libro examina la forma en que Altamirano, de manera muy inmediata y personal, lidia con la militarización del espacio durante la formación del Estado mestizo. A lo largo del Porfiriato la figura del mestizo se erigiría y se convertiría en el símbolo estable capaz de articular lo urbano con lo rural y al Estado con la nación. En última instancia, el mestizo llegaría a simbolizar la resolución del problema político central del momento: la negociación de la soberanía y la hegemonía, la formación de un Estado que no sólo podía representar sino de alguna manera reflejar a su nación. El examen crítico de este asunto se vuelve particularmente interesante si consideramos que su pensador más sofisticado, el propio Altamirano, fue racialmente señalado como «indio». Así, en su obra una historia personal (y simbólicamente colectiva) de la identidad se entrelaza con la historia política de la forma nación y con su vínculo, por una parte, con el territorio y, por la otra, con la soberanía.

Los capítulos 3 y 4 nos llevan al periodo posrevolucionario y abren nuevas facetas de las relaciones entre raza, espacio y violencia. Puede decirse que la carrera de Rosario Castellanos, tema principal del tercer capítulo, opera dentro de un nuevo conjunto de condiciones de producción literaria si se la considera paralelamente a las condiciones de la obra de Alva y Altamirano. México es ahora una nación madura, convincentemente estable y en desarrollo; y la institucionalización más profunda del trabajo intelectual, incluida la producción literaria, le brindó a Castellanos recursos y oportunidades de colaboración que no estaban disponibles en el México porfiriano. En tanto mujer escritora en una sociedad machista, pero también en tanto mujer que participaba activamente en la cultura política, como intelectual y como empleada del Estado, Castellanos ofrece una perspectiva oblicua de la política cultural dominante. Además, pasó gran parte de su infancia en el estado de Chiapas, lejos de la política y de la cultura nacional. Al igual que Altamirano, Castellanos cultivó la identidad de un actor marginal ubicado en el centro. En lo que respecta a las dimensiones políticas de su obra en torno a la raza, éstas invitan a una pregunta inmediata: ¿cómo es que la exploración literaria —pesimista por antonomasia— del racismo en la sociedad mexicana surgió del proyecto fundamentalmente optimista de la antropología de mediados de siglo patrocinada por el Estado? La escritura literaria de Castellanos y su propia biografía profesional corren paralelas al surgimiento de la antropología en México y a su papel en la construcción de la nación —desde las influyentes ideas de Manuel Gamio hasta los años mozos de la práctica antropológica realizada en el Instituto Nacional Indigenista, encargada durante la década de los cincuenta de promover las bases culturales del desarrollo económico a lo largo y ancho del país. En pocas palabras, la generación de Castellanos reflexionó sobre la perdurabilidad de la articulación entre raza y violencia en el México rural con la esperanza de encontrar una vía para derrotarla. En la obra de esta generación se dibujó una nueva geografía de la raza, cuyo centro problemático era el «poblado mestizo» y que tenía como teoría básica un enfoque cada vez más holístico de las relaciones de raza. Castellanos, quien participó en la aplicación práctica de estos trabajos, recurrió sin embargo a su talento literario para demostrar la densidad histórica que pesaba contra ese empeño. México, concluyó, aún no se liberaba, y no lo haría en poco tiempo, de esa violencia que sitúa la idea de la raza en los espacios de salvaje desigualdad material. Políticas de Estado serían diseñadas y jóvenes optimistas serían enviados, con entusiasmo desbordado, a poner en acto su ejecución a lo largo del país. Y ahí las viejas fuerzas de la dominación colonial se levantarían y blandirían un discurso racial —con el refinamiento que dan décadas y décadas de práctica—, exponiendo así los horribles compromisos que alimentan al Estado mestizo. Todo esto es puesto en escena y sopesado en su épica novela de 1962, *Oficio de tinieblas*, que reconsidero en el tercer capítulo.

Mientras que Rosario Castellanos se involucró en un proyecto estatal de desarrollo en Chiapas, la protagonista del capítulo 4, Elena Garro, estaba afiliada a una forma mucho más idiosincrática de activismo. Interpelada por un grupo de campesinos disidentes, durante la década de los cincuenta Garro se convirtió en una suerte de agitadora accidental, coordinando protestas, intentando organizar reuniones con el presidente y poniendo nerviosos a sus colegas. Garro invirtió gran parte de su energía crítica en su novela emblemática, *Los recuerdos del porvenir*, publicada en 1963. De todas las grandes novelas de mediados del siglo XX en México, ninguna puede rivalizar con la obra de Garro en su sofisticada problematización de la relación raza-nación. Castellanos permanece un tanto distante, indiferente ante la lucha entre «ciudad y campo» que narra en su ficción; la escritura de Garro, por el contrario, es el tratamiento más visceral, autorreflexivo y devastadoramente crítico de los fracasos de su propia clase social. En el centro de esta crítica se encuentra la incapacidad de la burguesía mexicana —según Garro, el México mestizo— para llevar a cabo la promesa de su propia retórica y encontrar una causa común con su otro nacional, el campesino indígena que sentía más intensamente la violencia de la desigualdad material. Garro nos enfrenta con la utopía de una Revolución que no puede darle lugar a la vez a Madero y a Zapata, a los derechos políticos y a los económicos, a un compromiso con la democracia y a un compromiso equivalente con la justicia. Para Garro, es de hecho la lógica internalizada de la raza la que frustra, una y otra vez, la realización de las promesas de la Revolución.

Si el racializado mapa de nación que ofrece Krauze es productivo, es por su coherencia como expresión ideológica: ese mapa traza los contornos de la geografía de un Estado mestizo que explica su desarticulación nacional mediante el lenguaje de la raza. Cada uno de los cuatro escritores cuya obra se estudia en este trabajo se involucra en, y se resiste a, este discurso de manera diferente. La cualidad común que une a los cuatro es la inmediatez con la que su prosa articula raza y espacio. A la vez que se resisten a la tesis de la raza cósmica que anima al paradigma racial del mestizaje en el México moderno, examinan al Estado mestizo en su núcleo ideológico y en su faceta más política. La raza satura la tierra y divide su generosidad material. Al captar este proceso y confrontar sin rodeos sus contradicciones históricas, Alva, Altamirano, Castellanos y Garro piensan la raza nuevamente, hablan de su violencia social y ofrecen, quizás, pistas sobre su posible fin material, no cósmico.

1.
COLONIZACIÓN E INDIANIZACIÓN EN EL MÉXICO LIBERAL: EL CASO DE LUIS ALVA

México ocupa un lugar central en este momento posmulticulturalista de reflexión sobre las teorías, las prácticas y los legados de la raza, en el que reinan las identidades híbridas (y su crítica). *La raza cósmica*, de José Vasconcelos, ensayo escrito en 1925 y citado aún copiosamente como un intento pionero por pensar más allá de la raza, es tan sólo el ejemplo más espectacular. El estilizado mestizaje de Vasconcelos —que prometía el fin de la raza mediante la mezcla racial universal—, junto con el giro posrevolucionario del país hacia un discurso sobre los derechos indígenas (aunque no siempre hacia su práctica), ayudó a consolidar el vocabulario de una delicada conversación en torno a la raza que todavía tiene lugar, a menudo en forma de pantomima, en el escenario nacional. Así, recién en 2003, en un discurso pronunciado ante comunidades indígenas, el entonces presidente Vicente Fox no se refirió a sus conciudadanos sino más bien a sus «hermanos indígenas», y el portavoz más carismático de los derechos indígenas en México, el Subcomandante Marcos, ha sido atacado desde todo el espectro político por ser sospechosamente no indígena.

Este atolladero racializado —en el que presidentes blancos saludan a sus «hermanos indígenas» y activistas por los derechos indígenas son sometidos a una suerte de prueba genética— se petrifica en un paisaje frustrantemente impenetrable en que se producen dos verdades bien conocidas y contradictorias. Por una parte, que los habitantes indígenas de México son la auténtica fuente del patrimonio cultural que se ha amalgamado a la nación; por la otra, que esa misma nación está fundada sobre el abandono de esos mismos indígenas. Este el esbozo del discurso que reside en el corazón del Estado mestizo y que alimenta a la cultura nacional correspondiente.

Ya en 1925 la idea cósmica de Vasconcelos era poco original y sus raíces estaban firmemente clavadas en ese mismo entorno histórico que buscaba superar. En realidad, los pilares identitarios de la política racial mexicana —mestizo e indio— fueron trabajados en el nivel teórico durante el último cuarto del siglo XIX.[1] El hilo conductor de la historia política mexicana es un compromiso generalizado con cierto «liberalismo» —algo que Charles Hale sintetiza de manera útil como el «consenso liberal» de México—, formalizado en la Constitución de 1857 y consolidado durante el Porfiriato, que sobrevivió a la revolución con un aspecto en ocasiones más progresista y que mantiene aún hoy su hegemonía.[2] Bajo la rúbrica de este Estado liberal, las relaciones de raza han constituido un desafío perenne: el de abordar el lugar de las comunidades indígenas en el paisaje cultural heterogéneo de México. Así, la historia de la racialización en México resulta particularmente útil para pensar los límites de la crítica liberal a la raza y al racismo en un sentido general. Sostengo que estos límites surgen en la formulación misma de los supuestos del liberalismo y se alcanzan en la articulación básica que convierte la idea de la raza en una práctica racista: el gozne que une las relaciones económicas y sociales, lo que Karl Marx llamaba los «modos de producción». El liberalismo, como ideología de la libertad y la igualdad, es incapaz de cumplir lo que nos enseña a exigir cuando nos enfrentamos con el chauvinismo de su propio fundamento económico, es decir, su compromiso con un solo modo de producción: el capitalismo.[3] Y, en el mundo moderno, los modos de producción tienen una «racialización» análoga.

En el presente capítulo exploro los límites de la crítica liberal al racismo tal como opera por primera vez en México, poniendo atención en las interacciones entre la raza, el espacio y los modos de producción. El contexto es un momento nacional-histórico en el que la confluencia de estos temas se debatía intensamente: el proyecto de colonización de México en la década de 1880. Mi análisis parte de una lectura crítica —la primera, hasta donde sé— del osado argumento presentado por un defensor de la política de la colonización, el editor y activista Luis Alva. Más allá del interés histórico particular del caso de Alva, pienso que estos ensayos del siglo XIX pueden arrojar luz sobre un proceso que todavía se despliega en el presente. Si bien es mucho lo que distingue al Estado neoliberal, hegemónico por lo menos desde 1994, del Estado simplemente «liberal» del siglo XIX, existe un vínculo esencial que ata al Porfiriato con el México contemporáneo: si el liberalismo, ya sea nuevo o clásico, se relaciona con el espacio, lo hace a través de su impulso tenaz por convertirlo en algo productivo en el sentido capitalista, y en el camino recluta al Estado (el gobierno y sus fuerzas armadas) para la tarea. Por supuesto, el pueblo normalmente estorba. Ésta es la preocupación de Alva, y es un problema que no ha aminorado desde entonces. Como veremos, los ensayos de Alva son epítomes de los parámetros ideológicos de su momento y, a la vez, excepcionales en la medida en que su autor ejerce presión sobre esos parámetros hasta alcanzar su límite y llegar mucho más lejos que sus contemporáneos. A decir verdad, la inusual consideración que hace Alva del indio dentro de los términos de la producción nos conduce directamente al territorio familiar de la actualidad: la lucha cotidiana entre la pluralidad de formas de vida locales y la expansión global de un único modo de producción. En este libro, entonces, está en juego un aspecto de la historia de esta lucha: la relación raza-espacio y su articulación con la ideología liberal.

Tras décadas de conflicto y guerra abierta entre liberales y conservadores, la segunda mitad del siglo XIX mexicano —pese a algunos baches importantes en el camino, incluida la breve instalación de un emperador austriaco en nombre de la expansión imperial francesa— se definió en gran medida por la soberanía nacional efectiva de un Estado explícitamente liberal.[4] Una vez que los conservadores se amoldaron a su papel de oposición domesticada, después de 1867 los liberales dirigieron su atención a la tarea de la consolidación nacional. Este proyecto generó una línea de conflicto nueva y pertinaz: un conflicto entre el deseo liberal de forjar un Estado nacional articulado y la resistencia contra esos esfuerzos por parte de las comunidades y las formaciones políticas constitutivas de vastos sectores del interior rural del país.[5] Incluso dentro de un liberalismo construido de manera amplia, el establecimiento de la que sería la fuerza política más duradera del sangriento siglo XIX en México surgió de una batalla, lo que se conoció como la rebelión de Tuxtepec. Sus líneas de combate se trazaron entre una élite civil metropolitana (ella misma dividida entre las facciones contrincantes de Sebastián Lerdo de Tejada y José María Iglesias) y una reacción militar periférica que más tarde conduciría a Porfirio Díaz a la presidencia. La consolidación política de México como Estado moderno, que se adecuó muy bien a la pesadilla argentina de Domingo F. Sarmiento de tres décadas atrás, se consumó cuando el caudillo llegó a la silla de gobierno. Una vez en el corazón nacional, Díaz se encontró a sí mismo en medio de un Estado nacional desarticulado con más de una facción inquieta que debía ser controlada y encauzada en el proyecto de desarrollo nacional.

A raíz de este problema, la vieja idea de «colonización» retornó como una estrategia de consolidación social y política, convirtiéndose en un tema sustancial de debate, en especial durante la larga presidencia de Díaz. La colonización, que no debe confundirse con la expansión imperial de la soberanía a ultramar —que define al colonialismo tradicional—, ejerce su fuerza en el nivel doméstico como un proyecto rigurosamente nacional.[6] De hecho, un estímulo importante para promoverla fue la necesidad de consolidar los territorios del norte para alejar la posibilidad de más anexiones por parte de Estados Unidos. Pero, por más que los planes de colonización en México tuvieran que ver con la protección del territorio, también estaban orientados a la cuestión de la productividad económica de la nación. La idea que impulsaba la campaña de colonización era que el México rural representaba una masa de capital reprimido esperando a ser liberado en nombre del progreso nacional. La colonización, entonces, se refería al reclutamiento de inmigrantes y nacionales para asentarse y desarrollar las tierras desocupadas, compradas por el gobierno, o bien, apropiadas después de declarárseles «terrenos baldíos».[7] «Baldío» es un término legal que connota aquella tierra que no está sembrada o está en barbecho, y que además está vacía. Un impedimento importante para el plan de colonización fue que gran parte de la tierra para la que tenía planes no estaba realmente desocupada, ni siquiera sin sembrar, sino que a menudo representaba los hogares de comunidades rurales existentes.[8] Estas comunidades se concebían como indígenas, en el sentido etnocultural.[9]

El programa de colonización puso nombre a un conflicto que, si bien no se reduce a la raza, tenía sus premisas en varios supuestos cuya verdad provenía de (y a veces se alzaba contra) los discursos raciales de la época. Esto se debe a que los esfuerzos de colonización se entremezclaron explícitamente con un dilema nacional que, para finales de siglo, tenía un nombre genérico y varios comentadores ilustres: «el problema del indio».[10] Si consideramos las tierras (no tan) desocupadas como tierras en realidad ocupadas por comunidades indígenas, la colonización se muestra abiertamente como una maquinación desarrollista que envolvía desaliñadamente un proyecto de conquista y una versión patrocinada por el Estado de lo que, más o menos en la misma época, Marx llamaría la «acumulación originaria».[11] Pero la preocupación por el «problema del indio», ubicada dentro de su contexto histórico, era sincera y no se reducía al cinismo: desde la perspectiva de una élite urbana, liberal, que buscaba desesperadamente afianzarse en la modernidad capitalista, el «indio» rural y de ideas comunitarias sólo podía ser visto como un problema por resolver (o una amenaza con la cual lidiar), ya fuera con medios más o menos terroríficos. A su vez, no es de sorprender que muchas comunidades indígenas entendieran la modernización impuesta a través de los términos de la colonización, sin importar cuán amigable fuese la retórica, como algo de lo que debían desconfiar, tal como la experiencia histórica les había enseñado.

Esta dinámica conflictiva, que dibujaba la tensión entre la expansión capitalista y la soberanía popular, creó dilemas morales y filosóficos para los liberales, algunos de quienes estaban al tanto del sufrimiento histórico de las comunidades indígenas a manos de las diversas formaciones estatales (tanto coloniales como nacionales). Guillermo Prieto dio un cauteloso inicio a esta campaña de compasión en 1857, y en 1864, en el primer estudio moderno sobre los grupos indígenas en México, Francisco Pimentel denunció los abusos en su contra a manos del colonialismo español.[12] Para finales del Porfiriato (1900-1910), la tesis de «el indio como víctima de la historia» ya era convencional. Así surgió una segunda estratagema retórica que se colocó lado a lado con el discurso de la pacificación ligado a la colonización, a menudo en conflicto con él pero también a veces apuntalando sus declaraciones. Yo llamo a esta reacción «la indianización». Con el término «indianización» intento dar un matiz más fino al «indigenismo» tradicional.

En términos generales, el indigenismo se refiere a los diversos movimientos intelectuales, programas gubernamentales y proyectos estéticos que tienen como objetivo principal la defensa de la condición social y cultural del indígena; comienza a tomar cuerpo como discurso a mediados de la década de 1910 y alcanza algo como un apogeo ideológico en México en las décadas de 1950 y 1960.[13] Por su parte, la indianización busca captar la promoción de la idea de que las comunidades indígenas no representaban un margen fastidioso, sino más bien el centro mismo de la identidad nacional mexicana, una tesis que puede aparecer o no en las obras indigenistas. Un claro ejemplo de indianización ocurrió en la década de 1880 cuando el Estado mexicano erigió un prominente monumento al guerrero azteca Cuauhtémoc, en nombre del patrimonio nacional y como fuente de la condición nacional de México.[14]

Estas relaciones entre colonización, indianización y el «problema del indio» pueden identificarse y analizarse en múltiples debates editoriales, documentos políticos y textos literarios del México porfiriano. No obstante, nadie aborda el problema con el brío de Luis Alva en sus sorprendentes ensayos. Además, éstos constituyen un ejemplo singular del tratamiento riguroso del «problema del indio» en su inmediatez política: las relaciones entre la raza y el espacio, entre el discurso etnológico y el geográfico.

En gran parte olvidado hoy en día, Alva fue una figura curiosa en el escenario intelectual porfiriano. Bendecido con una cierta elocuencia, nunca se encontró sin embargo en el centro de los acontecimientos. Su vida de escritor comenzó en 1881 en *El Monitor Republicano*, un venerable periódico de la ciudad de México asociado con una veta fervientemente constitucionalista de políticos liberales. Su estancia ahí como boletinista (lo que hoy llamaríamos columnista) fue breve. Los temas que elegía tenían que ver con aspectos del desarrollo nacional, y ya en esos ensayos tempranos podemos percibir dos cualidades que resuenan a lo largo de los textos de Alva.

En primer lugar, su liberalismo filosófico (priorización de la propiedad privada, la libertad de expresión y, especialmente, la protección equitativa dentro del marco de una constitución fuerte) está formulado en el marco de un compromiso generalizado con las leyes de la economía política. Si el positivismo, en especial en América Latina, es la conversión de la economía política en una suerte de religión del progreso, entonces los escritos de Alva representan a menudo el regreso a un momento previo en la teorización de las relaciones entre sociedad y Estado. Por lo general hostil a Herbert Spencer y a su apropiación por parte de la élite política mexicana —en 1893 desdeñó a Spencer como un autor «de moda» («Boletín», 19 de agosto)—, Alva exhibe parámetros ideológicos que se alinean más con una figura como Benjamin Constant, a quien admiraba y citaba regularmente.[15] En términos de la tipología tan útil que hace Hale del escenario intelectual porfiriano, Alva era un anacrónico, uno de esos constitucionalistas que se descubrió luchando contra quienes procuraban un giro más estatista hacia el positivismo, todo dentro del consenso liberal que gobernaba la época. Y, sin embargo, Hale exagera cuando lo llama un constitucionalista «doctrinario», ya que Alva con frecuencia templa su dedicación a los derechos individuales y demuestra una perspectiva pragmática cuando le da prioridad al papel del Estado en la expansión económica. En última instancia, la consistencia de los intereses pareados de Alva —un liberalismo orientado a los derechos y una perspectiva prototecnócrata de las relaciones entre sociedad y Estado— proporciona a sus puntos de vista una óptica rara vez encontrada en los debates políticos de la Ciudad de México porfiriana.

La segunda cualidad de los escritos de Alva que se asoma de inmediato es su tendencia polémica, que sólo puede describirse como intrépida. Sin dejar pasar la oportunidad, su primer ensayo de 1881, «Economías», es ya un ataque frontal contra la ineficacia burocrática del gobierno (célebremente corrupto) de Manuel González. Situándose con inteligencia dentro de una discusión sobre la «economía» —que deslinda a este concepto de su reducción popular al «ahorro de dinero» y resucita su raíz etimológica como «ley de la casa»—, Alva afirma que la burocracia eficiente no es cuestión de cuánto, sino más bien de *cómo* gasta el Estado. En pocas palabras, en una casa bien administrada las buenas prácticas de gasto pueden producir buenos resultados.[16] Sin importar el tema, Alva era consistente con este tipo de valoración de la ley positiva. En esto es ideológicamente más consistente que los principales positivistas a los que critica cada vez más, y quienes, abrevando a la vez de Spencer y Comte, abrazan un biologicismo naturalista (Spencer) dentro de su tendencia al estatismo (Comte). Como llegaría a ser lugar común para Alva, su primerísimo ensayo suscitó una respuesta mordaz e intelectualmente menos sofisticada, esa vez en el *Diario Oficial.* Sin temer nunca una pelea, Alva contestó alegremente en su siguiente boletín. Dos meses después dejaría *El Monitor* bajo circunstancia inciertas.

Esta secuencia de acontecimientos se convertiría en rutina para Alva, que iría de un lado a otro en el escenario de los periódicos en el México porfiriano. Sus temporadas en algunos de los principales diarios metropolitanos de la época —*La Patria* (bajo los auspicios de Ireneo Paz, abuelo de Octavio), *La Voz de España* y *El Monitor*, en el que tuvo tres periodos— fueron invariablemente breves,y terminaron a veces con un terso anuncio en las páginas finales del estilo «Luis Alva ya no trabaja aquí». Alva tendía a decir demasiado, en un tiempo en el que decir demasiado tenía consecuencias políticas que iban más allá de la pérdida del empleo. Con la revisión del Artículo 7 de la Constitución en la década de 1890, el Porfiriato comenzó a hostigar activamente a los escritores opositores. Cuando regresó a *El Monitor* en 1893, justo en el momento en que la persecución contra la prensa libre se había tornado especialmente intensa, Alva fue una voz clara de protesta y, a decir verdad, una excepción en las páginas de los periódicos más conocidos.

Al parecer, Alva tuvo la ambición de montar su propio espectáculo. Sin embargo, sus intentos acabaron en fracaso. Dos proyectos de publicación –uno llamado *La Policía*, dedicado a la «defensa é instruccion de la gendarmería» (*La Patria*, 31 de mayo de 1881), y otro llamado *El Museo de la Casa*, sobre economía doméstica (*El Siglo Diez y Nueve*, 19 de noviembre de 1883)– nunca despegaron.[17] No obstante, es posible percibir un aprecio general por Alva entre la fraternidad de intelectuales y periodistas de la capital: cuando murió súbitamente de una enfermedad a principios de diciembre de 1893, *El Monitor* canceló su baile anual de Año Nuevo en reconocimiento (*El Monitor Republicano*, 30 de diciembre de 1893).

El momento de su muerte fue desafortunado, pues llegó en un punto histórico en el que el Porfiriato comenzaba a sentir los primeros estremecimientos importantes de insatisfacción popular contra el régimen. Alva se regodeaba en su papel de crítico de la transformación social, y finalmente, a su regreso como boletinista en *El Monitor Republicano*, había encontrado su ritmo como escritor y polemista social. A partir de mayo de 1893, Alva fue prolífico y produjo un boletín o columna editorial hasta cuatro veces por semana. Su última columna apareció el 23 de noviembre, poco más de una semana antes de su muerte. Este episodio final de la trayectoria de Alva lleva consigo un simbolismo sugerente y señala una suerte de punto de quiebre en la cultura intelectual mexicana. Tal como explica Hale, 1893 supuso el último acto para los constitucionalistas y para su foro, *El Monitor*, que nunca se recuperó después de perder un debate contra los porfiristas sobre los nombramientos judiciales (para 1896 *El Monitor* había fallecido). Así, la muerte de Alva ocurrió al mismo tiempo que la derrota de lo que Hale llama el «liberalismo doctrinal», cuyos voceros se convirtieron a la otra facción, o bien fueron obligados a ocultarse por la clase liberal dirigente, más concentrada en el Estado y vinculada con el régimen de Díaz. Como suele suceder, justo cuando la posición llamada doctrinaria se vuelve teóricamente menos apetitosa por privilegiar la soberanía popular y el derecho a disentir, también se vuelve la más urgente en términos históricos. De hecho, el año de la muerte de Alva, 1893, es también el año en que el recuento de las atrocidades militares en el interior del país escrito por Heriberto Frías, *Tomochic*, comienza a circular por entregas en *El Demócrata*.[18]

Varios temas llaman la atención de Alva durante este periodo tan intenso de su vida como escritor. Con el apoyo de su hermano, Ramón L. Alva, quien ocasionalmente colaboraba con una columna propia, ofreció opiniones decididamente minoritarias contra una camarilla intelectual que apenas empezaba a conocerse como los Científicos, encabezada por el poderoso Justo Sierra. Este grupo pequeño, pero influyente, de eruditos, editores y estadistas suele llevarse el crédito por gran parte del trabajo ideológico que respaldó al Porfiriato, pero también es conocido como el crítico interno más importante de las políticas porfiristas. El distintivo político de los Científicos, tal como Hale nos enseña, radicaba en su transformación efectiva del liberalismo de un programa de combate a uno de consenso. Es decir, fueron ellos quienes llevaron a cabo el trabajo ideológico de alinear el liberalismo revolucionario con la consolidación del poder del Estado, en este caso bajo los auspicios de la presidencia de Díaz. Lo anterior trajo consigo la renovación de un montón de premisas liberales, pero, si redujéramos su proyecto a un solo tema, éste giraría en torno al espinoso problema de la soberanía popular. Dicho de manera breve, si una sociedad liberal debe basarse en principios democráticos bajo los cuales los ciudadanos transfieren su soberanía a una autoridad estatal a través de un consenso explícito, ¿cómo se puede justificar el hecho contundente de que en México esa autoridad irradiara de un gobierno en gran medida autocrático que ya había estado efectivamente en el poder (para 1893) durante 17 años, y contando? Bien al tanto de la contradicción, los Científicos no se mantuvieron impávidos ante el tema.[19] Pero su respuesta era de esperarse y, en una sociedad que aún emergía de décadas de conflicto intestino, subsumieron la cuestión dentro de lo que ellos entendían como una lucha más amplia por la estabilidad institucional. Es decir, al construir la apología básica de la autocracia porfiriana, ayudaron a consolidar un estribillo que se ha convertido en una infame convención a lo largo de toda la historia moderna de América Latina: el pueblo mexicano no estaba listo para la democracia; el Porfiriato institucionalizaría las condiciones apropiadas; sólo necesitábamos esperar un poco más; etcétera.

Los escritos de Alva de 1893 se oponen a esta tesis al abordar las grandes controversias políticas del momento: la persecución cada vez mayor de periodistas críticos; el conflicto en torno a un gobernador impopular en Guerrero; los fracasos del desarrollo económico nacional, que se hicieron especialmente visibles con el colapso global del precio de la plata; la «ley fuga», que proporcionaba efectivamente un resquicio legal para las ejecuciones extrajudiciales; y, de manera más general, un debate constitucional sobre el mecanismo para nombrar a los magistrados federales. En un tono que se vuelve más mordaz y estridente conforme avanza el año, todos estos temas confluyen en una denuncia tenaz del régimen de Díaz. Sin mentar apenas al presidente por su nombre, Alva se refiere simplemente a «Tuxtepec», la región del interior que produjo a Díaz, sus aliados y su plataforma política (el famoso Plan de Tuxtepec). Alva percibe la rebelión de Tuxtepec y la hegemonía que le siguió como una afrenta a la Constitución cada vez más liberal de México, como una toma ilegal del poder que prometía la regeneración nacional y que, en cambio, no provocó más que deterioro al institucionalizar una peligrosa política de «personalismo» y una tiranía del favoritismo que acompaña a todas las dictaduras («Boletín», 2 y 15 de junio). De esta manera, para 1893 el México de Alva es una nación en declive, incapaz de darse cuenta de su potencial y al borde de una nueva guerra civil, una visión apocalíptica que el autor nunca se cansa de promover. Esta nación ha abusado de su propio progresismo político, ignorando su legitimidad constitucional: «México tiene Constitución; pero no está constituido» («Boletín», 25 de mayo). Alva le da gran importancia a la brutalidad y el fraude que dañan las elecciones generales y emite repetidos llamados a acabar con la camarilla de Tuxtepec mediante la invocación de los plazos constitucionales (por ejemplo, el 20 de junio). Estos temas que dominaban la escritura de Alva fueron proféticos y lo colocan a la vanguardia de una crítica política que cobraría fuerza en las siguientes décadas y culminaría más adelante en el eslogan mismo que impulsó los disparos inaugurales de la Revolución mexicana.[20]

Si «sufragio efectivo, no reelección» es el lema constitucionalista, un tanto técnico, de la burguesía terrateniente que se alza en armas contra el Porfiriato en 1910, una voz más visceral, relacionada con el activismo campesino del sur zapatista, podía leerse en un lema complementario: «tierra y libertad». En su simple elegancia, el lema «tierra y libertad» constituyó el modesto reclamo para que el liberalismo cumpliera sus propias promesas populistas: acceso equitativo a la justicia ante la ley, reconocimiento de la legitimidad de los contratos de buena fe (especialmente aquellos que protegían a los desvalidos de los poderosos) y el derecho básico a la soberanía económica sobre la propiedad. Además, y lo que es más importante para este estudio, ese lema también señala el punto en el que la política racial mexicana alcanzó las fibras más sensibles. Sucede que los derechos sobre la tierra a los que se refería «tierra y libertad» eran aquellos del campesino, del agricultor comunal, del pequeño propietario y, en última instancia, de una categoría social que adquirió una connotación racializada. En pocas palabras, la contrariedad del campesino coincide con el «problema del indio». Alzar la pancarta de «tierra y libertad» equivalía, por ende, a confrontar lo político en su forma más inmediata: la distribución profundamente desigual de los recursos. El hecho de que esta desigualdad fundamental afectara a algunos sujetos racializados de forma más drástica que a otros sitúa la lucha política por la tierra y la libertad como ese punto en el que la raza y el espacio se intersectan de manera más dramática en la historia política mexicana.

Alva fue una criatura de su tiempo, así que no es de sorprender que se refiriera a la raza en todos sus escritos. Sus ensayos de 1893 nos brindan un esbozo de su pensamiento en torno a esta idea. En primer lugar, y en el sentido más general, su comprensión de la raza puede describirse como contextualista. Esto quiere decir que no se aferra a ninguna posición esencialista y de propensión biológica sobre la diferencia humana; más bien, entiende las diferencias fenotípicas entre grupos humanos como producto de fuerzas contextuales prolongadas. Esto no significa que la comprensión de Alva sea particularmente radical en el nivel conceptual, incluso aunque diera a sus opiniones un lustre progresista en el México de la década de 1890. La postura contextualista representa el resultado lógico del modo más sutil de pensar la raza en Occidente, un modo de pensar que vincula la diferencia humana al espacio, que debe su primera elaboración científica a Immanuel Kant y su desarrollo al culturalismo de Franz Boas, y que continúa directamente hasta la perspectiva actual de la raza, descrita a menudo como «multiculturalista».[21] Es decir, Alva ve a todos los seres humanos como parte de una sola familia humana cuyas obvias variaciones físicas y culturales pueden explicarse por las vicisitudes del entorno y la historia. He aquí su declaración más concisa y explícita sobre la diferencia humana: «La humanidad es una en todas partes; pero el clima, los alimentos, las costumbres, y las tradiciones de cada agrupación distinta, forman las razas; las razas adquieren tipos y carácter, hábitos y necesidades especiales, que las diferencian entre sí de la especie, y las imprimen una fisonomía idiótea y constitucion orgánica particular» («Boletín», 11 de noviembre).

Para Alva, este contextualismo tiene implicaciones jurídicas. En sus ensayos sostiene que la ley debería emanar de, y no imponerse sobre, la población local a la que se aplica.[22] Dadas las condiciones históricas de la entrada de América a la modernidad global, Alva propone la premisa de que América no es un lugar para la monarquía o, por extensión, la tiranía: América es fundamentalmente democrática («Boletín», 11 de noviembre). Pero esta regeneración histórica de la especie humana, sellada con las grandes revoluciones de 1776 en adelante, se ha visto atrofiada por una verdad que lo contrarresta: el hecho de que la época del contacto entre las civilizaciones americana y europea llevó al triunfo de la conquista por encima de la colaboración. Una vez que propone que Colón trajo un «inmenso bien [...] á nuestra especie y á la civilización», Alva acaba por lamentar ese momento histórico mundial como una oportunidad perdida: «Si nuestro país no hubiera sido conquistado, sino puesto sólo en contacto con los pueblos del Viejo Continente, por medio de relaciones internacionales y del tráfico comercial, acaso seríamos más felices, y estaríamos, sin género de duda, más adelantados» («Boletín», 16 de septiembre). Las consecuencias de esta violencia histórica resultan especialmente graves para México, donde aproximadamente la mitad de la población debe vivir con el estigma de ser el bando perdedor en la ecuación. La incapacidad para lidiar seriamente y rectificar este crimen histórico es la gran tragedia de México («Boletín», 16 de septiembre).

A grandes pinceladas, ésta es la opinión notablemente coherente de Alva sobre la raza, opinión que, sostengo, señala los límites de la crítica liberal al racismo. La postura de Alva representa un claro distanciamiento respecto de los discursos ortodoxos de la inferioridad y la degeneración, hecho que se refleja incluso en la obra más temprana del editorialista. De esta manera, cuando en un ensayo lírico de 1881 ofrece una definición de «barbarie», se abstiene de regodearse en el discurso de las así llamadas razas inferiores. En cambio, comprende la barbarie como la fuerza básica que niega las libertades creativas vinculadas a la soberanía popular, y escribe: «El hombre bárbaro es el animal feroz mas terrible, porque su figura y su inteligencia le hacen capaz de sobreponerse á todo» (*La Patria*, 1 de mayo de 1881). El bárbaro es un Facundo universal, sin rastros de raza. Y si la barbarie puede aparecer en cualquier parte, sin relación con ninguna tipología racial, la pregunta fundamental sobre las relaciones entre las razas no debe ser idealista, como, por ejemplo, ¿cómo nos deshacemos de nuestros enemigos bárbaros? Antes bien, el enigma de las relaciones entre razas es, para Alva, materialista: ¿cómo nos protegemos del surgimiento de la barbarie dentro y entre nosotros? Tal como lo explica Michel Foucault en sus lecturas de 1976, existen muchas respuestas posibles a esa pregunta, algunas profundamente amenazantes.

Para Alva, en tanto la raza se presenta como producto del contexto, el manejo de las transformaciones materiales en dicho contexto contendrá la clave para el progreso nacional. La raza, para él, no se puede reducir a la biología; se trata de algo que sólo puede resolverse mediante la aplicación inteligente de la política liberal.[23] En lo que a esto respecta, sus ensayos sobre la colonización constituyen un caso de estudio.

Se desconoce cuál fue la fuerza que impulsó el giro de Alva hacia el problema de la colonización en 1882. Sea cual fuere la provocación exacta, su contribución fue importante, incluso visionaria, y la cuestión consolidó varios de los temas que Alva consideraba fundamentales para el progreso de México como nación. Ya desde 1881 Alva había articulado claramente la relación entre población y desarrollo, proponiendo que lo que sucedía en las tierras del norte era una competencia entre proyectos de colonización. En ese sentido, sus enemigos no eran las comunidades indígenas, sino más bien los colonos usurpadores de Estados Unidos. En esencia, el norte de México corría el riesgo de la anexión; México se encontraba en una competencia poblacional; «y más tarde, acaso», sostiene Alva, sin las medidas adecuadas, «nuestra poblacion mexicana vendrá á formar una insignificante minoría entre la poblacion extranjera» (*El Monitor Republicano*, 10 de marzo de 1881).[24]

Los ensayos sobre la colonización se dedican a elucidar problemas interrelacionados de la economía, el desarrollo, el territorio, la población y las relaciones entre razas. Dichos textos aparecieron durante el verano de 1882 en *La Libertad*. Este periódico fue fundado y dirigido por Sierra, y muy pronto se convirtió en un foro para la naciente articulación del «liberalismo conservador» de corte positivista, que más adelante se vincularía con la «política científica» del gobierno de Díaz (contra la cual Alva escribiría más tarde).[25] Durante su corta e intensa vida (1878-1884) *La Libertad* fue lectura obligatoria para la élite política del momento. El conjunto de ensayos elocuentemente combativos de Alva apareció bajo el título «La colonización extranjera y la raza indígena» (1882).

El tono franco de los ensayos, enmarcados en el contexto de los debates legislativos sobre las políticas formales de colonización (véase González Navarro 1960; Powell 1968, 21; Hale 1989, 238), iba mucho más allá del desasosiego de la intelectualidad capitalina por estos temas, especialmente en lo que concierne al retrato compasivo que se hace de los mexicanos indígenas en los ensayos. Por ejemplo, en los años previos a los artículos de Alva, *La Libertad* había publicado diversos ensayos alarmantes que vinculaban la «amenaza» indígena con la amenaza del socialismo.[26] Y un año después de que Alva escribiera sus ensayos de 1882, tres titanes de la intelectualidad liberal —el mismo Sierra, junto con Ignacio Manuel Altamirano y Francisco Cosmes— sostendrían un debate de un mes entero en esas mismas páginas, discutiendo si «el indio» podía y debía ser *siquiera* educado, algo del todo evidente para Alva. En realidad, el debate de 1883 cristalizó la sabiduría convencional sobre el indio en un clima intelectual dominado por la aplicación idiosincrática del liberalismo, el positivismo y el evolucionismo progresista: el indio podría exhibir un déficit de civilización, pero esto era meramente una función de accidentes históricos y ambientales; la modernización transformaría al indio en un ciudadano productivo; y una buena planeación estatal podría ayudar a conseguir esta meta.[27] Estos supuestos sobrevivirían casi intactos a la Revolución y hasta bien entrado el siglo XX, incluso bajo el disfraz del idealismo socialista o del indigenismo militante. Pero en 1882, casi tres décadas antes de la inauguración de la efímera Sociedad Indianista de México, que en 1910 asumió como su tarea la «redención social» del indio explotado, Alva ya había alcanzado este punto en la trayectoria del pensamiento sobre la raza.

El canon contemporáneo de investigación sobre la raza en el México porfiriano gira en torno a las actitudes de la élite intelectual hacia los pueblos indígenas.[28] Éste es un reflejo lógico de la época misma, dominada por debates abstractos y sin fundamento sobre si el indio podía o no ser educado, es decir, occidentalizado. En última instancia, estas conversaciones nos ofrecen más material sobre los prejuicios de los participantes históricos en cuestión que sobre cualquier innovación teórica o empírica. Alva toma, sin embargo, una dirección distinta y logra llegar justo al corazón del problema que el Estado enfrentaba. En primer lugar, a la manera de Humboldt, funda sus preocupaciones en la geografía (la ciencia de las relaciones entre el ser humano y la tierra), la economía política (la ciencia del progreso económico) y su intersección en la demografía; esto le permite defender al indio de manera inmediata en términos del desarrollo económico, evitando la metafísica del debate educativo. En segundo lugar, al tomar fuerza retórica del mismísimo Las Casas, Alva invoca con ferocidad los derechos jurídicos, lo cual le permite argumentar legal y moralmente a favor de la redención del indio como una responsabilidad del Estado. Es aquí, como veremos, donde el estilo de indianización de Alva resulta visionario. Sucede que su indio —en tanto mexicano— no es un monumento, sino un actor histórico, dotado de todas las facultades humanas, incluida la capacidad de violencia organizada cuando se enfrenta a la explotación. La indianización de Alva se desplaza así, de manera impactante, de la retórica a la realidad. Pertrechado con su liberalismo popular, lejos de huir de la amenaza del socialismo encarnada en la rebelión indígena, Alva se apropia de su fuerza histórica y moral.[29] Y, sin embargo, por ser un ferviente liberal, deja intactos los fundamentos de su ideología, lo cual lo llevará al límite de sus posibilidades críticas. Al enmarcar de esta manera su defensa de la colonización, Alva no sólo vuelve a situar el problema del lugar del indio en la cultura nacional, sino que también da fe de las espinosas relaciones entre el liberalismo y la raza de maneras que anuncian un indigenismo por venir.[30] Debido a la precocidad y el foro de sus ensayos, la de Alva es una intervención notable en la genealogía mexicana del indigenismo que vale la pena reconsiderar.

Los conceptos de colonización y de lo que yo llamo indianización se levantan en el núcleo de la argumentación más extensa de Alva. En «La colonización extranjera y la raza indígena», la preocupación del autor, mucho más allá de la inmigración extranjera, es la cuestión de las comunidades indígenas y su lugar dentro de la nación. ¿Cómo enmarca Alva este lugar? Sorprendentemente, dado el eurocentrismo que se suele atribuir sin recato (y quizás muy laxamente) al México porfiriano, Alva sitúa al indio en el corazón mismo de la nación, como un actor histórico clave que se yergue nada más y nada menos que como representante del espíritu nacional. Ahora bien, las estrategias de lectura modernas categorizadas bajo la rúbrica de la crítica poscolonial señalarán siempre, y demasiado rápido, los límites políticos de esa estrategia. No obstante, es importante reconocer la manera en que Alva proporcionó una defensa de una cultura nacional incluyente que trascendía notablemente las propuestas confeccionadas por sus contemporáneos.

En el primero de trece ensayos de extensión diversa sobre el tema aparecen tres puntos generales que definirán la consideración de Alva sobre el problema de la «colonización extranjera y la raza indígena»: 1) por qué deberían reclutarse inmigrantes y qué clase de inmigrantes deberían reclutarse; 2) por qué el programa cuidadosamente administrado de colonización es clave para la construcción de una raza nacional; y 3) por qué el indio debería ser pensado en términos de un participante en la colonización. El primer punto se resuelve rápidamente y, dado el título mismo de los ensayos, recibe mucho menos atención de la que se esperaría: hay que reclutar inmigrantes con el fin de desarrollar regiones escasamente pobladas, y aquéllos deberían provenir de una cultura dispuesta a integrarse dentro del proyecto de nación mexicano. Los irlandeses, concluye Alva, son los mejores candidatos por razones como la religión en común (17 de junio de 1882), sus motivaciones políticas para emigrar (7 de junio) y una supuesta proclividad al mestizaje (13 de julio).[31] Pero son el segundo y el tercer punto mencionados los que definen el núcleo de su argumento, y los que recibirán mi atención aquí. Comencemos con la cuestión de una raza potencialmente nacional.

En el siglo XIX era casi universal entender la coherencia de las naciones en términos de una raza en común, aunque hay que subrayar que la naturaleza de las relaciones entre raza y nación no se había establecido ni de lejos.[32] No obstante, es posible decir que existía una cierta creencia generalizada de que una raza al menos relativamente común, o un sentimiento común de racialidad, era un pilar necesario para la estabilidad de una nación. La heterogeneidad racial de México era, por ende, objeto de considerable preocupación para los intelectuales involucrados o relacionados con la consolidación de los esfuerzos del Estado liberal.[33] La intelectualidad liberal, que abrevaba de los filósofos europeos y de sus propias realidades locales, había comenzado a promover una teoría de la mezcla de razas, el mestizaje, como la ruta particular de México hacia una dupla articulada de raza y nación. La retórica cada vez más optimista del mestizaje, invocada por los primeros positivistas como una metáfora del progreso histórico (véase la «Oración cívica» de Gabino Barreda), había comenzado a revelar, para la época de los escritos de Alva, la posibilidad de un programa social protoeugenésico activo.[34] Y, aunque el mestizaje buscaba neutralizar la resistencia social de signo racial en una síntesis de las razas y así, en teoría, diluir la diferencia cultural empírica y lubricar la fricción social, el objeto de su fuerza ideológica eran las comunidades indígenas. O, más precisamente, como vemos en el título mismo del ensayo de Alva, el objeto era la «raza indígena».

A través de la mezcla biológica y cultural, se decía, los indios podrían ser atraídos al proyecto nacional y objetivamente «mejorados». Para el principal positivista de la época, Justo Sierra, «la familia propiamente mexicana, es decir, la mezclada», se entendía como el motor «dinámico» de la identidad y consolidación nacional mexicanas.[35] Así, quedaba claro que el indio, por su propio beneficio, debía ser encauzado hacia la mezcla y «transformado».[36] Para conseguir esto se echaría mano de la ósmosis cultural inevitable que ocurriría a través de la colonización promovida por el Estado. Vicente Riva Palacio, el destacado historiador, oficial militar y secretario de desarrollo, coincidía y declaraba «la astucia mestiza» como el ingrediente clave en el nacimiento de la nación. E incluso, aunque llegaba a colocar al indio por delante del europeo en una escala puramente evolutiva, era lo suficientemente cuidadoso como para distinguir la evolución fisiológica de la civilización cultural, un área en la que declaraba al indio como deficiente.[37]

Adelantado a estos dos contemporáneos suyos mucho más afamados, Alva llevó a cabo un giro retórico provocador con sus ideas sobre cómo gestionar el problema de producir una nación integral *vis-à-vis* la raza indígena incómodamente autónoma, una fuerza social importante que en algunas regiones constituía una mayoría.[38] Alva presenta su argumento como la redención de una raza injustamente desacreditada (21 de junio), y su primer paso es atenuar las lúgubres conclusiones de la raza como esencia biológica, dando lugar a su compromiso con el contextualismo. Si el indio de hoy parece degenerado, esto no se debe a ningún factor intrínseco: «Adolece el indio de algunos defectos de educacion, efecto del mal trato que se le ha dado y de la abyeccion en que se le ha mantenido» (7 de junio). El indio, en pocas palabras, ha sido históricamente maltratado, y su condición debe atribuirse a este hecho. Alva continuaba: «pero en cambio tiene virtudes congénitas que no pueden desconocérsele» (7 de junio). Esencialmente, es decir, «congénitamente», el indio trabaja duro, es fiel a la tradición, es un «amante del principio de asociación» (es social al momento de tomar decisiones, lo que implica que promueve el bien público) (7 de junio). La esencia de la raza permanece aquí como una fuerza potencialmente positiva, mientras que el contexto es puesto en primer plano como promotor de la decadencia. El truco, entonces, es cambiar el contexto. Hasta este punto, incluso cuando se mira hacia delante, hacia el culturalismo de Boas, y hasta llegar al mismo modelo que proporcionaría la base para el influyente indigenismo posrevolucionario de Manuel Gamio, el relativo alejamiento de Alva respecto de la esencia biológica, que busca considerar el poder de la contingencia contextual, es todavía convencional dentro del ámbito de sus contemporáneos, como Sierra, Altamirano y, quizás más notablemente, el liberal jacobino Ignacio Ramírez.[39]

La maniobra de Alva, como vemos, no consiste en abandonar la raza a favor de una apropiación radical de la cultura —las formaciones discursivas no se disuelven tan fácilmente—. Antes bien, Alva *reafirma la raza* y, en ese mismo gesto, aparentemente socava la jerarquía que posibilita su violencia.[40] Alva plantea que en la raza mestiza de América es el espíritu del indio el que triunfa. Al invertir la dialéctica de Hegel, que convertía al indígena americano en tan sólo una «raza débil en proceso de desaparición», Alva sostiene que «la raza americana es más joven y mas fuerte que la raza europea [...] el indio pertenece a una raza mas nueva y por lo mismo mas vigorosa, mas fuerte y mas educable» (24 de junio). «Mejorar la raza», entonces, significa indianizar al hombre blanco... o medio blanco. Ahora bien, este gesto en sí mismo no es extraordinario. La reivindicación del indio que hace Alva surge de un conjunto de banalidades racistas: el vigor del indio se demuestra con su «prolongada juventud», versus la del europeo; el valor del indio como compañero en la construcción de la nación se enraíza en su supuesta docilidad, reticencia, facilidad de trato y demás. No obstante, la construcción que hace Alva del indio como esencia del espíritu racial de la nación es significativa. Lo es porque en realidad su indio no es meramente «el indio» de la retórica estándar porfirista: un conjunto de mitos fundacionales de una prehistoria nacional, un esplendor ahora eclipsado, accesible sólo a través de ruinas y monumentos. En cambio, el indio de Alva es la comunidad indígena real, viviente, activa. Si él invoca a un indio histórico para demostrar su argumento, no lo hace en nombre de la invención de mitos, sino en nombre, precisamente, de la historia: una historia de apropiación violenta y de racismo abyecto que ha dejado a las comunidades indígenas ostensiblemente arrojadas a los márgenes de la sociedad nacional.[41] Puesto que no es una voz del pasado, el indio de Alva debe ser incluido ahora como participante.

Así, la idea de la colonización según Alva, y su relevancia para la raza indígena, se apoya en consideraciones tanto prácticas como morales. En términos prácticos, puesto que mantenía las opiniones expresadas por sus contemporáneos liberales, Alva realmente creía que México podía «mejorar la raza»: no necesariamente la raza indígena, sino la raza nacional, la raza mexicana.[42] El proyecto de colonización, que implicaba tanto a los indios como a los inmigrantes, de ser bien gestionado, resultaría central. Sobre este punto, Alva es explícito, y en su giro inicial del inmigrante colonizador al indio nativo, señala la necesidad de encontrar «pueblos» que «produzcan una nueva raza», una raza con «más virtudes y menos vicios» (7 de junio). Más adelante concluye:

> Siendo iguales las condiciones del colono mexicano con las del colono extranjero, se entablarán buenas amistades entre ellos. Los hijos del uno se casarán con las hijas del otro, y, ántes de medio siglo, tendremos una raza mejor, pues es sabido que toda raza se mejora por el cruzamiento, *si este se hace en buenas condiciones* (7 de junio, la cursiva es mía).

Mejorar la raza es cuestión de gestión; los programas de colonización son el contexto para dicha gestión, y el indio debe ser incluido en ese proyecto.

Este proceso inclusivo es un imperativo moral. En su séptimo ensayo, en el que adopta un tono más ferviente, Alva invoca por primera vez un miedo real que ocasionalmente generaba alarma entre la burguesía metropolitana: el miedo a la insurrección indígena. Pero, lejos de andar por el transitado camino que proponía el mestizaje como modo de diluir la aterradora furia social que solía atribuirse a la diferencia racial, Alva provoca a su público urbano hablando directamente a favor de la justicia inherente a la causa indígena.[43] Al declarar al mismo tiempo lo obvio y lo indecible, Alva afirma que, en caso de tomar las armas (lo que, de hecho, hicieron, y con cierta frecuencia, a lo largo de la segunda mitad del siglo XIX), las comunidades indígenas estarían justificadas en su violencia: no sólo con base en el derecho a la defensa propia y la indemnización, sino incluso con base en la simple venganza.[44] Alva concluye que un efectivo levantamiento indígena en este mundo sólo aceleraría lo que seguramente llegaría en el siguiente, donde «los que, llamándose gente de razon, no la han tenido, [y] no la tienen» serán llamados ante la «Divina Justicia» por sus «crímenes de raza» (1 de julio). Para el octavo ensayo, que Alva presenta como respuesta al llamado del evangelista colombiano Federico Aguilar a «la destrucción de la raza indígena», los «crímenes de raza» se transforman en acusaciones de lo que hoy podríamos llamar genocidio: «no queremos que vaya á pesar sobre nosotros el crímen de lesa civilizacion, que hoy nos afrenta ya, manteniendo por mas tiempo á la raza indígena en su actual espantoso estado de abyeccion y servidumbre» (5 de julio).[45] Alva concluye: «venimos pidiendo para ellos, no gracia, sino justicia; no mercedes, sino equidad» (5 de julio).

¿Cómo expía eficazmente una élite nacional sus crímenes de raza y cómo promueve la «igualdad» de un sector marginado de la sociedad? Esto nos lleva a la preocupación central de Alva, que tiene que ver con por qué el indígena no debe ser excluido en calidad de objeto de la colonización, sino más bien incluido como un participante en dicha colonización. Su argumentación gira en torno a dos respuestas, una en tensión con la otra. En primer lugar, la élite mexicana suponía en su mayoría que las comunidades indígenas necesitaban adquirir ciertas normas culturales ajenas a sus tradiciones con el fin de modernizarse a la par del resto de la nación. Como veremos, Alva suscribe este principio del sentido común liberal, pero también da un paso radical y hace mucho más que eso. Su argumento funciona como sigue. El indio, sostiene, es un partidario fiel de la «tradición», no sólo de sus propias prácticas culturales excéntricas, sino también de costumbres locales autóctonas que proporcionan el sustrato material de la mexicanidad: «él ama todo lo que es del pais» (24 de junio). En este sentido, «el indio nos excede», escribe Alva, donde por «nosotros» quiere decir los criollos y los mestizos que sufren de «genomanía» [sic], o «amor por lo extranjero». Mientras la élite mestiza xenomaniaca corrompe la cultura nacional hasta el fondo mismo del nivel más básico del lenguaje (21 de junio), es el indio quien se puede convertir en baluarte de la civilización mexicana y de la singularidad nacional contra la potencial corrupción cultural desatada por los nuevos inmigrantes (económicamente necesarios). En resumidas cuentas, mucho antes de que los indigenistas anarquistas y comunistas de los Andes —José Carlos Mariátegui e incluso Manuel González Prada— pusieran en marcha la misma estrategia, el liberal Alva ya señalaba que el México eurocéntrico necesitaría a sus indios para reconocer su propia singularidad nacional: el indio conserva «vivo el espíritu, las instituciones y las costumbres nacionales, que son como la fisonomía que distingue á los pueblos y que constituyen lo que se llama la patria» (14 de junio). El indio es el auténtico mexicano; y este auténtico mexicano ha sido maltratado hasta el punto de la legítima rebelión. Ese par de aseveraciones iba mucho más allá de lo que el México urbano y letrado estaba dispuesto a escuchar.[46]

Pero, incluso cuando el indio se yergue como receloso guardián de la cultura nacional, surge una segunda línea argumentativa a favor de la inclusión del indio, una que no cuadra fácilmente con la primera. Este segundo argumento es legal en la teoría, económico en la práctica, y sus raíces se encuentran en los derechos otorgados a todos los mexicanos a través de la Constitución liberal republicana de 1857. El argumento de Alva dibuja una trayectoria histórica que se desenvuelve a partir del siguiente supuesto: con el movimiento de 1810 por la independencia, el indio se encontró en realidad en una situación peor. Dado que Alva ha gastado una considerable energía retórica invocando el proyecto colonial español y condenándolo al infierno, ésta es una acusación grave. De hecho, cuando prueba un punto teórico importante que resuena aún hoy, Alva sostiene que, con el surgimiento del Estado moderno, el indio quedó literalmente *abandonado* por la ley, en el sentido que le da Giorgio Agamben hoy a esa condición de abandono.[47] Escribe Alva: «El indio, pues, nada ganó con la Independencia; ántes bien perdió lo poco que le habian concedido las leyes de indios [...] Despues de la independencia se le quitaron sus privilegios; se le hizo *ciudadano* por irrision» (8 de julio). Con la ley suprema en mano, Alva continúa: «¿No es aquí donde la Constitución de 1857 debería prevalecer, si declara expresamente en uno de sus preceptos que *nadie* está obligado a prestar su trabajo personal sin COMPENSACIÓN JUSTA y *pleno consentimiento*?» (8 de julio).

Abandonado por la Constitución, el indio queda expuesto como algo parecido a una mera fuerza de trabajo. La tarea moral consiste, así, en aplicar la ley y convertirlo en fuerza productiva, es decir, en cumplir la promesa liberal y reconocer al indio como mexicano, como un ciudadano productivo con todos sus derechos y responsabilidades en orden. Alva sigue y argumenta que la «paz porfiriana» es la condición necesaria para la redención del indígena como ciudadano activo, y que esa actividad debe apoyarse, ante todo, en el trabajo y la compensación. El problema del indio, entonces, es *social* en su naturaleza y *legal* en la teoría, pero en última instancia su solución será *económica*. La solución al problema —que consiste en trasladar al indio de la fuerza de trabajo a la fuerza productiva— dependerá entonces de una transformación del modo de producción indígena.[48] Y es aquí donde las aparentes contradicciones del argumento de Alva se transforman en una aporía que señala los límites de las posibilidades críticas del liberalismo en torno a las teorías y prácticas de la raza.

La aporía es literal en el sentido de que Alva ha llegado a una contradicción que le cierra el paso. Sin embargo, la aporía también es productiva en el sentido de que representa el punto sobre el cual se apoya, mucho más allá de Alva, la articulación raza-nación de la identidad mexicana promovida por el Estado, quizás incluso hasta el día de hoy. Los términos de la contradicción son básicos y pueden resumirse en ese viejo problema que ha inspirado toneladas de crítica cultural, e incluso títulos de libros de texto, en el campo del estudio de las culturas y las sociedades latinoamericanas: la tensión entre «tradición» y «modernidad».[49] Dicho brevemente, ¿cómo puede el indio ser preservado como bastión de una tradición y, simultáneamente, ser transformado en «ciudadano productivo», es decir, en sujeto moderno articulado al modo capitalista de producción y, por ende, efectivamente inscrito dentro de la nación? La respuesta corta es que esta fórmula es una patraña, al menos en términos de su realización potencial: convertirse en ciudadano moderno, en términos de Alva, equivale precisamente a dejar atrás la tendencia a lo tradicional.[50] Pero, como deja en claro la teoría de Roberto Schwarz sobre las «ideas fuera de lugar», las contradicciones suelen ser por sí mismas productivas y, si se las toma en serio, pueden echar luz sobre algunos de los problemas culturales más profundos y sugerentes de una época dada.[51] Tal es el caso aquí. La contradicción de Alva devela la lógica que rodea al «problema del indio» —tal como lo entienden los liberales— de manera más profunda que cualquier otra cosa directamente revelada por el sueño superficial de un Estado mestizo feliz, ese diestro mediador de la ósmosis cultural a través de sus programas de colonización. Podemos empezar a comprender esa lógica y los límites de la crítica liberal al racismo si prestamos especial atención al juego de los modos de producción en el argumento de Alva.

En el núcleo de la visión de Alva sobre la formación de una nación articulada y productiva, un México moderno, se halla lo que él mismo llama «colonias mixtas agrícolas», una formación comunitaria patrocinada por el Estado a la que regresa una y otra vez (en especial en su ensayo del 14 de junio). El mote mismo dice mucho sobre el producto que Alva intenta vender (y es que aquí existe un elemento de capacidad de venta; muchos de sus giros retóricos están dirigidos explícitamente a la Secretaría de Fomento, bajo la dirección del ambicioso secretario Carlos Pacheco). En tanto «colonias», estas comunidades deben ser resultado directo de un proyecto estatal de apropiación, acumulación, redistribución y (re)colonización. Hemos visto que serían «mixtas» en la medida en que habrían de ser pobladas por indios reubicados y nuevos inmigrantes. Finalmente, el término más blando, «agrícola», es quizás el más crucial. Estas comunidades han de ser agrícolas en cuanto que se proponen expresamente como nodos de expansión y desarrollo nacional, claves en la consolidación de una economía de exportación sostenida por la agricultura capitalista. El plan, entonces, está impulsado por la preocupación, común a gran parte de América en el siglo XIX, por poblar (o, mejor dicho, repoblar) el territorio nacional. Y este proyecto de población gira en torno al potencial de la nación como productor agrícola: la mezcla entre indios e inmigrantes, al tiempo que forma parte de la producción de una raza nacional, también alimenta las finanzas de la nación (7 y 28 de junio; 13 de julio). Biopolíticamente hablando, México se encuentra en un espacio y tiempo propicios: «Un territorio capaz de contener, cómodamente, cien millones de habitantes [...] [uno que] tiene el ingénio natural hoy adormecido, de sus habitantes, que ha de despertar al impulso de la fiebre progresista de nuestro siglo» (28 de junio).[52] El indio, agricultor «natural» (14 de junio), es un recurso desaprovechado en este aspecto. Por lo tanto, redimir al indio —«tal vez el mejor elemento de nuestra población» (7 de junio)— y desarrollar la nación son el mismo proyecto.

Pero ¿qué significa redimir al indio? Y, a todo esto, ¿quién es el indio? Contestar estas preguntas nos enfrenta a la centralidad de los modos de producción en la visión que tiene Alva de un México moderno. El indio, inscrito dentro de una lógica de la raza (la raza indígena), se reduce a una serie de relaciones sociales no necesariamente conmensurables. La base de esta división es, en realidad, el modo de producción. En su cuarto ensayo, Alva propone tres clases de indios-productores: agricultores esclavos, vendedores ambulantes («industriales»), y agricultores propietarios (17 de junio). Claramente, el primer indio es el más abyecto, desposeído de su tierra y forzado a trabajar en un sistema cruel e ilegal de endeudamiento. A la segunda categoría no le va mucho mejor, pues es permanentemente itinerante y víctima de impuestos que matan el espíritu y de una abierta extorsión. Juntas, estas categorías representan «la desgraciada suerte de la raza más activa y laboriosa que puebla nuestro territorio» (17 de junio). Reducidas a pura mano de obra, ambas clases se encuentran abandonadas ante la ley.

La categoría dinámica es la tercera. Este «indio, propietario o arrendatario de una parcela de tierra» (17 de junio), es a la vez estable y productivo, consume lo que necesita y vende el resto; es un protocapitalista listo para ser modernizado. Pero no lo sabríamos con tan sólo verlo. Esto se debe a que esconde su éxito, se confunde entre los otros indios, menos productivos, por miedo a ser explotado por la élite capitalista no indígena (28 de junio). Esta condición representa un fracaso inmenso para México, una oportunidad perdida que carcome al país: el indio, en condición miserable, atasca los engranes del capitalismo, ralentizando la circulación del capital y, con ello, el desarrollo de la nación. Así, para Alva, la redención del indio no es meramente cuestión de otorgar poder a un productor potencial, o de modernizar a un grupo de mano de obra y maximizar así la productividad de los recursos naturales, es decir, la tierra. La redención del indio es también la conversión de las comunidades indígenas mismas, una conversión que las «libera» de una tradición de supuesto aislacionismo comunitario y las articula con el proyecto nacional, no simplemente como ciudadanos sino, lo que es más importante, como consumidores. Escribe Alva: «hay que hacer entender al indio que nada le está prohibido que no les esté prohibido a los blancos, siempre que los medios para adquirirlo sean lícitos y honestos. Así aumentará el consumo y crecerá la riqueza pública» (17 de junio).

He aquí el núcleo de la contradicción. El indio, como hemos visto, es exonerado de cualquier cargo de inferioridad racial (esencial) y convertido, en cambio, en una víctima de la historia. Y, sin embargo, incluso dentro de ese contexto degradante, su tendencia natural a preservar la tradición local se ha mantenido firme, lo cual conduce a Alva a enmarcar a las comunidades indígenas como recurso ventajoso en la consolidación de una identidad nacional auténtica. Pero ahora, al reesencializar al indio como una clase particular de productor y consumidor, el elemento más básico y definitorio de las comunidades indígenas —sus modos de producción particulares no capitalistas o excéntricamente capitalistas— se encuentra explícitamente bajo el ataque de Alva. Así, la tradición de la que habla Alva se alza como una categoría vacía: un conjunto de referencias vagas a un dudoso patriotismo, a un amor por «todo lo que define al país». Y es que las prácticas culturales concretas que constituyen las tradiciones vivas surgen de una visión del mundo, de un modo de producción, que debe ser abandonado.

El «abandono» es un término clave para Alva y se mueve en dos direcciones, señalando el punto donde su discurso de la indianización se pliega a una política de *des-indianización*. El primer tipo de abandono surge junto con sus llamados a la redención, por vía de los cuales Alva indica que su proyecto debería ser entendido como una «regeneración» del indio. Cuando habla sobre la importancia de que las clases educadas de México aprendan lenguas indígenas, señala que tal contacto «sería el prólogo a la regeneración de los indios» (21 de junio). En esta referencia a la regeneración, una gustada metáfora política de la época, resuenan todas las implicaciones biopolíticas del término. Dar nueva vida al indio significa convertirlo en un ciudadano productivo. Esto, a su vez, convertirá a las comunidades indígenas en un recurso productivo: una vez que el indígena se convierta en ciudadano «hermano», los secretos de los «pobladores alguna vez prósperos y ricos del Nuevo Mundo» estarán disponibles para convertirse fácilmente en patentes legales (21 de junio). Además, las virtudes esenciales del indio se volverán explotables, incluidos sus talentos artísticos, su don de imitación, su moderación en las pasiones, su paciencia, gentileza, ética del trabajo, silencio y dulzura de carácter (21 de junio). No abandonemos al indígena: «¿Cómo podemos dejar en esta condición, abandonado, al elemento más importante de nuestra población?» (21 de junio).

Un abandono de segundo orden, sin embargo, surge ahora junto al primero. La aparición simultánea de la «regeneración» y el «abandono» en el texto de Alva es significativa. María del Pilar Melgarejo ha analizado cómo estos dos términos se enfrentan y se entretejen en una perversa lógica de contradicción productiva. Melgarejo sostiene que, en el discurso político decimonónico de América Latina, «el entusiasmo por regenerar a la población [...] exhibe su verdadera fuerza mediante un gesto de abandono», y llama a esta relación «la estructura básica de la fuerza del lenguaje [político] en el siglo XIX».[53] Lo que Melgarejo parece sugerir es que, si la idea de la regeneración estaba destinada a atraer los márgenes al centro, esto no era para que los marginados pudieran adoptar las normas sociales que los «curarían» políticamente, permitiéndoles convertirse en ciudadanos activos en el sentido arendtiano y, de esta manera, ocupar la *polis* hombro a hombro con las élites. La regeneración era una inclusión en nombre de la exclusión, un mecanismo necesario para legalizar el carácter prescindible (o el abandono) de actores sociales cuya agencia podría amenazar de cualquier manera la estabilidad del Estado.

Lo que hemos visto hasta ahora es el reconocimiento y la crítica agudos, aunque parciales, de Alva al abandono del indio ante la ley. A partir de ahí, Alva identifica un escándalo que es nada más y nada menos que un «crimen de raza» y que debe ser corregido: abandonado por los legatarios de la ley y de la tierra —la Constitución misma—, el indio debe ahora ser «regenerado», incorporado a la comunidad nacional. Pero, para que el proyecto de regeneración se afiance, se requerirá una acción recíproca por parte del indio. Más que aplicar simplemente la justicia de la reparación a la condición «espantosa» del indio, Alva sostiene que su regeneración (y la de México) requerirá un abandono de segundo orden. Es decir, el indígena debe aprender a abandonarse a sí mismo: existe una necesidad de «disposiciones que [deben] dictarse para enaltecer al indio, comenzando por obligarlo á abandonar su habitual miserable desnudez, haciéndole mas productor, ménos vicioso y mas señor de sí mismo» (5 de julio). El indio, en pocas palabras, se debe volver menos indio; la indianización de México se desplaza astutamente a la des-indianización del indio.

Si el indio debe ser *redimido* como ciudadano, cuyo compromiso con la tradición constituye un recurso valioso para la identidad mexicana, pero al mismo tiempo debe ser convertido en un nuevo tipo de productor, el objeto de la redención no es la comunidad indígena *per se*, sino las comunidades indígenas en la medida en que constituyen una masa de mano de obra que puede ser convertida en otra cosa. ¿Cómo ocurrirá esto, o cuál es el mecanismo de esta transformación? Las «colonias mixtas agrícolas», al tiempo que proporcionan el contexto necesario, no serán suficientes, como Alva deja entrever. Será necesario imponer una mediación cultural entre el inmigrante extranjero y el indio local, y cobrará la forma de las instituciones: la escuela y la policía. La tarea de transformar al indio en consumidor activo «tiene que hacerl[a] la educacion», dice, invocando el pilar del discurso liberal. Y esto a su vez requerirá regulación: «De ahí la necesidad de las escuelas en todas partes; de ahí también las necesidades de la vigilancia asídua de las autoridades» (17 de junio).

Para Alva, esta vigilancia por parte de las autoridades parece enfocarse más que nada en un problema particular: el indio está desnudo. Claramente, la desnudez por sí misma toma el lugar de algo más: la diferencia cultural, basada en el modo de producción diferencial, que separa a las comunidades indígenas de la visión estatal de la nación en su conjunto. La desnudez simbólica del indio se vuelve sintomática de ese abismo, metáfora de su condición de pura mano de obra. Cuando cierra su argumento en el penúltimo ensayo, Alva enfrenta ambos problemas —la nuda vida y, por decirlo de algún modo, la nuda labor— proponiendo algo parecido a una dialéctica de la «tiranía» (el término es suyo, 16 de julio) como medio para dar lugar a una nueva era de ciudadanía efectivamente universal, de democracia y libre intercambio de bienes. Junto al problema de la desnudez del indio está el hecho de que éste es explotado por el latifundio. (Resulta significativo que, en este momento decisivo del argumento de Alva, la cuestión de las «colonias mixtas agrícolas» desaparezca ante el problema quizás más concreto de la explotación «latifundista».) Ambos problemas deben ser enfrentados a la vez: «[Deberíamos] obligar á los indios a vestirse, y á los propietarios de fincas rústicas á aumentar los salarios» (16 de julio).

Ambas soluciones requieren un sacrificio que resulta exiguo si se le compara con las posibles ganancias. Una vez que la ley obligue al indio a vestirse (y calzarse), la ley se convertirá más adelante en *costumbre*, a través de la cual, tautológicamente, «la costumbre adquiriria después la fuerza de la ley» (16 de julio). Una lógica similar se blande para obligar a los latifundistas a incrementar los pagos y mejorar las condiciones. Una vez que esto suceda, el indio se convertirá en consumidor y cualquier gasto aplicado a mejorar sus condiciones será recuperado como inversión cuando él comience a comprar cosas. De hecho, conforme el argumento de Alva se intensifica en estos puntos finales, la idea del indio como consumidor pasa a un primer plano, fusionando la redención y la ciudadanía del indio con su deseo de comprar: «Cuando el indio tenga necesidades, será consumidor; y siendo consumidor aumentará los rendimientos de los capitales y de las industrias, aumentará la riqueza pública [...] y contribuirá así á la grandeza de su patria, á la prosperidad nacional, a la redencion de su noble raza» (16 de julio). La ley, como Alva subraya aquí, no es meramente jurídica: debe ser pensada a la vez en términos tanto sociales como económicos. Una vez más se reafirma que el indio está abandonado, «sin derechos y sin goces», «extranjero en su propia pátria y no el ciudadano libre que la Constitucion ha querido formar» (16 de julio). Alva llama a su solución una suerte de tiranía; sin embargo, una tiranía necesaria, mejor entendida como una «corrección» (16 de julio). Finalmente, concluye recordándonos que la redención de la raza indígena, y la regeneración concomitante de la economía nacional, se fundarán en el éxito de las comunidades indígenas para abandonarse a fin de convertirse en lo que no son: «Hacemos consumidor al indio, ciudadano y hombre libre» (16 de julio).

El argumento de Alva —una polémica súplica por la redención del indio— demuestra los límites de la crítica liberal al racismo, límites que no pertenecen sólo al escenario del siglo XIX mexicano. En Occidente la raza siempre ha sido una forma de hablar de la explotación económica; surge a la par y dentro de proyectos de expansión colonial, de esclavización de seres humanos, y de la consolidación de la hegemonía del industrialismo burgués con la emergencia de la nación moderna. La tradición de la Ilustración que engendró la idea moderna de raza se topa con su propia aporía cuando intenta, como Alva, atacar los efectos materiales del discurso racial. En su ímpetu por blandir la tolerancia como arma contra el racismo, la crítica liberal de la raza revela el tope de su propia tolerancia.

Aunque las ideas liberales se centran en la preservación de la seguridad de la propiedad y la diversidad de opinión, credo y prácticas culturales dentro de su forma comunitaria básica —la nación—, esas mismas ideas se repliegan ante la diversidad de la producción. Éste es el punto en que la ideología dirigente del capitalismo industrial, la «economía moderna» de Walter Benjamin, se convierte en «una fiera que se precipita apenas el domador le vuelve las espaldas».[54]

La generación de estadistas de Alva, que residía en un país donde los modos de producción todavía estaban hasta cierto punto diferenciados, se tropezó con la aporía en su origen mismo. De hecho, las cuestiones de producción estaban en el centro de los levantamientos indígenas y campesinos que ellos buscaban contener: esas «rebeliones» articulaban sus demandas consistentemente en términos de justicia económica; eran —y todavía son— llamados a la libertad y contra la coerción productiva.[55] Los sujetos de las rebeliones rurales defendían implícita, y a veces explícitamente (a través de manifiestos, editoriales, peticiones, etcétera), su derecho básico a ser autores de su propia existencia, a ser ciudadanos precisamente en el acto mismo de defender así la libertad.[56] El plan de «colonización» de Alva y su política de «indianización» —no importa cuán sinceros, creativos o incluso progresistas hayan sido— simplemente no podían reconciliarse con las exigencias de sus objetos, las comunidades tradicionales cuya modernización buscaban. Esa colonización, al tiempo que liberaba el flujo del capital, recolonizaba a las comunidades indígenas al obligarlas a abandonar su derecho a practicar modos de producción que no se articularan con los supuestos liberales del desarrollo capitalista. Y la indianización, al tiempo que ejercía presión en defensa de la igualdad formal del indio, acababa con un llamado *de facto* a la des-indianización. Se esperaba, entonces como ahora, que las comunidades indígenas reconocieran su ciudadanía inscribiéndose dentro de un nuevo orden de gobierno, transfiriendo su soberanía a un Estado mestizo que creía obsoletas justamente a esas comunidades.

2.
LA CARGA DE ALTAMIRANO

> Si el preopinante dice: «es una palabra hueca *la salud pública*», para mí no lo es. Estoy convencido de que la revolución sucumbirá en el carril constitucional. El moderantismo se obstina en que el Congreso se limite a servir de comitiva fúnebre a las víctimas de la reacción. Mi regla será siempre: «*La salud del pueblo* es la suprema ley».
>
> IGNACIO MANUEL ALTAMIRANO, 1861

> El quietismo que reina abajo, cuando la arbitrariedad impera arriba, no es la paz, es la guerra en estado latente.
>
> LUIS ALVA, 1893

Las ideas de Luis Alva en torno a la raza y el desarrollo nacional permanecieron idénticas hasta su muerte, once años después de publicados sus ensayos sobre la colonización. Así, en 1893, su año más prolífico como boletinista, Alva recapituló en los mismos términos su discurso de 1882 sobre la indianización, ahora en el marco de su columna regular para *El Monitor Republicano*. No obstante, el paso del tiempo y lo que Alva percibía como las abundantes crisis de la sociedad mexicana (desde los gobernadores impopulares en el interior del país hasta la venta de comida no regulada en las calles de la capital) destilaron sus viejas tesis hasta su esencia y las impulsaron en una dirección más específica. Luego de que la «raza dominadora» hubiera «esterilizado» las mejores «cualidades» de los indígenas, el Estado corría el riesgo de verse obligado a cosechar «el fruto de su dejadez y de su criminal abandono»: una nación desarticulada con una economía premoderna. La vía intermedia y productiva, alejada tanto de la rebelión social como del estancamiento económico, era el desarrollo agrícola. Sin embargo, en este momento la inmigración ya no era un concepto relevante, de modo que Alva dio un giro más franco hacia lo obvio: la reforma agraria, es decir, la redistribución de la tierra. Subdividir las tierras improductivas y transferirlas a «familias de indios» representaría una victoria doble: «redimir á una raza de esclavos y aumentar la riqueza nacional».[1]

Desarrollar la tierra, redimir la raza: lo mismo que en 1882. Sólo que ahora, volteando hacia la reforma agraria, y con el énfasis puesto en la redistribución, Alva aborda de manera más crítica y directa el gran tema social de su época: la penetración capitalista y su relación con el proyecto liberal del Estado nacional. Lo que enfrenta ya en 1893 es la forma en que los evidentes «fracasos» de la economía política liberal residen en las paradojas de su propia aplicación. Recordemos que en 1882 Alva había destacado el papel de la policía en el establecimiento de un programa de colonización aculturador. Una década después se ve obligado a afrontar los excesos de la vigilancia policiaca estatal. Entonces, la mecánica de la reforma agraria ha cedido ante esta emergencia mayor. Así, 1893 se convierte en un año de resistencia, de crítica continua e incansable para Alva, agobiado por década y media de Pax Porfiriana, un año agotador que habrá de culminar con su súbita enfermedad y muerte. Su objetivo es explícito: el propio régimen. El liberalismo constitucionalista sigue formando parte importante de su discurso, pero en ese momento su interés por la raza y la nación se ve superado por una inquietud menos metafísica: la violencia que parece mantener unida a la sociedad mexicana. O, quizás, desgarrada. La de Alva es una crítica incesante a la «paz» que se anunciaba por doquier, de manera ostentosa y no sin cierto grado de amenaza, como el gran triunfo de la presidencia de Díaz.

Alva identifica esta paz como otra forma de nombrar la violencia estatal, o incluso la guerra civil. Escribe: «Nada es, nada significa la paz, cuando sólo importa la cesación del estado de Guerra, y no el aquietamiento de los ánimos, la Concordia de las voluntades y la armonía de función en las fuerzas sociales» (5 de septiembre). La paz porfiriana era un *impasse* provisional entre los campos en guerra. De tal suerte, el triunfo social del régimen de Díaz no suponía el fin del estado de guerra, sino su sublimación, precisamente, en forma de paz. Con Díaz, el estado de guerra se había vuelto «latente». El conflicto abierto fue sustituido por el «quietismo»; y la confrontación política, por una cobardía generalizada. El liberalismo de Alva dependía de una sociedad civil robusta construida mediante el libre intercambio de ideas. Su ataque al régimen de Díaz, por lo tanto, iba dirigido contra lo que consideraba el opuesto de este ideal: el militarismo.

Varios atropellos legales atrajeron la atención de Alva cuando documentaba la fallida retirada de México de la autocracia. De manera inmediata, e incluso personal, le preocupaba la suspensión de los juicios en los casos de difamación, un mecanismo que buscaba directamente suprimir la libertad de prensa.[2] Sin embargo, reservó sus columnas de tono más denunciatorio para una práctica policiaca cuasi legal que no constituía una amenaza particular para la intelectualidad metropolitana. La «ley fuga» permitía ejecuciones extrajudiciales, autorizando a la policía a disparar contra aquellos sospechosos que intentaran evadir activamente el arresto. Esta ley era otro ejemplo, quizás el mejor, de la confusión entre el estado de excepción y el reinado de la ley, el síntoma más devastador del «estado permanente de guerra latente» en que vivía México y que, como escribía Alva, «impide el desarrollo de la riqueza pública y estanca y encadena las fuerzas sociales todas» (5 de septiembre). Alva aceptaba que la ley fuga, originalmente un decreto de tiempo de guerra, había sido quizás una herramienta necesaria en la lucha contra los bandidos y conservadores insurrectos, pero su uso había dejado de ser legítimo desde hacía tiempo. En pocas palabras, se había convertido en un escándalo: «La civilización está horrorizada de tales procedimientos; la Humanidad está de duelo, ante semejantes maldades». La ley fuga ubicaba a México fuera de la «gran sociedad de los pueblos» (5 de septiembre). Resultaba particularmente repugnante que la ley fuga, a diferencia del asesinato, estuviera autorizada por el Estado y que, por ende, a menudo fuera aplicada por soldados, degradados en consecuencia a poco más que «sicarios» con rango. Alva concluía un boletín dedicado al tema ofreciendo el impactante ejemplo de un niño que había sido ejecutado de manera sumaria por haber alertado a su padre sobre la llegada inminente de un escuadrón de la muerte patrocinado por el Estado (5 de septiembre).

De las denuncias recurrentes de Alva sobre la ley fuga se derivan dos críticas. La primera gira en torno a la filosofía política liberal y su priorización de la vida del individuo. Como todas las constituciones liberales, el documento fundador del México moderno consagra ese ideal. Por lo tanto, las «facultades extraordinarias» mediante las cuales el ejecutivo invoca la ley fuga siempre son problemáticas. Alva escribe sobre esas facultades: «que importan la suspension de las garantías individuales, y no obstante la limitacion que dicho artículo 29 establece, haciendo una excepción en las que aseguran la vida del hombre, se ha matado, y matádose sin las formalidades legales, con esa maldita ley fuga» (20 de junio). En tanto herramienta del Estado, la ley fuga trasciende incluso la barbarie de la «ley Lynch» pues es «más afrentosa y horrible que la ley Lynch en Estados Unidos; porque en México la ley fuga la aplica la autoridad y en los Estados Unidos la ley Lynch la aplica el pueblo por una corruptela de como la aplicó el gobernador de Carolina» (20 de junio). La ley fuga niega la vida, y la eliminación de la protección a la vida pone en duda la legitimidad del liberalismo mexicano.

Si esta primera crítica gira en torno a las bases filosóficas de la ideología liberal, la segunda profundiza en las contradicciones prácticas del proyecto liberal dentro de la historia política mexicana y sus implicaciones sociales. La ley fuga era la ley de la periferia, el mundo de los bandidos y los caudillos, los bordes irregulares que el desarrollo capitalista aún debía emparejar. Con una temida fuerza paramilitar a su disposición —la Guardia Rural—, Díaz personificaba la contradicción liberal en su momento extremo de crisis. Sin embargo, a decir de Alva, Díaz sólo representaba la culminación de toda una tradición, pues las «facultades extraordinarias» que abrieron la puerta a la ley fuga en primer lugar fueron invocadas durante el gobierno de Benito Juárez, héroe sagrado del liberalismo, y el primer gran constructor de instituciones, Sebastián Lerdo de Tejada, las dejó intactas. Las declaraciones más importantes de Alva sobre los males de la ley fuga son explícitas en este sentido: en su boletín del 20 de junio acusa a Juárez y a Lerdo de «violar» la Constitución «virgen» de 1857, y el 5 de septiembre recuerda a sus lectores que los orígenes de la ley fuga, y de la «sociedad de sicarios» que ésta ha forjado, pueden rastrearse hasta Ignacio Mejía, ministro de Guerra de Juárez. Por último, luego de seis meses de una oposición implacable al Porfiriato, Alva dirige sus últimas palabras publicadas no contra Díaz, sino contra la última y fallida esperanza de México: Lerdo.[3]

Internándose en el problema de la ley fuga y su autorización por parte del Estado, Alva apunta, sin afirmar nada de manera explícita, hacia el gran dilema de todos los liberales: la tensión entre los derechos individuales garantizados por la ley y la expansión totalitaria del fundamento ideológico del liberalismo: el modo capitalista de producción. Para la década de 1880, esta problemática entre Estado y sociedad se sentía con mayor intensidad en el campo.[4] Así, esta espacialización de la articulación del Estado nacional supone también, en gran medida, una racialización de un proceso político, pues en el mundo de Alva la distinción entre campo y ciudad se registraba en términos raciales. Al escribir sobre las dificultades de la educación obligatoria en un ensayo de 1883 para *La Libertad*, Francisco Cosmes describía la demografía nacional como sigue: «La raza blanca, y una civilizacion relativa predominan en el Distrito Federal... Pero en el resto de la República la cuestion es diferente. Una inmensa masa de poblacion indigena refractaria á toda civilizacion...» (*La Libertad*, 16 de febrero, 1883). Prestando atención al espacio nacional racializado, ¿hasta qué punto es la violencia de la construcción nacional que ataca Alva un proyecto de construcción racial? Por un lado, Alva, polemista por naturaleza, era muy efectivo para la denuncia —algo que Foucault llamaría la «contrahistoria»— y para crear un ambiente general que oponía un «nosotros» victimizado a un «ellos» diabólico y opresor. Por el otro, el México de Alva, como hemos visto en sus ensayos sobre «la raza indígena», estaba racializado en un sentido más convencional, es decir, descansaba sobre una base etnológica de categorización de las diferencias humanas. Y si bien Alva no tenía ningún problema en hacer uso de esa categorización social, hacía poco por enfrentar las contradicciones de la consolidación del Estado nacional en el contexto de una heterogeneidad radical. Sus ensayos son denuncias, no investigaciones, y no da ninguna señal de haber sido algo distinto a un hombre de ciudad. En pocas palabras, Alva hacía lo que podía con reportes de la prensa. Así, para encontrar un análisis más profundo y una confrontación más desgarradora con la liberalización de la nación, debemos buscar en otro lado.

Más que ningún otro intelectual público de su tiempo, Ignacio Manuel Altamirano lidió con las paradojas y contradicciones de la consolidación nacional. Altamirano, soldado y oficial en la guerra contra la ocupación francesa, y hombre de Estado con cargos de elección y asignados en los gobiernos tanto de Juárez como de Díaz, ocupó un asiento de primera fila en los debates centrales de las tres décadas más intensas de la historia política mexicana. Escribió constantemente, en varios géneros. Este hombre de campo, oriundo del inquieto estado de Guerrero, percibió la negociación de la identidad nacional en el proceso de formación del Estado mestizo como un tema de especial urgencia. Agreguemos a esto que su itinerario biográfico lo llevó a todos los rincones de México —como soldado, político, jurista, periodista y geógrafo aficionado— y comenzaremos a entender que ocupaba una posición única para reflexionar sobre las crisis y contradicciones de los trascendentes cambios sociales que servirían como plataforma para el surgimiento del Estado mestizo. Es su obra la que a partir de ahora nos ocupa.

Ignacio Homobono Serapio «Manuel» Altamirano es un intelectual fascinante —y, en muchos sentidos, ilustrativo— a la hora de reflexionar sobre la política racial en el México del siglo XIX. A través de varias lecturas críticas e interpretativas de su obra, se ha canonizado ya cierta narrativa en torno a su biografía. Tomando como punto de partida su propia declaración de que nació «en una cabaña de una familia de indios», se le suele recordar como alguien que creció en la pobreza, analfabeta, hablante monolingüe de náhuatl.[5] Su propia inteligencia, la suerte y un momento de política progresista le permitieron obtener una beca en una escuela secundaria de élite, el Instituto Literario de Toluca. Allí tuvo como maestro al agitador jacobino Ignacio Ramírez y, con el tiempo, se convirtió en Ignacio Manuel Altamirano, hombre de Estado y decisivo modernizador de la literatura mexicana.[6] Junto con Benito Juárez, suele conocérsele, en palabras de María Rosa Palazón Mayoral y Columba Galván Gaytán, como una de las dos «figuras paradigmáticas del indígena» que superaron sus orígenes sociales durante el siglo XIX.[7] Su alumno y confidente, Luis González Obregón, recuerda que «hasta la edad de catorce años [Altamirano] fue el tipo de los hijos de nuestros indígenas que no tienen más patrimonio que una milpa y unos asnos, una choza y un poco de voluntad para el trabajo. Altamirano vivió así, humilde, casi salvaje, sin saber el idioma español».[8]

Formidable orador y figura pública desde los veinte años, Altamirano cultivó estratégicamente esta historia de vida, evocándola en momentos y lugares clave. En un homenaje a Ramírez en 1889, recuerda que llegó a Toluca «comprendiendo con trabajo la lengua española, y casi incomunicado por mi timidez rústica y semisalvaje».[9] Había obtenido una beca que «no solo me había favorecido a mí, sino también a otros muchos jóvenes indígenas del Estado de México». En un texto de 1871 para *El Federalista*, se describe como «habiendo nacido en el seno de las clases infelices, y habiendo tenido una juventud llena de miseria», y afirma de nuevo que «apenas hablo castellano».[10] En su conocido discurso de 1879 sobre «La educación popular», una exhortación vigorosa a favor de la educación universal, declara: «Yo también soy hijo de la beneficencia, yo también, nacido en la clase más humilde y más menesterosa, en la clase indígena».[11] Veinte años después, en el VIII Congreso Americanista en París, habría de presentarse ante un vasto público como «el primer indio semicivilizado que viene a Francia».[12] Y si bien Altamirano rara vez se expresaba en términos tan dramáticos como los del discurso en París, los investigadores suelen describirlo como «indio», característica enfatizada con frecuencia con un calificativo colorido como «de pura raza» o «de pura sangre». Todo esto es un tanto inverosímil, además de que simplifica en gran medida la vida de Altamirano y su contexto social.

El primer problema es que Altamirano en realidad no era un indio, y mucho menos «de pura raza». Para empezar, existe la complicación inmediata de la raza en el sentido tradicional, como ascendencia genética. En la fascinante e iconoclasta biografía escrita por Herminio Chávez Guerrero, nos enteramos de que la madre de Altamirano, Juana Gertrudis Basilio, era «de la casta mestiza».[13] Ahora bien, «casta mestiza» es una categoría que puede implicar un amplio espectro de factores genealógicos, relaciones sociales y contextos culturales. De cualquier forma, vale la pena examinar el testimonio de los descendientes del pueblo natal de Altamirano que fungen como las fuentes de Chávez Guerrero. Varios indican el vasto abanico de fisionomías y pigmentaciones de los hermanos naturales de Altamirano y sus descendientes, lo cual hace probable que Basilio fuera lo que podríamos llamar una mestiza evidente, es decir, identificable fenotípicamente como no indígena. Sin embargo, algunas fotografías icónicas del propio Altamirano muestran que había heredado notorios rasgos indígenas, de modo que se vuelve fácil para algunos descartar el tema de su linaje materno.

No obstante, existen más preguntas relevantes sobre el discurso y el contexto histórico. También en estos sentidos, la identidad indígena de Altamirano es fluida. En el México del siglo XIX «indio», al igual que «mestizo», era una categoría social que abarcaba una amplia red. En general, sin embargo, era posible definir a los «indios» de manera negativa como sujetos o comunidades que no habían experimentado una penetración completa de las normas y prácticas culturales eurocéntricas, sobre todo del capitalismo moderno. En otras palabras, en el México del siglo XIX «indio» equivalía a la «raza indígena» de Alva: individuos que pertenecían a comunidades campesinas en la periferia del capitalismo, de manera tangencial a los ritmos de la vida nacional, y que, de saber español, a menudo lo hablaban como segunda lengua.

Pero esto no describe la biografía de Altamirano, quien nació en 1834 en Tixtla, Guerrero, un pueblo con robustas poblaciones indígenas, criollas (de ascendencia española) y mestizas.[14] La lengua dominante de la sección indígena del pueblo habría sido el náhuatl. Si bien el pueblo estaba segregado informalmente en el nivel doméstico, las interacciones entre poblaciones constituían el tejido de la vida cotidiana. El bilingüismo era común. El padre de Altamirano fue Francisco Altamirano, identificado como «el indio» para distinguirlo de su padrino adoptivo, Don Francisco Altamirano, un criollo soltero y adinerado cuya fortuna era heredada. Esto ocurrió en virtud de la relación de Don Francisco con otro hombre soltero, el español Sebastián de Viguri, a quien Chávez Guerrero describe como «inmensamente rico para su tiempo». Desprovisto de herederos legítimos, dejó buena parte de su fortuna a los pobres, aunque legó la mayor parte a su albacea testamentario, Don Francisco. Fue en algún momento durante la década de 1810 cuando, de entre el tumulto de las guerras de independencia, un joven indígena «apareció bajando de las montañas [...] aterrado y hambriento, suplicando en su lengua nativa».[15] Este niño, cuyo nombre de nacimiento se perdió para la historia, habría de convertirse en Francisco Altamirano, el indio, el ahijado adoptivo de Don Francisco y, en 1834, padre de Ignacio Homobono Serapio Altamirano.[16]

De este modo, además del apellido español, la biografía de Altamirano también encierra una fortuna española.[17] Sin embargo, parece muy claro que ni él ni su padre llegaron a tocar esa fortuna, al menos no como herencia directa. Lo más importante, sin embargo, es el hecho de que este contexto social cuestiona considerablemente la narración convencional —lo que Chávez Guerrero llama «las leyendas»— vinculada con la inverosímil conversión de Altamirano en El Maestro, como lo habrían de llamar, maestro de toda una generación literaria.[18] En tanto ahijado de un criollo prominente, es muy poco probable que Francisco Altamirano, el indio, hubiera seguido siendo un hablante monolingüe de náhuatl. Además, es casi seguro que haya alcanzado al menos un grado rudimentario de alfabetización en la escuela local para niños indígenas. Su vida adulta lo insinúa: ocupó el cargo municipal de alcalde de indios, una posición de poca autoridad pero que lo habría puesto en contacto regular con poblaciones tanto indígenas como no indígenas, y que sugiere cierto nivel de bilingüismo y alfabetización. Cuando nació su hijo, era un pequeño comerciante con una tiendita cerca del zócalo. Habría sido extraño que no hubiera alentado en su hijo la adquisición de estas habilidades cada vez más básicas de la vida moderna.

Si bien no eran adinerados, los Altamirano no eran indigentes y, a decir verdad, podían considerarse una familia exitosa en el pequeño mundo de Tixtla. La afirmación de Altamirano en torno a su nacimiento «en una cabaña de una familia de indios» podría significar muchas cosas, pero quizás no lo que imaginamos hoy en día, a menos que la imagen evocada en el lector por la palabra «cabaña» sea la de una casa de sólida factura cerca del centro del pueblo y que aún existe. Dadas estas circunstancias, y el hecho de que Altamirano asistió a la escuela primaria, la idea de que fuera monolingüe o analfabeta cuando llegó a Toluca a la edad de catorce años es bastante absurda.[19] Como apunta Chávez Guerrero, el Instituto ofrecía un programa de cursos superiores, no remediales.[20] El retrato del indio descalzo analfabeta y monolingüe que asciende a la cumbre de la intelectualidad cultural y política de México es, pues, una imagen hecha para el cine.

Y sin embargo... Tixtla era un pueblo en medio de un sector marginal y a menudo caótico de la aún nueva república, asociado con conmociones sociales y activismo indígena. Girón apunta que Altamirano «procedía del distrito de Chilapa, agitado repetidamente por graves levantamientos indígenas precisamente ocasionados por el despojo de tierras y tratos abusivos», y que cuando era niño habría sido testigo de las rebeliones de la década de 1840, recordadas ya sea como la guerra de castas o la revolución de Chilapa.[21] Girón también presenta un documento que echa cierta luz sobre la reputación más amplia de la región. En respuesta a una carta del rector de Toluca en la que sugiere que el joven estudiante había llegado sin dinero y nada menos que de un «país» peligroso, el «cabildo de Tixtla» —encargado de administrar la beca de Altamirano— describe Chilapa, a manera de réplica, como sigue: «sus pueblos y caminos no están infestados de ladrones, animales bravíos u otra cosa semejante ni sus habitantes son salvajes u antropófagos, aunque sí viven en las miserias».[22] Vale la pena destacar esta lucha semántica —la resistencia indígena a la explotación se convierte en algo que insinúa bandidos, animales salvajes y canibalismo— que sin duda dejó su huella en Altamirano, quien habría visto la guerra de castas de primera mano y como resultado de la desigualdad rural y la lucha por los recursos.

De igual forma, la apariencia física de Altamirano sin duda hacía pensar a muchos observadores que era «indio». En los círculos de la élite metropolitana, tanto su proveniencia como su rostro lo convertían en algo exótico. En su juventud fue famoso por ser poco atractivo (envejeció bien, desarrollando sus rasgos duros), algo a menudo vinculado —de manera bastante irritante— con su supuesta indianidad: «indio feo» es una descripción que suele encontrarse en relación con su persona.[23] Altamirano tematizó las consecuencias sociales de estas cualidades en su obra de ficción e internalizó la experiencia de la discriminación con un gran efecto retórico. Por ejemplo, Christopher Conway ha sacado a la luz un relato de 1873 sobre una reunión con un periodista español en la que Altamirano declaró estar «orgulloso de poseer la "fealdad espléndida" de la raza azteca», sugiriendo una confiada altanería que puede percibirse en sus numerosos retratos fotográficos.[24] Ronald Christ, aunque dejándose llevar con demasiado entusiasmo por la tesis de la identidad indígena, resume bien el tema cuando escribe: «Altamirano se enorgullecía al referirse a sí mismo como feo, un indio feo; pero un vistazo a sus fotografías muestra una determinación de brazos cruzados, decidida, combinada con una abierta seriedad, si no es que severidad. Con "feo" quería decir "decidido", "resuelto" —un indio que se respetaba a sí mismo—».[25] Monsiváis se refiere a las frecuentes referencias de Altamirano en torno al tema como una suerte de «vanidad».

Y luego están las historias. Es probable que la más famosa, que tiene que ver con cómo a Altamirano y a su padre se les pidió salir de una recepción en Toluca «por no ser éste lugar propio de indios», sea apócrifa.[26] Sin embargo, habla de una verdad mayor: el hecho de que Altamirano, en tanto becario que debió caminar varios días para llegar a su internado de élite, no era el estudiante típico del Instituto. Este excepcionalismo viene desde su educación primaria. En la década de 1840, la escuela en Tixtla estaba segregada, una herencia del sistema español de castas, y el Altamirano de piel morena estaba originalmente con el grupo de niños indígenas. Éste no era un contexto favorable para la educación —Chávez Guerrero apunta que la educación de los indígenas se concentraba en gran medida en la oración—, de modo que el padre de Altamirano movió sus influencias en la escuela para que su hijo fuera transferido al grupo de los «niños de razón». Hubo una pequeña protesta en el salón de clases, que el maestro no tardó en apagar declarando, casi mediante un hechizo de transformación identitaria: «De hoy en adelante, ¡este niño "será de razón"!».[27]

Agreguemos a esta serie de momentos biográficos formativos el hecho de que Altamirano expresaba de manera regular desde simpatía hasta solidaridad con las comunidades indígenas de México, y el tema de la raza en torno a su figura se vuelve especialmente intenso. Con el fin de desembrollar sus hilos más significativos, debemos recordar la especificidad de su contexto cultural y de su momento histórico. En primer lugar, necesitamos reconocer que problematizar la naturaleza de la indianidad de Altamirano no puede compararse, por ejemplo, con cuestionar la negritud de una figura histórica importante como W. E. B. Du Bois. Aun cuando pudiera argumentarse que la biografía de Du Bois —el doctorado en Harvard, los estudios en Alemania, cierto elitismo— lo vuelve atípico respecto de la experiencia afroamericana de principios del siglo XX en Estados Unidos, lo cierto es que se ubica en un medio social definido por un fuerte impulso segregacionista, vulgarizado genéticamente como *one drop rule* (la regla de una gota). En pocas palabras, la experiencia norteamericana, que carece de una categoría robusta de racialidad intermedia, ennegrece a Du Bois.

Ninguna lógica racial semejante gobierna la experiencia mexicana que define la vida de Altamirano. Su ascenso a la eminencia intelectual, que sigue precisamente el ascenso del liberalismo, coincide con un parteaguas en la historia de la política identitaria mexicana. Altamirano es testigo —más aún, participante activo— de la consolidación del Estado mestizo, de la nueva *etnicidad ficticia* (en el vocabulario cosmopolita de Étienne Balibar) que habría de definir la articulación entre raza y nación en México. Esto no significa que la «gente de raza mixta» estuviera encabezando, literalmente, el gobierno nacional, o que las ventajas sociales vinculadas a la blanquitud hubieran desaparecido de un día a otro. Lo que significa es que, mediante el ascenso de la república liberal, los intelectuales mexicanos reinventaron la identidad nacional, y durante este proceso hubo que imaginar a un protagonista recién racializado del progreso nacional: el mestizo.

Originado en las obsesiones del casticismo español con el linaje y asediado por los mismos ogros de la política racial de todos lados, el mestizaje mexicano tiene una lógica culturalista establecida de manera mucho más explícita que el segregacionismo duro en el contexto estadounidense.[28] Dado que el individuo mestizo es básicamente «de raza mixta» y esa mezcla no está sujeta a una cuantificación empírica, los comportamientos, las prácticas y el estatus social pasan a primer plano en la política racial del México moderno. Ya lo vimos con Alva: el problema con la «raza indígena» no era la raza, sino más bien el modo de producción. Esto no quiere decir que el Estado mestizo haya neutralizado la raza, superado el racismo o destronado la pigmentocracia. Lejos de eso: el propio Altamirano era blanco de ataques racistas por parte de sus críticos.[29] Lo que sí hizo fue convertir la raza en una categoría cultural y, por ello, quizás, mucho más espinosa. El mestizaje es raza vuelta cultura o, por el contrario, cultura vuelta biología: la biopolitización de las prácticas culturales. Los intelectuales de avanzada de la transformación republicana de México introdujeron esta etnicidad ficticia dentro de una ideología general de meritocracia positivista, con su fe concomitante en las relaciones entre educación y desarrollo económico. Lejos de sentirse oprimido por este cambio ideológico, Altamirano se convirtió en su vocero, en «paradigma» de las posibilidades del liberalismo progresista allí donde la ascendencia genética cedió su lugar al mérito. Lejos de ser el «indio de pura raza» que sale adelante a pesar de todo, Altamirano fue justo el protagonista ejemplar del Estado mestizo: el indio desindianizado o, en otras palabras, el sujeto mestizo. Si bien a menudo destaca su biografía multicultural, que lo distinguía de buena parte de la intelectualidad urbana, en ningún lado habla Altamirano sobre una doble conciencia o algo parecido. No se le hubiera ocurrido. *De pura raza*: Altamirano, sin disculparse, es la futura «raza indígena» de Alva, ya consumada, el indio impuro convertido en mestizo puro.

En este sentido, Altamirano fue una prueba viviente del individualismo liberal que apoyaba. Si bien, como todos los nacimientos, la especificidad de su llegada al mundo fue un accidente cósmico, la línea histórica de su árbol familiar traza precisamente el tipo de narración progresiva que él —y, en realidad, el consenso entre intelectuales— consideraba básica para la consolidación nacional. El padre indígena, proveniente de las montañas, se transforma de indio hablante de náhuatl en un ciudadano bilingüe en el escenario económico, político y cultural de un pueblo mexicano. El hijo mestizo, movilizando sus talentos intelectuales con la mediación institucional de la escuela, se convierte de aldeano bilingüe en participante monolingüe de la vida nacional. Éste es básicamente el esquema de desindianización trazado por Alva, así como la trayectoria afirmada por Altamirano en sus numerosos escritos sobre desarrollo nacional y educación pública. Por ejemplo, es bien sabido que Altamirano promovió el estudio de las lenguas indígenas por razones tanto de patrimonio cultural como de eficiencia pedagógica. Sin embargo, más allá del proyecto de reconstrucción de un pasado precolonial mediante la recuperación de asuntos esotéricos indígenas, su defensa de la educación bilingüe se convertiría en un medio más para conseguir la homogeneización nacional. De tal forma, cuando en un debate de 1883 argumenta a favor de la «introducción de la enseñanza del azteca o mexicano en las escuelas normales», lo propone como un medio para alcanzar el objetivo explícito de «la generalización del español», de la cual «depende en mucha parte la cultura de nuestro pueblo indígena».[30] La educación pública debía representar un tipo de evangelización nacional, y los misioneros seculares debían aprender de épocas anteriores, cuando los «misioneros católicos del siglo XVI» se empeñaron en aprender «la lengua de todas las tribus por insignificantes que fuesen, y merced a su celo evangélico las nociones del cristianismo se extendieron por todas partes».[31] En otras palabras, la educación bilingüe buscaba la hispanización de las comunidades indígenas, no la conservación de conjuntos paralelos de prácticas culturales: el español era la lengua nacional de la modernidad, la lengua que ponía a México en contacto con la civilización europea. Si bien las tendencias etnocidas de Altamirano son menos duras que las de Justo Sierra, su firme aliado en este debate, la inferencia es evidente: aunque algunas lenguas indígenas pudieran exhibir una complejidad conceptual comparable a la de las lenguas europeas, seguían representando un pasado obsoleto, y no el futuro nacional.[32]

Más allá de la estilizada biografía indígena de Altamirano, los investigadores han tendido a ignorar la política racial en su obra o, en el mejor de los casos, a tratar el tema a la ligera. En 1954, Clementina Díaz de Ovando sentenció que la función social más importante de su ficción era «ese animado mensaje sobre el indio y el mestizo, que siempre habían sido dejados a un lado por el criollo», afirmación que captura el alcance de los primeros análisis.[33] Sin embargo, esto comenzó a cambiar a medida que la raza fue pasando a primer plano como un tema importante de los estudios literarios y culturales. En los estudios sobre Altamirano, esta nueva atención a la raza se presenta bajo la forma de un mayor escrutinio de la representación de la cultura indígena en su obra. Dos posturas críticas, relativamente polarizadas entre lo afirmativo y lo negativo, han confluido.

Del lado afirmativo, académicos han destacado la ambivalencia que implica negociar una identidad compleja en tiempos difíciles, y han apuntado a la productividad, aunque tentativa, de los escritos de Altamirano en este sentido. Estas lecturas, basadas en buena parte en sus esbozos costumbristas, identifican cierta tensión entre cadenas de significantes que colocan lo iluminado, liberal, metropolitano y mexicano de un lado, y lo rústico, comunal, rural (en especial del sur) e indio del otro, rastreando la forma en que Altamirano luchaba por reconciliar estas categorías aparentemente excluyentes. En esta vena, Edward Wright-Rios argumenta que Altamirano promovía un «nacionalismo centrado en los indios» y veía en el pueblo rural indígena una «pasión inherente por la Independencia [que] hace de los indios mexicanos la base necesaria del Estado nacional».[34] De esta forma, Altamirano habría estado sondeando la tensión entre campo y ciudad y preparando al público lector para el futuro surgimiento de un indigenismo más radical. Conway se concentra de manera más explícita en la naturaleza ambivalente de este proyecto, contrastando la interacción del «indianismo autobiográfico» y el discurso antropológico en los retratos íntimos que Altamirano hizo de su ciudad natal. Conway entiende el desafío de Altamirano como «la necesidad responsable de contrarrestar el determinismo racial en un nivel conceptual, los prejuicios de su público lector urbano hacia lo indio y lo rural y, sin duda, los efectos incalculables, pero visibles, de su propia postura ambigua en tanto mediador liberal y letrado de su propia etnicidad indígena». Esto trajo como resultado un «conjunto de fragmentos que su situación de letrado no pudo consolidar como desafío directo al proyecto nacionalista dominante». En última instancia, «aceptó su identidad de mexicano por sobre la de indio».[35] Quizás sea Erica Segre quien mejor resume el resultado de estos dilemas en su elegante argumento poscolonial según el cual Altamirano, al hablar desde lo que ella llama un contexto cultural «bi-local», promovió una identidad nacional más incluyente, que fuera más allá de privilegiar la identidad mestiza y del racismo positivo, para defender al indio como una fuente de ciudadanía real (y no sólo simbólica): «El problema era cómo ser "esencialmente mexicano" en español, cómo ser un indio sin disfraz».[36]

No obstante, estos esfuerzos que representan la postura afirmativa sobre la raza en Altamirano no parecen lograr más que sugerir cierta ambivalencia en torno al tema. El «nacionalismo centrado en los indios» de Wright-Rios, el «indianismo autobiográfico» de Conway y la «etnicidad en cursivas» de Segre representan lecturas sugerentes, pero limitadas precisamente a sus sugerencias. En términos del impacto de su biografía individual y de sus luchas personales contra una sociedad que sin duda lo discriminaba, Altamirano simplemente no nos ofrece material suficiente, como Conway confiesa al señalar «la escasez de referencias directas a su indianidad en sus escritos publicados».[37] En realidad, en el muy publicitado debate de 1883 sobre el valor y la relevancia de la educación primaria obligatoria en las comunidades indígenas, Altamirano no menciona ni una sola vez su propia biografía en su defensa de la postura a favor de la educación universal. Incluso cuando habla sobre el éxito del programa de becas que lo envió a Toluca —que hoy en día suele recordarse equivocadamente como un programa específico para mexicanos indígenas—, no dice nada sobre raza o identidad étnica y señala requisitos como «habiendo destacado en los estudios de primaria, siendo muy pobre y con doce años de edad».[38]

La postura negativa en torno a la raza en la obra de Altamirano es más polémica, más problemática, más interesante. Escribiendo desde nuestro momento poscolonial en los estudios literarios contemporáneos, algunos investigadores no han dudado en atacar a Altamirano por su actitud hacia el lugar que las comunidades indígenas ocupan en la nación moderna. En tanto pensador liberal destacado y escritor involucrado activamente en la construcción del Estado mestizo, Altamirano operaba dentro de las convenciones ideológicas de la desindianización. Sin embargo, ello no implica que su discurso deba estar exento de una reinterpretación crítica en la actualidad. El problema es que buena parte de esa reinterpretación negativa, junto con la crítica afirmativa, no ha logrado captar la complejidad de la postura de Altamirano. Más aún, en ocasiones su ejecución más bien torpe ha confundido los desafíos que enfrentaba Altamirano con los preceptos morales que rodean las categorías identitarias en la actualidad. En particular, a medida que nos acercamos a una lectura de la ficción más racialmente cargada del autor, *El Zarco* (escrita en 1888), vale la pena considerar esa crítica a profundidad.

Tomemos como ejemplo el ensayo de Palazón y Galván, «El centro contra las periferias (el nacionalismo defensivo de Altamirano)», publicado en *Homenaje a Ignacio Manuel Altamirano (1834-1893)*, editado por Manuel Sol y Alejandro Higashi, una colección que reúne importantes trabajos.[39] En este rico y provocador ensayo, Palazón y Galván recurren a los escritos de Altamirano sobre educación y enseñanza de la lengua con el fin de condenar su participación en lo que las autoras llaman una política de «etnocidio» y «genocidio».[40] Si bien no se equivocan en lo absoluto al proponer esta línea de análisis, su argumento pierde fuerza cuando retoman la idea de la raza y la política de la representación tal como operan en las obras literarias más sutiles de Altamirano. En un par de pasajes famosos de las principales novelas de este autor, *Clemencia* (1869) y *El Zarco*, las autoras señalan algunas descripciones de personajes indígenas que hoy en día resuenan con cierta ofensa.[41] A partir de esto, atacan lo que perciben como una utilización de estereotipos racistas eurocéntricos. Sin embargo, lo anterior implica acusar a Altamirano de algo que él utiliza justamente para plantear un punto crítico, aunque opere en un registro menos esencialista que sus críticos modernos. De tal suerte, cuando Altamirano describe al protagonista de *Clemencia*, el soldado trágico Fernando Valle, como poseedor de un «aspecto repugnante» y una constitución enfermiza, Palazón y Galván no tardan en calificar la descripción como un «proyectivo autodesprecio» y critican al autor por promover la idea de que «los "indios" son feos, repugnantes y antipáticos». Las autoras concluyen su argumento declarando que «en oposición a Altamirano, estamos convencidas de que nuestra *plurietnicidad* [de México] *no es un asunto racial*», sino que está relacionada con la historia de la formación nacional.[42]

Dejando de lado el apresurado supuesto de que deberíamos leer al autor y a su protagonista como evidentemente indios, dos obstáculos importantes surgen cuando Palazón y Galván intentan criticar a Altamirano sustituyendo raza por nación. En primer lugar, debemos reconocer que este tipo de crítica siempre resultará fútil frente a la alianza histórica entre raza y nación, es decir, el hecho de que el surgimiento de la forma nación coincide con la consolidación de los discursos que alinean razas con espacios y terminan produciendo razas nacionales. La virtud del enfoque «pluriétnico» de Palazón y Galván es que, en su misma ejemplificación, reconoce el colapso de la articulación entre raza y nación, incluido el fracaso de los intentos de Altamirano por alcanzar una homogeneización cultural mediante la enseñanza de la lengua. Sin embargo, al blandir este hecho histórico de manera poco crítica, no logran ver su propia postura como un momento sintomático en una larga historia, como un nuevo pliegue y una nueva afirmación del proceso de la misma lucha que Altamirano ya había emprendido: tanto el autor como sus críticas se proponen atacar la raza, pero desde distintos ángulos.

Esto nos lleva al segundo obstáculo, que radica en cómo entender la política racial del proyecto de Altamirano. Al pedirle a Altamirano que elimine la raza, Palazón y Galván exacerban los problemas, pues omiten el hecho de que el autor está operando dentro de los términos de una delicada crítica a la articulación entre raza y nación tal y como se estaba conformando entonces en torno al Estado mestizo. De este modo, cuando Altamirano le otorga al héroe de *Clemencia* las cualidades externas más «repugnantes», sugiriendo cierta indianidad en estos rasgos, sólo una interpretación superficial podría proponer que se trata de un juicio empírico sobre la apariencia física y las capacidades de «la raza indígena». Como lo demuestra Carlos Monsiváis en una poderosa interpretación de la prosa de Altamirano, su proyecto es mucho más amplio. Cuando, en *Clemencia*, Fernando (el protagonista «feo») resulta poseer todas las virtudes del patriota ideal —integridad, valor, honor, inteligencia—, a diferencia del hermoso oficial Enrique Flores (quien traiciona a su nación en favor de los invasores franceses), lo que Altamirano nos pide aceptar es un mundo en que la fisonomía es irrelevante. Intenta distender la raza desplazándola hacia el carácter. Y, si bien para Altamirano puede haber cierto fatalismo bíblico en torno al propio carácter, lo importante es que está desconectado de la forma externa; en otras palabras, no está racialmente marcado. En sus novelas, la blanquitud no aparece como físicamente degenerada o moralmente depravada en ningún nivel esencial, pero —y esto es fundamental— tampoco la indigenidad. En el liberalismo, progresismo y, en última instancia, nacionalismo de Altamirano, la patria debe superar su larga historia colonial de casticismo, junto con su paranoia en torno a la marca distintiva que podría cuestionar en cualquier momento la legitimidad del origen. De esta obsesión con la estirpe y la apariencia, México debe avanzar hacia una ideología de la ciudadanía, sin marcas ni restricciones impuestas por la tiranía del fenotipo. Escribe Monsiváis: «El mensaje es inequívoco: Altamirano combate sin esperanzas la creencia en la "presentación" (la fe en la exterioridad)».[43]

Las consecuencias del anacronismo racial cuando se lee a Altamirano en la actualidad surgen de manera aún más radical en otro ensayo del volumen de Sol y Higashi. «Lectura ideológica de dos novelas de Altamirano» (1997), de Evodio Escalante, es una lectura perspicaz y conceptualmente matizada de *El Zarco* y *La Navidad en las montañas* (1871). Se trata de un texto pionero, quizás la primera lectura política teóricamente comprometida de *El Zarco*, novela a la cual regresaré más adelante en este capítulo. En este momento vale la pena revisar el acercamiento de ese ensayo al tema de la raza, ya que ahonda en algunos de los problemas que señalé respecto de la crítica de Palazón y Galván a Altamirano.

Escalante ofrece una interpretación de lo que él llama la «economía simbólica» de las dos novelas, y este enfoque lo conduce a algunas de las principales contradicciones sociales y políticas que están en juego allí. Una de esas contradicciones tiene que ver con las relaciones entre la raza, la representación de la cultura indígena y la forma nación. En particular dentro del contexto de *El Zarco*, el interés de Escalante es la manera en que Altamirano ubica la presencia de culturas indígenas en el paisaje de la novela. Es decir, Escalante aborda la intersección entre raza y espacio, y lo hace profundizando en los dos polos de acción que proporcionan el marco de la novela. El primero es el pueblo de Yautepec, un pueblo real ubicado en el valle central de México, descrito en la novela en términos idílicos como «original y pintoresco» (96).[44] Resulta significativo que sea «un pueblo mitad oriental y mitad americano», cualidades vinculadas directamente con su economía local: «Oriental, porque los árboles que forman ese bosque de que hemos hablado son naranjos y limoneros» (96). Escalante señala este hecho y lee el énfasis en «mitad» como una «valorización» de lo que él llama «mestizaje cultural». Así, la economía simbólica de la valorización en Altamirano se transforma en una valorización de la raza. Escalante interpreta esta maniobra como «un reflejo de la mentalidad de la época» que da forma a «un argumento racista que puede ser sutil pero que se antoja al mismo tiempo como inevitable».[45] Por un lado, el Yautepec de Altamirano es «el centro de numerosos pueblecillos de indígenas»; por el otro —y con estas líneas, reunidas en un solo párrafo, Altamirano concluye el capítulo inicial—, los indios no viven ahí: «La población toda habla español, pues se compone de razas mestizas. Los indios puros han desaparecido de allí completamente».[46]

Escalante percibe de manera atinada la hegemonía del Estado mestizo que rige la prosa de *El Zarco*. Altamirano realmente valoriza, o al menos narra, un proceso ideológico que asocia la consolidación nacional con el mestizaje. Sin embargo, la crítica de Escalante se debilita frente al rigor histórico de la descripción de Altamirano, aun cuando la expresión ideológica del novelista sea romántica. Si bien acierta al ubicar a Altamirano como un arquitecto activo de la ideología liberal en México, Escalante parece olvidar que la verdadera fuerza de la ideología no reside en la acción propagandista que impulsa la expresión de las posturas políticas. Las ideas se convierten en ideología cuando se vuelven implícitas, es decir, en la medida en que naturalizan la historia. De tal suerte, cuando Altamirano describe Yautepec como una especie de pueblo mestizo y luego sugiere que este espacio es un punto importante dentro de un proyecto más amplio de desarrollo nacional, está describiendo de modo bastante preciso la distribución de la tierra en el México de la década de 1870. El Yautepec de Altamirano era justo el tipo de encrucijada regional donde la heterogeneidad y la mezcla culturales explotaron a medida que el incipiente proceso histórico de descampesinización cobraba fuerza a lo largo de la segunda mitad del siglo XIX e iba vaciando el campo, en toda su diversidad cultural, hacia las ciudades. Sea o no correcta la palabra *valorizar*, el hecho de que Altamirano describa este proceso con un toque de optimismo lo vuelve un hombre de su tiempo, un portavoz literario de la indianización de Alva.

El problema, entonces, no es lo que Altamirano, el hombre, piense sobre esta transformación histórica. El problema es la naturalización de sus efectos sociales, políticos y éticos. Una vez más el problema no es si Altamirano coloca al mestizo en un plano superior que el indio; el problema reside en cuán fácil resulta presentar este «proceso» jerárquico como resultado de una inevitabilidad histórica. Consideremos de nuevo el pasaje principal: «La población toda habla español, pues se compone de razas mestizas. Los indios puros han desaparecido de allí completamente». La primera línea es una franca descripción demográfica del escenario de la novela, que puede o no coincidir de manera convincente con el Yautepec real de alrededor de 1870.[47] La segunda línea es la expresión de la ideología. La cualidad intransitiva del antepresente, en línea con la elección de palabras, convierte en un proceso natural lo que en realidad es una guerra secular: «han desaparecido» podría haberse expresado con mayor precisión histórica como «han sido desplazados», «han sido asesinados», «han visto destruidas sus civilizaciones». Al concentrarse en la supuesta valorización que Altamirano hace de una raza por encima de otra, Escalante parece detectar un racismo individual, cuando lo que está en juego es una transformación social mucho más profunda que a la vez tiene como base, elimina y fortalece la raza: las comunidades indígenas «desaparecen», al tiempo que aparecen pueblos mestizos. El mecanismo de violencia (la acumulación originaria) que yace entre ambos se vuelve invisible. La tierra es el espacio de racialización: está cambiando de manos, y esto no es afortunado. Altamirano ve posibilidades en un modo de producción trascendente y transformador, en la industrialización de la vida rural, pero no expresa sino ambivalencia respecto de los «pueblecillos de indígenas» cuyos habitantes seguramente tienen en Yautepec su mercado principal. Escalante es quien, al parecer, quiere forzar el tema cuando escribe (él y no Altamirano): «Yautepece no es un (vulgar) pueblo de indios».[48]

La crítica a Altamirano por racista se vuelve aún más tendenciosa cuando Escalante se enfoca en la otra sede principal de la acción en *El Zarco*, el escondite de los bandidos en Xochimancas. En este viraje del ensayo de Escalante ocurren varias cosas, entre las cuales destaca una atenta lectura que vincula el bandolerismo con la indigenidad, rastreando una serie de referencias a serpientes y reptiles dentro del texto.[49] Para efectos de mi propia lectura, lo más importante es la reacción de Escalante ante el giro explícito de Altamirano hacia el discurso antropológico. En *El Zarco*, Xochimancas se describe como una vieja hacienda que ha quedado en ruinas. Como su nombre lo sugiere, solía ser una especie de jardín de flores edénico cultivado por los aztecas. Las posibilidades de producción representadas por este lugar, ahora abandonado, reciben una gran atención. El abandono es triple, y cada nivel tiene resonancias ideológicas. La hacienda fallida representa un modo fallido de producción. La comunidad indígena de Xochimancas ya no está, como tantas otras comunidades que, apunta el narrador (citando al gran historiador, geógrafo y jurista mexicano, Manuel Orozco y Berra), «desaparecieron completamente» (264). Y, por supuesto, el escenario abandonado está ocupado por bandidos, convertido en una zona de excepción. El narrador hace algunos comentarios sobre la naturaleza del lugar dentro del imperio azteca, un ejercicio académico explicitado con extensas citas de fuentes excepcionales: Vicente Reyes, José Fernando Ramírez, Fray Bernardino de Sahagún, Cecilio Robelo, Juan de Torquemeda, y Orozco y Berra, una lista de autoridades dentro del canon etnográfico sobre la civilización azteca.

Aquí es donde Escalante expresa su desacuerdo. Tras señalar que el narrador se acerca a una Xochimancas «sembrada de reservas», en especial en comparación con el amigable retrato de Yautepec, apunta que, para «describir el poblado el narrador se ve en la necesidad de recurrir a testimonios eruditos, a tratados de historia y de geografía».[50] Ahora bien, teniendo en mente que en realidad se trata de unas ruinas, podríamos preguntarnos de qué otra forma podría haber tenido acceso Altamirano a este conocimiento etnográfico. Escalantc ofrece una posible respuesta, que se halla en la base de su decepción con Altamirano en general: «Distancia. Alejamiento. Necesidad de allegarse un apoyo documental a fin de hablar acerca de algo que uno supone tendría que serle familiar. Pero que, por lo visto, no lo es».[51] ¿Qué se supone que le sería familiar a Altamirano? Algo que podríamos interpretar a grandes rasgos como cultura indígena. De manera más directa, en palabras de Escalante, «su etnia».

Este intercambio transhistórico entre Altamirano y Escalante nos dice mucho sobre las transformaciones en torno a la idea de raza en el siglo que corre entre ambos. Dotado de una movilidad ascendente a partir de una niñez bilingüe con contactos cercanos en más de un mundo cultural, para cuando escribió *El Zarco*, Altamirano se consideraba un hombre de letras cosmopolita, y había llevado la vida correspondiente. Y, sin embargo, es difícil separarlo de su identidad de *pura raza*. Queremos que Altamirano sea un indio, el escritor indígena, con las características esperadas de *su etnia*, como tener un conocimiento íntimo de las prácticas culturales indígenas, incluida la sabiduría tradicional, y expresar su solidaridad política y cultural con las comunidades indígenas del país. Las palabras de Escalante reflejan este deseo de raza. Sorpresa: «necesidad de allegarse un apoyo documental». Esperanza: «tendría que serle familiar». Desilusión: «por lo visto, no lo es». La conclusión que se desprende de la crítica de Escalante —también sugerida por Palazón y Galván— es que Altamirano, dada su pretendida raza, debería haber trascendido de algún modo su contexto histórico; que, como gran escritor indígena, debería haberse puesto del lado del indio.

Esto es pedir demasiado. En primer lugar, está el problema de que, aun si Altamirano se hubiera visto obligado a sentir cierta responsabilidad hacia lo que hoy en día percibimos como «su raza», no hay razón alguna para creer que podía hablar con certeza de Xochimancas, unas ruinas precolombinas ubicadas al menos a un día de viaje de Tixtla, por terreno montañoso, y que, para fines del siglo XIX, muy probablemente ya no tenían vínculos con las comunidades indígenas importantes que rodeaban el lugar natal de Altamirano. Pero el problema mayor es que el tipo de conciencia racial que Escalante parece buscar no existía en la década de 1880. «El indio», como lo demuestran los propios escritos de Altamirano sobre el tema, era una categoría heterogénea, utilizada aquí para denotar «una raza» y allá para indicar un conjunto de prácticas culturales, movilizada aquí para afirmar cierta autenticidad cultural («nuestros indios») e invocada allá para denunciar a un enemigo cultural («indios bárbaros»), aquí a una clase económica («indio pobre»), allá una condición social («indios infelices»).

En el habla cotidiana «indio» se utilizaba de manera casi invariable como insulto. Por ejemplo, en el debate de 1883 sobre educación obligatoria, Altamirano prácticamente suscribe el modelo de Alva que vimos en el primer capítulo, estableciendo una clara distinción entre las comunidades indígenas productivas, los nómadas de la frontera «en abierta guerra con la nación» y «los tristes y miserables *lacandones*, que viven humildes y abandonados en Chiapas».[52] Sin embargo, ésta no es la norma para las comunidades indígenas en México: «La excepción que constituyen estos pueblos remotos es de poca importancia y nada arguye contra la regla general».[53] Segre capta esta «regla general» en su útil descripción del uso que hace Altamirano de la categoría misma de «indígena» en sus escritos como algo que «significa al mismo tiempo "indio" y "nativo", a diferencia del uso generalizado que separaba "indio" de habitante original [...] para designar una fisiología racial genérica».[54] Como indica el análisis de Segre, la semántica de Altamirano es significativa. No obstante, su política permanece en el nivel de lo simbólico nacional. En otras palabras, la identidad indígena aún no había sido rearticulada de manera positiva ni incorporada a una plataforma política nacional de subalternidad; las élites podían hablar de «el indio» o «lo indígena», pero las comunidades indígenas reales aún no habían establecido lazos de solidaridad efectivos que vincularan a sus remotas comunidades entre sí en una lucha común por sus derechos dentro del contexto del Estado nacional.[55] «Yo soy un indio como nadie feo», escribe Altamirano en una famosa línea de poesía. El «nadie» salta de la página. No es difícil malinterpretarlo como una declaración afirmativa de identidad, aunque una reflexión más precisa sobre la vida de Altamirano obligaría a leerla de manera negativa, como un lamento de alienación, de distancia cultural, de soledad racial.

Si bien Altamirano solía simpatizar con los pobres y los marginados frente a los poderosos, a su parecer el problema político fundamental detrás del indio no era multiculturalista: no le interesaba la solidaridad racial segmentada y la formación de una comunidad de diferencias.[56] Para él, las comunidades indígenas sólo eran problemáticas en la medida en que representaban una pieza de forma extraña para el rompecabezas político central de la época: el Estado nacional. En última instancia, lo que a Altamirano le preocupaba era cómo articular la hegemonía (el sentido de condición de nación) con la soberanía (la mediación de dicho sentido en la manifestación del Estado) después de décadas de guerra civil e inestabilidad. Las corrientes intelectuales de ese momento histórico lo llevaron a reflexionar sobre la nación en términos de raza, y *sólo* dentro de esta problemática contempló el lugar del indio en la cultura nacional.

Culpar a Altamirano por esta falta de solidaridad con «su etnia», en palabras de Escalante, remite a la tendencia histórica de incriminar a los tlaxcaltecas en el nacionalismo mexicano. Sólo hay una forma de declarar a los tlaxcaltecas, enemigos resentidos y sojuzgados de los aztecas, traidores a la causa nacional, de culparlos por su alianza decisiva con los conquistadores españoles. Ello sólo tiene sentido si entendemos su historia desde una perspectiva anacrónica que ubica a aztecas y tlaxcaltecas en una sola categoría llamada «raza», y luego vinculamos esa categoría con las bases de la nación moderna, una maniobra ideológica que habría sido totalmente ajena a su mundo premexicano. Altamirano describe lo que probablemente conocía con una profundidad convincente: Yautepec, un centro rural similar a Tixtla, Toluca o Cuautla, los lugares formativos de su juventud.[57] Es probable que Xochimancas le haya resultado tan exótico como a cualquier otro miembro de la élite. Y exigirle más es, a su vez, una especie de elitismo. Representa el rechazo a permitir que el escritor «indígena» fuera lo que en realidad era auténticamente: un hombre de Estado, un nacionalista, un promotor imperturbable de la forma eurocéntrica, que en ocasiones se hacía pasar por indio para dar cuerpo a una política nacional.

Por supuesto, el propio elitismo de Altamirano es algo que debe considerarse de manera crítica en cualquier reinterpretación actual de su obra. Sin embargo, la mejor forma de hacerlo es leer su obra dentro de los límites que marcan los parámetros discursivos de su propio momento histórico. Afirmar que Altamirano no pasa la prueba de la solidaridad indígena parece decir más sobre nuestras preocupaciones contemporáneas. La crítica afirmativa también pasa de largo, aunque en la dirección opuesta, al hacer de Altamirano una suerte de agente secreto de un futuro indigenismo etnocéntrico, pero sin explicar jamás de manera convincente sus llamados explícitos a la hispanización nacional de las comunidades indígenas. Ambas posturas habrían sido intrascendentes para el Altamirano histórico, quien estaba políticamente mucho más cercano a la política nacional de una figura como Luis Alva que a cualquier incipiente política indígena de protesta materializada en este o aquel agravio local. Paradójicamente, después de la revolución postestructuralista en la crítica literaria, con toda la fluidez y la ambivalencia que albergó, la tendencia crítica actual a indianizar a Altamirano parece reflejar un deseo de esencia, de guerra de razas, de líneas étnicas claras y de una postura política adecuada.

Altamirano, sin embargo, prefería los matices. Luego de abandonar su conocida y furibunda denuncia contra la amnistía de 1861, para la década de 1870 se había convertido en uno de los ejemplos más claros del letrado latinoamericano que recurrió al mecanismo de la literatura como forma de fomentar la reconciliación y la solidaridad nacionales. Al leerlo como una especie de escritor indígena que traiciona a «su etnia», estamos leyendo nuestra idea de raza contra la suya. Esto disminuye nuestra capacidad para comprender de manera adecuada sus narraciones literarias aparentemente complejas. Para hacerlo, sostengo que deberíamos pensar en los escritos de Altamirano como él los veía: como un proyecto político en el que la raza estaba en juego, pero de manera implícita, y no central. Pienso que esta perspectiva vuelve la tematización de la raza en sus narraciones literarias mucho más rica en posibilidades interpretativas. *El Zarco*, la gran novela mexicana del siglo XIX, es un ejemplo de ello. La crítica contemporánea hace especial hincapié en la rivalidad entre el herrero indio y el bandido de ojos azules, dos de los personajes centrales de la historia, o en la complexión de sus correspondientes objetos de afecto, la rubia Manuela y la morena Pilar.[58] Sin embargo, la novela no gira en última instancia en torno a esa guerra de razas particular. La novela es sobre el Estado. Un Estado que es mestizo. Y hay una figura mestiza que permite la resolución de la novela. Pero incluso en este punto no nos enfrentamos a la raza en un sentido convencional. Más bien, el mestizo es una figura contradictoria, a la vez héroe y antihéroe de la novela, el espectro de la justicia y la materialización de la violencia de la consolidación nacional. Es a través del mestizo como un pensador profundo y sutil como Altamirano contempla las promesas y los horrores de la formación del Estado, una historia en la que participó y que no podía tomarse a la ligera. Concentrémonos ahora en *El Zarco*.

Luego de la contaminación, las ranas, los mosquitos, los tábanos, el ántrax, las úlceras, el granizo, las langostas y las tinieblas, desciende la infame décima plaga: la masacre de los primogénitos.[59] Todos están marcados para morir: el heredero del faraón, de la criada, del prisionero, incluso del ganado en los campos.[60] Sólo el pueblo elegido del Señor, los israelitas esclavizados, quedarán exentos.[61] El agente de este caos no es fácil de discernir. Ni peste ni asesino —o quizás ambos—; Moisés lo revela a los israelitas simplemente como «el Exterminador».[62] En pasajes igual de apocalípticos,[63] el Señor camina en compañía de un «ángel de la muerte» a quien suelta y repliega a voluntad. Sin embargo, en la escena decisiva de la décima plaga, la distinción entre el Señor y su mensajero es ambigua. Y si bien por un momento nos vemos confrontados con el exterminador, es del todo confuso si esta fuerza representa a una figura enviada por el soberano, una extensión de la voluntad del soberano, o si se trata, en realidad, de la propia soberanía: «Esa noche yo pasaré por el país de Egipto y mataré a todos los primogénitos del país de Egipto, de los hombres y de los animales, y haré justicia con todos los dioses de Egipto. Yo, Yahvé».[64]

«Ángel exterminador» es el término que en ocasiones se adjudica al agente destructor de Dios. Éste es precisamente el término evocado por Altamirano en *El Zarco* en referencia a Martín Sánchez Chagollán, la figura más enigmática de su obra literaria —a decir verdad, de la literatura mexicana del siglo XIX—, que aparece en los cuatro capítulos finales en la novela final del autor, *El Zarco: Episodios de la vida mexicana en 1861-1863*. De muchas formas, la alegoría no es especialmente elegante. *El Zarco* es una novela histórica, y su contexto —1861 a 1863, los años convulsos que llevaron a la invasión y ocupación francesas de México— sólo podría asemejarse al conflicto fronterizo que definió la rebelión israelita contra Egipto mediante los giros retóricos más extravagantes. Dejando de lado esta torpeza estética, Altamirano dio en el clavo en términos de la alegoría política que opera en esta amenazadora imagen. En efecto, Martín Sánchez desdibuja los límites entre el soberano y su mensajero, a tal punto que la ley no se discute ni se aplica, sino más bien se suspende, se reduce a un tema inmediato de decisión y juicio, muy lejos de los límites de cualquier pacto o constitución. *Yo, Yahvé*: las plagas no tienen nada que ver con la justicia. Como lo apuntan convincentemente Herbert May y Bruce Metzger, editores de *The New Oxford Annotated Bible* (1973), ya en la séptima plaga (el granizo) podemos percibir que «la ineficacia de las plagas hasta ahora no se debe a la debilidad del Señor, sino a su paciente determinación de demostrar su soberanía».[65] La masacre del primogénito, por más que atormente a los egipcios, está dirigida a los israelitas. Promesa (de seguridad) y amenaza (de sufrimiento inconmensurable), representa tanto la fundación como la trascendencia del pacto que la autoriza.

Al considerar esta alegoría y su significado potencial en *El Zarco*, es importante recordar las implicaciones demoniacas que acompañan a la idea del ángel. La idea hebraica de un ángel exterminador captura esta ambivalencia etimológica. Este ángel, a la vez salvación y perdición, es la figura que establece la ley operando fuera de ella. Así ocurre en *El Zarco*, y de ahí inferimos que los demonios de Altamirano estaban vinculados de manera explícita con el delicado tema de la soberanía estatal y la articulación efectiva de su pacto con la población nacional. Aquí surgen dos figuras cuyos legados aún se ciernen sobre los conflictos políticos que continúan acosando a varios estados nacionales americanos: el bandido y el justiciero. En la actualidad podríamos llamarlos la guerrilla y los paramilitares. En *El Zarco* se llaman el Zarco y Martín Sánchez. Los comentarios sobre la figura del Zarco son numerosos. En cambio, los comentarios sobre Martín Sánchez son breves, por decir lo menos. Y, sin embargo, es Martín Sánchez quien en el fondo le preocupa a Altamirano en su lucha por resolver las contradicciones del Estado mestizo.

Si bien es estructuralmente inferior a *Clemencia*, *El Zarco* es la obra literaria más ambiciosa de Altamirano. Hoy en día es recordada como un relato de consolidación nacional perteneciente a un subgénero popular de su época: la novela de bandidos. Cuatro personajes principales se alinean con una mayor o menor integridad personal; los protagonistas de complexión morena demuestran ser ciudadanos modelo, mientras que el bandido blanco, «impuro» (64) y de ojos azules y su amante rubia se presentan en los términos morales más reprobables. Luego de una serie de intrigas y alborotos, los ciudadanos buenos se casan, aunque, como veremos, no en el contexto más afortunado.

El borrador de los primeros capítulos de lo que con el tiempo habría de convertirse en *El Zarco* datan de una fecha tan temprana como 1874; Altamirano terminó el manuscrito en 1887 y lo envió al editor en 1888.[66] El espacio intermedio destaca porque no hubo ninguna guerra civil importante y se asocia con la creciente hegemonía del gobierno de Díaz, la llamada Pax Porfiriana. En un principio seguidor de Díaz, Altamirano desarrolló una insidiosa inquietud en torno a la camarilla porfiriana, pero nunca rompió por completo con el gobierno y con el tiempo se le asignó un cómodo cargo diplomático, primero en Barcelona y más adelante en París.[67] Existe controversia en torno al significado de este nombramiento; los académicos lo interpretan alternativamente como una distinción política (Chávez Guerrero), una elección personal (Sommer) o una especie de exilio ligero (Rivas Velázquez).[68] Fue en París donde Altamirano enfermó. En 1893 murió de tisis mientras convalecía en San Remo. Nunca vio publicado *El Zarco*, aunque recibió un pago por derechos de autor. Debido a la negligencia editorial, el manuscrito quedó en espera de ser publicado durante más de una década, hasta 1901.[69] Ello quiere decir que la gestación de la novela, desde la idea hasta el libro, abarca un fragmento significativo del Porfiriato —en realidad, todo salvo la última década—. De tal forma, acompaña a un periodo particularmente intenso de construcción nacional, la mismísima institucionalización del Estado mestizo, marcada, en términos de Andrés Molina Enríquez, por el compromiso de *amificación* de Díaz, es decir, su talento para equilibrar los antagonismos políticos e incorporar a los antiguos enemigos del liberalismo al aparato estatal en rápida consolidación.[70]

Así, el contexto mismo de la novela provoca su interpretación dominante en la actualidad: leemos *El Zarco* de manera alegórica, como una lección sobre el proceso de civilización de una nación bárbara o como una apuesta por la reconciliación nacional, lo que Doris Sommer ha llamado memorablemente una «ficción fundacional». La intención pedagógica de los escritos literarios de Altamirano ya había sido explicada por el propio autor desde 1868, además de que ha sido objeto de numerosos análisis, comenzando por el de Francisco Sosa, quien en su prólogo a la primera edición, calificó *El Zarco* de «instructivo».[71] Operando dentro de este marco, buena parte de las lecturas del texto ven en la historia de amor entre el «indio» Nicolás y la humilde Pilar una alegoría didáctica de la formación de un nuevo espíritu nacional encarnado en ciudadanos productivos racialmente marcados. La propia Sommer describe la obra como parte de una larga lista de novelas mexicanas que articulan «el romance y el nacionalismo» y que se suman a «una tradición de matrimonios entre la política y la pasión».[72] De una u otra forma, varios críticos han seguido esta línea.[73] Si bien resultan sugerentes y de ningún modo carecen de mérito, estas interpretaciones de *El Zarco* en términos de romance y reconciliación nacional, vueltas inteligibles mediante la fórmula necesaria del mestizaje, no ofrecen una explicación satisfactoria a un problema básico de la novela: para resolver la crisis de la desarticulación nacional, Altamirano, en realidad, no recurre al amor. Conjura a un justiciero.

El hecho de que ninguna de las lecturas contemporáneas de este romance nacional diga nada significativo sobre la figura de Martín Sánchez podría ser sintomático del poder ideológico y la fuerza narrativa de la articulación inmediata del mestizaje y la *amificación*. Ello a pesar de que este personaje domina la resolución de la narración. Martín Sánchez Chagollán interrumpe el texto por primera vez en un momento clave, cuando la noticia de su existencia empaña el baile de los bandidos que proporciona el contexto para el largo y colorido capítulo 21. No es casual que el capítulo se intitule «La orgía». Es un retrato del caos social, la depravación moral y, lo más relevante, el colapso institucional que Altamirano simbolizaba con el bandolerismo. Martín Sánchez, cuya función narrativa es esgrimir el martillo del orden, pone fin a la diversión. Lo hace incluso estando ausente. Su presencia inicial en la novela es pura narración, un informe: llega por boca de otros cuando «varios bandidos, cubiertos de polvo y con el traje desordenado» (296), irrumpen para informar a su líder que Martín Sánchez y sus hombres emboscaron a un grupo aliado de veinte bandidos, a quienes derrotaron y colgaron en el acto. Alarmados, los bandidos dejan la diversión y de inmediato comienzan a planear su venganza. Hasta ahora es poco lo que sabemos sobre Martín Sánchez, salvo que está acompañado por un grupo considerable de alrededor de cuarenta individuos y que porta «excelentes armas» (297).[74]

El siguiente capítulo está dedicado a una breve biografía del justiciero. Se nos informa que Martín Sánchez es un modesto «campesino» que no ha participado en la guerra civil («sin antecedentes militares» [303]). Como todos los protagonistas masculinos de Altamirano, es famoso por «sus brazos hercúleos» (304). De manera significativa, dado que el par raza-nación posee una considerable fuerza alegórica en la novela, tiene una «cara morena» (305). Como si surgiera de las páginas de una historia de Borges, su «apariencia felina» le confiere una «vaga semejanza con los leopardos». Su campaña en contra de los bandidos la libra en venganza: tanto su padre como su hijo fueron asesinados durante un saqueo. Por último, es fundamental apuntar que sus acciones van más allá de sí mismo y que opera como una suerte de populista, encarnando una frustración social más amplia por la debilidad y corrupción del Estado.[75] Quizás sería más preciso decir que representa el deseado arribo del soberano en su forma liberal más pura: la representación de una soberanía popular mediante la encarnación de cierto enojo social. El capítulo termina con estas palabras: «Los bandidos debían temblar. ¡Había aparecido por fin el ángel exterminador! [...] Martín Sánchez era la indignación social hecha hombre» (308).

Se le compara con el juez Lynch; cabalga con una «fuerza de caballería» (311); viste de negro; y su visión de la justicia es hamurábica: «Ojo por ojo y diente por diente. Tal era su ley penal» (308). Su autorización es explícita, pero vaga; tiene permiso —conferido por un prefecto local— para «perseguir ladrones», pero sólo «con la condición de someter a los criminales que aprehendiera al juicio correspondiente» (306). El prefecto también le da un título semioficial: *jefe de seguridad pública*.[76] Sin embargo, dado que la ley del Estado en realidad no se aplica a un ángel exterminador, Martín Sánchez opera claramente en un límite jurídico. Con las palabras *Seguridad Pública* engalanando sus sombreros, Martín Sánchez y sus hombres actúan de manera excepcional, y emiten decisiones sobre lo que constituye la justicia: «¿Los plateados eran crueles? Él se proponía serlo también. ¿Los plateados causaban horror? Él se había propuesto causar horror» (308). Entienden la justicia y la venganza como una misma cosa.

En los capítulos finales, Martín Sánchez ocupa el centro de la acción. Cuando el héroe, Nicolás, por fin captura al Zarco, Martín Sánchez planea colgarlo de inmediato. Para fortuna del Zarco, Nicolás —un «buen ciudadano» (328), el símbolo de Altamirano para el ideal liberal entre Estado y sujeto— regresa con «la autoridad de Morelos», y Martín Sánchez se ve obligado a dejar que la justicia tome su curso. Desafortunadamente para Nicolás, el Estado se muestra incompetente para llevar a cabo sus responsabilidades jurídicas. El tema de la corrupción, incitada por la «desorganización en que se hallaba el país», se intensifica y nos enteramos de que «el partido de los bandoleros [...] contaba con grandes influencias» y «tenían en su mano la vida y los intereses de todos los que poseían algo, se les temía, se les captaba y se conseguía, a cualquier precio, su benevolencia o su amistad» (319). Las concesiones a la justicia que llegan con una sociedad ordenada en torno a una constitución se vuelven casi insoportables cuando el Zarco, recurriendo a sus poderosos contactos, realiza con éxito una maniobra legal para mover el juicio a Cuernavaca. No es de sorprender que, durante la transferencia, sea rescatado sin problemas en el riesgoso paso conocido como «las Tetillas». La resolución política de la novela, entonces, depende de la intervención de un tercero que no es ni el Estado ni un ciudadano regular, sino que opera a nombre de ambos: Martín Sánchez.

Cierto, hay una boda, pero la novela no termina en tono festivo. La escena final es la de los invitados a la fiesta que por casualidad se cruzan con la ejecución extrajudicial del Zarco. Martín Sánchez se disculpa con los recién casados y sugiere que Nicolás y Pilar sigan adelante. Lo hacen, aterrados momentáneamente por las súplicas de Manuela —de quien Pilar solía ser la mejor amiga—, esa muchacha rubia que en alguna ocasión había desairado a Nicolás llamándolo «ese indio horrible» (120). El pelotón de fusilamiento ejecuta al Zarco y después lo cuelga de un árbol, con los sesos de fuera. Manuela comienza a escupir sangre y no tarda en morir, suponemos que por la impresión. Las penúltimas palabras de la novela son de Martín Sánchez: «Pues a enterrarla [...] y vámonos a concluir la tarea» (335). Y las últimas palabras son del narrador, quien no habla de la unión civil modelo de la nación, sino del ángel exterminador y sus huestes: «Y desfiló la terrible tropa lúgubre» (335).

Regresemos brevemente a la irrupción de Martín Sánchez en el flujo narrativo del romance nacional. Recordemos la escena: es el campo de los bandidos en Xochimancas, un espacio degradado, definido por una completa falta de razón, donde reinan el caos, las pasiones, la desconfianza y la codicia. Es un espacio de desarticulación, una cualidad que se contagia a toda la interacción humana que tiene lugar allí. Más allá de la confusión entre la función y el espacio (una vieja capilla, lugar «antes sagrado», ha sido profanada por la lujuria, la avaricia y la mendacidad de los bandidos), esa desarticulación se refleja hasta en el horror de su producción estética, como podemos ver en estas líneas sobre la «música de bandidos» (predecesora del *corrido* y después romantizada como la música del pueblo tras la Revolución mexicana): «Manuela los vio con horror; ellos cantaron una larga serie de canciones, de esas canciones fastidiosas, disparatadas, sin sentido alguno [...] y que no puede oírse mucho tiempo sin un intenso fastidio. Manuela se sintió fastidiada...» (272). Aquí, fastidio (o «fatiga», como lo expresan algunas versiones) es la palabra clave, la única reacción posible de cualquiera con un poco de inteligencia frente a este maremágnum de «cien bocas torcidas» (291). Si el objetivo de Altamirano es escribir sobre una nación articulada regida por la razón, el campo de los bandidos de *El Zarco* se yergue como un espacio de excepción, de caos desarticulado sin posibilidad alguna de armonía. Es importante que Martín Sánchez ejerza su violencia aquí, en un campo, un punto en el que Altamirano es explícito: «¿quién era el hombre temerario que se había atrevido a colgar a veinte plateados en los lugares mismos de su dominio...?» (303). Sólo la figura excepcional misma puede entrar de manera efectiva al espacio de excepción.[77]

¿Quién saldrá victorioso de esta lucha entre excepcionalismos rivales? Incluso el narrador pretende no saberlo: «¿Quién ganaría? ¡Quién sabe...!» (308). El resultado literario está en duda, pero el combate es histórico, «rigurosamente histórico» (303), así como la figura del propio Martín Sánchez, quien es, junto con el Zarco, Salomé Plascencia y otros más, uno de los personajes que Altamirano tomó del pasado reciente de México. A decir verdad, como documenta Sol, Martín Sánchez figura en varios relatos de la época.[78] En una colección semihistórica de historias de guerra, *Los plateados de Tierra Caliente* (1891), Pablo Robles le dedica un capítulo llamado «Pueblos heroicos: Martín Sánchez Chagollán». Las historias fueron publicadas en 1891, y no se sabe si Robles y Altamirano recurrieron uno al otro en sus respectivos retratos de Martín Sánchez, pero parece poco probable.[79] La correspondencia casi exacta entre las dos versiones sugiere la existencia de una memoria popular en torno al ángel vengador, si no en la figura histórica llamada Martín Sánchez, entonces al menos en el tipo general. Marcadas para la muerte, son las pandillas de bandidos las que le dan su apodo, Chagollán, a Martín Sánchez. Robles explica que, antes de ser un vengador, Sánchez era orfebre, y el *chagollo* era la plata de baja calidad que se utilizaba para hacer monedas falsas y figurines icónicos para propósitos religiosos, ambos denominados *chagollos* en el habla popular. Lo que querían decir, afirma Robles, es que Martín Sánchez era un «militar chagollo», falso, es decir, «improvisado».[80]

No obstante, algo mucho más importante que la biografía histórica de Martín Sánchez es la forma en que su sorprendente predominio en el capítulo final apunta a un enigma político que Altamirano tenía claramente presente: ¿cómo armonizar el ideal liberal del Estado nacional constitucionalmente ordenado con una soberanía que resultaba poco efectiva frente a los bandidos, entre otros competidores? A Altamirano, quien vivió guerras civiles y participó como soldado en la resistencia nacional (contra la invasión francesa) que hizo posible el contexto para la proliferación de las pandillas de bandidos, le preocupó este problema durante toda su vida como escritor.[81] En sus escritos políticos aborda estos temas de manera aún más directa. En una fecha tan temprana como 1861, dentro del contexto de una diatriba contra los numerosos males institucionales de México, declara:

> ...hay en los alrededores de México [...] mil hordas de bandidos que no dejan a un solo pasajero sin desvalijar, que asesinan a los extranjeros y a las libertades, que interceptan todos los correos [...] ¿No es verdad que en los distritos de Cuautla y Cuernavaca son esos plateados más de dos mil hombres, una verdadera entidad temible?[82]

Los amenazadores *condottieri* de la Calabria italiana son «pigmeos comparados con las hazañas de nuestros bandidos».[83] La situación, un golpe para el orgullo nacional, basta para hacer «creer a los viajeros que este país está abandonado de Dios a las fieras y a los bandidos».[84] Más adelante, en un ensayo escrito en 1867 —año importante en que la República finalmente fue restaurada y el Estado liberal fue mucho más precario que durante la Pax Porfiriana de la década de 1880—, Altamirano retoma el tema de manera frontal, en un pasaje de particular relevancia cuando se lee a la luz de *El Zarco*:

> Por todas partes aparecen gavillas armadas, de tres, cinco, diez, veinte y cien hombres que asaltan a los transeúntes, y cuya aparición hace paralizar la agricultura y el tráfico, y arruina el comercio, al mismo tiempo que reduce a la miseria a los trabajadores y a los propietarios. Hace algunos meses que los cami-

> nos estaban seguros, gracias a las fuerzas rurales que los recorrían constantemente. Hoy, merced a una sabia medida del señor ministro de la Guerra, que del señor ministro de la Guerra había de ser para que produjera tan buenos frutos, las fuerzas rurales se han suprimido, y como por encanto, los bandidos aparecieron por todas partes, no sin agradecer, en lo profundo de su alma, la disposición ministerial que les limpiaba las carreteras de todo obstáculo para ejercer su noble profesión.[85]

Las primeras cuatro líneas de esta cita sirven como una especie de bosquejo para la problemática social que propulsa la narración de *El Zarco*: el problema no es sólo que los bandidos sean criminales, sino que están trabando los engranajes de la expansión capitalista.[86] Los primeros capítulos de *El Zarco* están llenos de referencias a la inseguridad que acecha la agricultura, el tránsito, el comercio y las carreteras, una amenaza para la vida y el sustento tanto de trabajadores como de propietarios. Sin embargo, resulta más vigorizante, y directamente vinculada con la seguridad de un Estado de orientación mercantil, la referencia a las «fuerzas rurales» que lo defienden de los bandidos. La mención parece bastante insulsa, pero hoy en día la referencia puede leerse, sobre todo desde una perspectiva histórica, casi como una provocación. Estas fuerzas rurales, asociadas con el Porfiriato, durante el cual alcanzaron su apogeo, se recuerdan como una extensión de la voluntad de Díaz, la temida Guardia Rural, o simplemente los *rurales*. Éstos constituían una suerte de fuerza policiaca semiautónoma que operaba bajo los auspicios de la rama ejecutiva del gobierno, y que tenía a su cargo vigilar las carreteras y, en general, reprimir la agitación social mediante la intimidación. En la práctica eran más incompetentes de lo que sugería su imagen pública; sin embargo, dada su reputación por llevar a cabo ejecuciones sumarias, constituyen uno de los grandes símbolos del autoritarismo porfiriano y la política de mano dura.

Un detalle que suele olvidarse, y que la cita de Altamirano de 1867 nos ayuda a recordar, es que los rurales fueron en realidad producto del régimen de Benito Juárez. El clásico estudio de Paul Vanderwood, *Disorder and Progress*, narra esa historia. Altamirano escribe meses después de la victoria liberal en la guerra contra la ocupación francesa. La violencia y el saqueo rurales eran problemas enormes, y las arcas y los recursos del Estado estaban casi o más que agotados. La situación era similar en 1861, cuando la lucha contra los conservadores dejó a los liberales en control del Estado, pero no del campo. Fue en ese contexto que el secretario de Gobernación de ese entonces (de apellido Zarco, coincidentemente) estableció el Cuerpo de Policía Rural bajo control administrativo, de modo que no se contaminara del aparato militar, que estaba lleno de rivales políticos de Juárez. Este primer paso dio por resultado una «fuerza de policía híbrida (estatal y federal)», en la que un grupo de órganos «de tipo miliciano» eran administrados localmente en el nivel de los pueblos, mientras que la «policía rural» federal intentaba establecer alianzas para lograr la «unificación nacional [...] y vinculaba los distritos rurales con la capital».[87] Estas primeras unidades, «insuficientemente dotadas y financiadas», estaban organizadas «para vigilar las carreteras en torno a la ciudad de México».[88] Después, estos esfuerzos prácticamente se disolvieron en el caos de la guerra civil. Así, cuando Altamirano se refiere a las «fuerzas rurales» en su ensayo de 1867, se está refiriendo a esta historia.

El límite entre estas fuerzas rurales, semiautónomas y que operaban con relativa impunidad, y los órganos justicieros «paramilitares» de Seguridad Pública era borroso. Estos actores nebulosos son los protagonistas del ensayo de Altamirano titulado, ni más ni menos, «Policía».[89] La policía, agentes de la violencia legislativa de la que depende el Estado capitalista —y, sin duda alguna, el estudio de Vanderwood es decisivo en tanto muestra la relación entre estos grupos de seguridad vagamente organizados y la expansión capitalista— se encuentra aquí independiente del Estado. En realidad, es algo que el Estado ha elegido «suprimir» («las fuerzas rurales se han suprimido»).[90] En pocas palabras, el ensayo no es realmente sobre la policía, sino sobre su ausencia. Lo que Altamirano examina es esa situación desesperada en la que el desarrollo nacional debe ceder su seguridad al trabajo independiente de otros: paramilitares o, en palabras de Robles, milicias «improvisadas».

Aquí es donde las cosas se tornan extremadamente complicadas. El problema de la inseguridad rural no puede resolverse mediante un simple compromiso para financiar y armar una fuerza paramilitar. El problema es justo que esas milicias improvisadas habían originado la crisis de los bandidos en primera instancia: un Estado en bancarrota contrató a bandas de rufianes y a personajes cuestionables para derrocar a intransigentes caudillos conservadores que aún ejercían su autoridad en el campo tras la victoria liberal en la guerra de Reforma. Pero ¿cómo podía pagar estos servicios un Estado sin dinero? Se trata de una suerte de giro —con miras a la seguridad— en la relación de libre comercio establecida entre el Estado y la empresa privada en un liberalismo ideal, y la solución se basa en el dicho del *laissez-faire*: *dejar saquear*. Las victorias paramilitares vendrían acompañadas de saqueos paramilitares. Altamirano lo sabía demasiado bien, como lo evidencian las intervenciones editoriales que puntúan *El Zarco*:

> Obligadas las tropas liberales, por un error lamentable y vergonzoso [la amnistía], a aceptar la cooperación de estos bandidos en la persecución que hacían al faccioso reaccionario Márquez [un general conservador] en su travesía por la tierra caliente, algunas de aquellas partidas se presentaron formando cuerpos irregulares, pero numerosos, y uno de ellos estaba mandado por el Zarco (165-166).

Armados, endurecidos por la lucha, y desempleados, estos grupos de hombres se reorganizaron y convirtieron en los *plateados* de la novela de Altamirano.[91] No queda claro hasta qué punto Altamirano buscaba demostrar esto, pero ahí está el hecho crudo de que en las raíces del bandolerismo no se halla una juventud perezosa, sino el Estado. Y con esto en mente, no podemos evitar desconcertarnos ante la solución que Altamirano da al problema: las «fuerzas rurales», es decir, más paramilitares. El punto crucial del asunto no es ni moral ni jurídico sino político, y se basa en el complejo tema de la soberanía.

Una escena francamente increíble interrumpe el flujo climático de la novela, y en ella debemos concentrarnos ahora. El capítulo 24 se titula «El presidente Juárez». El capítulo, de escasas ocho páginas, se centra en la audiencia que el asediado presidente de la República, Benito Juárez, le otorga a Martín Sánchez. Éste, quien esperaba un desaire, se lleva una sorpresa agradable cuando encuentra a «un hombre frío, impasible, pero atento» (322) y dispuesto a ayudar. Su razón para la visita es obtener una legitimidad mayor y mejor acreditada para sus acciones y, lo más importante, solicitar apoyo en forma de armas. Martín Sánchez lo expresa sin rodeos: «Lo primero que yo necesito, señor, es que me dé el gobierno facultades para colgar a todos los bandidos que yo coja» (323). Después profundiza en sus preocupaciones respecto de un oficial corrupto. Si bien Juárez nunca le confiere el derecho explícito a colgar personas, se entiende que no entorpecerá los esfuerzos de Martín Sánchez.[92] El justiciero también pide armas, ante lo cual Juárez le ofrece cien rifles. El párrafo que culmina la escena es una expresión cohesionada de varios de los temas clave que definen la novela: la raza, la nación, la ley y la república. Se lee: «el uno moreno y con el tipo de indio puro, y el otro amarillento, con el tipo del mestizo y del campesino; los dos serios, los dos graves, cualquiera que hubiera leído un poco en lo futuro se habría estremecido. Era la ley de la salud pública armando a la honradez con el rayo de la muerte» (326).[93]

Esta escena representa el centro político del texto. Es un misterio que pase ignorada casi por completo en la bibliografía crítica en torno a Altamirano, algo que también ocurre, de manera más general, con la figura de Martín Sánchez. Las interpretaciones en torno a la novela se pueden reducir a un puñado. En «Altamirano y su nueva visión de la novela en *El Zarco*», Alejandro Rivas Velázquez lee la obra como una especie de novela de protesta, producto de la creciente desilusión del autor con el *statu quo*. En ese sentido, Martín Sánchez —recordemos: la «indignación social»— es el pueblo que debe intervenir y recuperar las tareas básicas de la justicia que el Estado ha demostrado ser incapaz de ejecutar. El ensayo de 1997 de Escalante (que ya examiné a detalle) apunta en una dirección más o menos opuesta, pues reconsidera *El Zarco* en términos de la problemática jurídica que su narración examina. Escalante critica lo que él lee como la «autorización» de la violencia extrajudicial que contiene la última oración del capítulo 24. Se pregunta: «¿O es que alguien osaría llevar a juicio a la *honradez*? ¿Alguien se atrevería a condenar a una ley, máxime cuando se trata de una ley, como se nos dice, de *salud pública*?».[94] Lo que nos muestra, una vez que responde estas preguntas, es una ley (de «salud pública») que no se aplica, sino que simplemente está adosada a actores históricos, está encarnada en ellos, lo cual los convierte de hombres en ideas, ideas libres de persecución potencial y, por ende, también de responsabilidad. Escalante entiende esta supuesta evasión de la autoridad constitucional como nada menos que un «escándalo» y califica a Altamirano como apologista del despotismo.[95] Por último, en un brillante artículo aún sin publicar, titulado «Imagining Mexican Bandits», Amy Robinson ofrece una lectura que destaca el orden moral que opera en *El Zarco*, reflexionando al respecto en términos refrescantemente políticos, en lugar de estéticos o románticos. Menos preocupada que Escalante por el escándalo de un aparente anticonstitucionalismo, Robinson se concentra en la manera en que Altamirano intenta crear una narrativa de aceptabilidad moral que pueda reconciliar las contradicciones del liberalismo cuando éste enfrenta condiciones históricas que sus teorías no pueden explicar de manera adecuada. Robinson sostiene: «Nicolás y Martín Sánchez se convierten en héroes a pesar de la autoridad corrupta del Estado porque el problema nacional es, en realidad, la incapacidad de la institución de la autoridad para definir y aplicar un sentido nacional de lo correcto y lo incorrecto».[96]

Estas lecturas, aunque en extremo sugerentes, no resisten la tentación de asociar a Martín Sánchez con una tercera entidad, ya sea el pueblo (Rivas Velázquez) o el Estado (Escalante). El primero en articular este tipo de postura asociativa fue Salvador Ortiz Vidales, quien interpreta al justiciero como alguien «completamente idéntico» al bandido, el Zarco, con base en su estatus igualmente excepcional respecto de la ley.[97] Robinson vuelve más compleja esta relación y vincula a Martín Sánchez con el bandolerismo social en general (y, por extensión, con el Zarco), aunque también lo ubica políticamente como «aliado moral» del casto Nicolás. No obstante, estos intentos por ubicar a Martín Sánchez dentro del cuadrilátero neoclásico de los intereses amorosos (Nicolás y Pilar versus el Zarco y Manuela), o por reducirlo a una de las formaciones políticas básicas de la escena mexicana en la década de 1860, parecen no captar las dimensiones de su singularidad dentro de la narración, sugerida en la forma en que su presencia hace de la estructura de la trama un desastre. En efecto, Martín Sánchez es excepcional —se halla fuera de la ley—, como el bandido. Por eso podría ser un espejo del Zarco. O podría ser el mazo de Nicolás, el ciudadano ideal, respetuoso de las leyes, y operar así como su otra mitad. O bien podría ser la furia popular, o la autoridad del Estado (hasta ahora ausente). Sin embargo, es mucho más que cualquiera de estas opciones, lo cual es otra manera de decir que no puede reducirse a ninguna y que trasciende todas.

Escalante, al prestar considerable atención al encuentro con Juárez, se acerca a revelar el verdadero rostro de Martín Sánchez. Pero también parece llegar demasiado lejos al leer la escena, no sin indignación, como la instauración de la «ley de la selva». Sin embargo, el problema no es la «ley de la selva»; lo que tenemos enfrente es la ley de salud pública. Sobre este punto puede ayudarnos el trabajo de Rivas Velázquez, quien nos conduce a una serie de ensayos cortos de 1880 en los que Altamirano aborda estos temas de manera directa. En ese entonces Altamirano escribía para *La República*, y buena parte de los ensayos aparecen como un intercambio epistolar, vuelto público, entre él y Rafael de Zayas Enríquez, descrito como su «amigo y discípulo», quien a la sazón dirigía *Ferrocarril*, un periódico de Veracruz.[98] El punto a debate entre ambos es la legitimidad de la suspensión de las garantías individuales, el tema político central en la reunión entre Juárez y Martín Sánchez. Zayas adopta una sólida postura constitucionalista en contra de dicha suspensión, apuntando, entre otras razones, que tradicionalmente ha sido invocada para fines políticos, es decir, para ganar elecciones. Altamirano, evitando una respuesta directa al caso de 1880, responde con una lección de historia. Destacan dos elementos de su respuesta. El primero es que argumenta a favor de la suspensión constitucional señalando justo el contexto histórico que más adelante habría de representar en el capítulo 24 de *El Zarco*: la triple amenaza en 1861 de los conservadores insurgentes, los franceses que se acercaban y el bandolerismo incontrolable. Luego, reflexionando sobre este estado de emergencia, examina la situación legal que Escalante critica, es decir, la relación entre la ley y la salud pública. Atendiendo a la tradición legal romana, afirma que, ante una intervención extranjera o una grave crisis social, surge el siguiente imperativo: «Se guarda la ley en una arca cerrada y no se consulta más que la salud pública. Entonces se da fuerza al gobierno, armándolo con todos los derechos y con todos los rayos de la guerra».[99] Sin la vitalidad del cuerpo nacional, el tema mismo de la ley se vuelve académico; la ley puede protegerse mediante su suspensión temporal, mientras las fuerzas de la salud pública tratan lo que un Congreso anterior (el de 1857), en una situación similar, había llamado «la gangrena que corroe a la sociedad», que sólo puede «extirparse por medio de una represión vigorosa, que para ser eficaz, necesita lastimar hasta cierto punto esas preciosas garantías, y ensanchar hasta cierto grado la órbita del poder».[100] Sólo en estas circunstancias extraordinarias, que el Congreso otorgó a Juárez como facultades omnímodas en 1861 ante la invasión extranjera (franceses, españoles y británicos estaban desembarcando a la fuerza en Veracruz para cobrar sus deudas), sólo en este estado de excepción, puede surgir una figura como Martín Sánchez. Si bien podría ser el opuesto excepcional del Zarco, Martín Sánchez no es «el bandido». No es la contraparte necesaria de Nicolás. Y no, ni siquiera es Juárez. Es el mensajero del soberano: el ángel exterminador. Es la expresión misma de la soberanía.

¿Dónde está, entonces, el «escándalo» del que habla Escalante? Tanto él como Robinson llegan a la conclusión de que *El Zarco* debería leerse como un argumento a favor de la existencia y las acciones excepcionales de Martín Sánchez, una interpretación que comparte Rivas Velázquez. En realidad, existe un acuerdo crítico universal en este sentido.[101] Rivas Velázquez ve a Martín Sánchez como el vehículo mediante el cual Altamirano puede expresar un estado de excepción más puro, uno que no degenere en oportunismo político: «En 1861 se opuso a la suspensión [de las garantías individuales] por el mal uso que hicieron de ella los miembros del gobierno, y en 1880 apoyó tal medida esperando que esta vez funcionara, pero por el contrario, fue utilizada con fines políticos. Sólo le quedaba el tratamiento y la solución literarias que daría en *El Zarco* varios años después».[102]

Según esta interpretación, la suspensión de Altamirano es populista: se permitía «la suspensión de garantías, pero no para otorgar más poderes a los hombres de la administración, sino para que la sociedad pudiera actuar por encima de ellos, aunque sin ir en contra de la Constitución».[103] Para Robinson, de manera similar, aunque menos ingenua, la figura del justiciero le permite a Altamirano aprovechar cierto atractivo popular en torno al bandido social, mediante la rearticulación de esta energía en forma de una fuerza para restablecer el orden social y la autoridad del Estado. A Escalante, un poco más estridente, le escandaliza de nuevo lo que entiende como una llana legitimación del despotismo, la traición de la soberanía popular supuestamente engastada en los documentos fundadores de la república liberal. Sol intenta confrontar a Escalante, pero lo hace de manera cautelosa, y se le escapa el argumento de éste sobre el despotismo y la tradición liberal al concentrarse en el asunto de si las acciones de Juárez fueron técnicamente legales (cosa que sí fueron).

Releer la novela en un registro más poscolonial, sin embargo, da mayor complejidad a estas interpretaciones. Si bien Altamirano sin duda veía algo atractivo, quizás incluso necesario, en Martín Sánchez (véase de nuevo «Policía»), la propia novela se resiste a esta lectura fácil. Prestar atención a estas sutilezas podría obligarnos a repensar la naturaleza de la narrativa política que enfrentamos en *El Zarco*. Ello se vuelve más evidente si lo leemos a la luz de la propia existencia de Altamirano como hombre, lo cual lo ubica justo en medio de un conjunto en extremo complejo de retos políticos en el que a menudo desempeñaba un papel polémico. Para cuando terminó la novela, era una especie de dinosaurio, cada vez más marginado por los nuevos mandarines del Estado mestizo que se consolidaba a pasos agigantados, algunos de ellos comprometidos con una crítica vigorosa de la república liberal temprana que Altamirano había ayudado a construir, situación que ciertamente no lo hacía feliz. En su carta de 1880 le recuerda en tono amable a su preocupado corresponsal que su generación estaba atrapada en una lucha a muerte y que el ideal liberal había entrado en crisis no menos de catorce veces: catorce suspensiones constitucionales, catorce estados de excepción. Era una época distinta y no era fácil. Una lectura atenta de *El Zarco* parece comunicar este mensaje, lo cual dificulta aún más verlo como un sencillo argumento —ya sea romántico o cínico— a favor de la violencia de Martín Sánchez. Altamirano estaba bien consciente de las contradicciones de la soberanía implícitas en cualquier república liberal, y sabía que era un fenómeno mucho más complejo que la simple extensión de la voluntad del Estado. Escalante, entonces, se apresura al escribir: «El secreto de la pacificación de Yautepec [...] reside en Palacio Nacional».[104] No es así. Reside en Martín Sánchez.

Altamirano era famoso por su agudeza y firmeza, pero parece inquieto antes su propio giro hacia la figura del justiciero. Recordemos esa extraña línea incrustada en el pasaje que cierra el importante capítulo 24, el retrato de la reunión entre el soberano y su mensajero: «cualquiera que hubiera leído un poco en el futuro se habría estremecido» (325). Si bien los críticos se han preguntado si este «futuro» indica las páginas siguientes de la novela o la historia nacional que estaba por venir, en lo personal me parece claro que se refiere a ambas cosas y que la cualidad escalofriante de esta línea no se deriva de su ambigüedad referencial, sino de su sujeto igualmente ambiguo. El narrador no habla de «cualquier bandido».

Se refiere a «cualquiera»; *cualquiera* con un poco de capacidad para ver hacia adelante (¿hacia el Porfiriato?) habría experimentado una sensación física de premonición ante esta transferencia de violencia soberana. Esto no parece ser el principio del camino hacia la felicidad.

Después tenemos el espeluznante pasaje del capítulo 23, «El asalto», en el que Martín Sánchez y su cuadrilla son representados como muertos vivientes, figuras espectrales imbuidas con presagios de muerte. La primera vez que vemos su presencia física es en una encrucijada que lleva el ominoso nombre de «La Calavera», descrita como un lugar «espantosamente siniestro», un tramo abandonado poblado por bandidos: «Parecían fantasmas, y en aquella venta de La Calavera, y a aquella hora, en que los objetos iban tomando formas gigantescas, y cerca de aquellos montes solitarios, semejante fila de jinetes, silenciosos y ceñudos, más que tropa, parecía una aparición sepulcral» (311).

Una página después leemos un pasaje absolutamente crucial, un pasaje que nunca he visto mencionado en ninguna crítica. En él se sugiere que existen sospechas en torno a las acciones de Martín Sánchez:

> Ya había colgado a un buen número de plateados, pero ya le habían acusado muchas veces de haber cometido esos abusos para los que no estaba autorizado, pues, como lo hemos dicho, solo tenía facultades para aprender a los criminales y consignarlos a los jueces. Pero Martín Sánchez había respondido que no colgaba sino a los que morían peleando, y eso lo hacía como escarmiento. *En esto es muy posible que ocultara algo*, y que realmente él fusilara a todo bandido que cogía... (312; la cursiva es mía).

El narrador prepara una tibia defensa, apuntando que, en esta escena, Martín Sánchez y su cuadrilla aún no han cobrado toda su fuerza. Este comentario tangencial en torno a sus acciones, del todo innecesario para la trama, abre la puerta a dos posibilidades, o más bien probabilidades. La primera, que Martín Sánchez no tardó en violar su autoridad y que impartía una justicia de justiciero contra cualquier bandido, de forma inmediata (recordemos que intenta colgar al Zarco de manera extrajudicial). La segunda, que su juicio era también inmediato y que, junto con los bandidos, mataba a civiles ordinarios si los consideraba «sospechosos».

Martín Sánchez era la encarnación de la ley Lynch, y Altamirano señala en otros escritos de ese entonces que ésa era una forma de ley que debía evitarse a toda costa. En uno de sus ensayos de 1880, «Ladrones y asesinos», presentado para enmarcar el debate sobre la suspensión de las libertades individuales, Altamirano defiende con vehemencia la capacidad del Estado para suspender «algunas garantías individuales, en vista de la amenaza que pesa sobre la sociedad, a causa de los bandidos que infestan los caminos y de la impunidad con que los gratifican los jurados».[105] Sin embargo, en el mismo gesto, su espíritu liberal lo impulsa a citar el Artículo 29 de la Constitución:

> En los casos de invasión, perturbación grave de la paz pública o *cualesquiera otros* que pongan a la sociedad en grave peligro o conflicto, el Presidente de la República, de acuerdo con el Consejo de ministros y con aprobación del Congreso de la Unión y en los recesos de éste, *la diputación permanente puede suspender las garantías otorgadas en esta Constitución, con excepción de las que aseguran la vida del hombre.*[106]

A diferencia del de Agamben, el estado de excepción de Altamirano no convierte al ciudadano en *homo sacer* y, por ende, en algo descartable, sino que debe garantizar la vida de manera rigurosa.[107] Continúa: «Ya se ve, pues, que hay algo antes que la *ley de Lynch* y el *estado primitivo* para salvar el orden público y tranquilizar a la sociedad azorada por la impunidad de los criminales».[108]

Volviendo a *El Zarco*, quizás el pasaje más destacado para leer la ambivalencia de Altamirano respecto de Martín Sánchez sea la reunión con el propio Juárez. Con poderes excepcionales otorgados por el Congreso, la figura de Juárez es un verdadero soberano en esta escena, en buena medida libre de las inconveniencias del constitucionalismo. Concluye la reunión agradeciendo a Martín

Sánchez por su patriotismo, apuntando que el país no tardará en estar envuelto en una guerra contra un poder extranjero y que sólo por eso ha visto con buenos ojos su audiencia con él. Si bien al principio parecía «frío, impasible», un torrente de recordatorios y deslindes hacen que la decisión de Juárez parezca de pronto atormentada, incluso histérica: «Y mucha conciencia, señor Sánchez; usted lleva facultades extraordinarias, pero siempre con la condición de que debe usted obrar con justicia, la justicia ante todo. Sólo la necesidad puede obligarnos a usar de estas facultades, que traen tan grande responsabilidad, pero yo sé a quién se las doy. *No haga usted que me arrepienta*» (325; el subrayado es mío). La última línea salta a la vista, pero todo el pasaje está lleno de sospechas. Juárez expresa su preocupación sobre lo que está otorgando en no menos de siete ocasiones.[109] Parecería que Juárez ya había seguido antes este camino paramilitar, lo cual en efecto había hecho, con resultados desastrosos.[110] El narrador lo está indicando. De igual forma, desde que introduce su solicitud, que inicia con una petición del derecho a llevar a cabo ahorcamientos extrajudiciales, Martín Sánchez agrega esta promesa: «y prometo a usted, bajo mi palabra de honor, *que no mataré sino a los que lo merecen*» (323; la cursiva es mía). En este punto no podemos sino escuchar al psicoanalista ante el neurótico: «*No* odio a mi madre». El paciente también dice siempre que *sí*. Y en una expresión —relacionada aquí con la seguridad— de lo que Foucault entiende como el gesto decisivo de la economía política liberal, el soberano *se retira*, se suspende para dejar que alguien más represente su violencia.

Por último, vale la pena recordar de nuevo la escena final de la novela: cualquier articulación del Estado nacional está aquí llena de ambivalencia y trepidación. Un criminal es ejecutado en el umbral de la ley. Una chica caprichosa muere del susto. La calve de esa articulación —mucho más la presencia solitaria de Martín Sánchez que la unión entre Nicolás y Pilar— pronuncia una última palabra, «enterrarla», antes de que su «tropa lúgubre» se marche. Esto no da la sensación de ser el fin de la violencia paramilitar y la guerra entre pandillas; más bien parecería ser el inicio. La nación parecería estar encontrando su base moral, tanto como estremeciéndose ante su realidad política.

Para concluir este capítulo, deberíamos plantear de manera directa la pregunta sobre la racialización de esta alegoría histórica. ¿Cuál es la relevancia del personaje mestizo —«amarillento»— Martín Sánchez? ¿Es en verdad relevante? Lo primero y más inmediato es su resonancia histórica. Como lo explica John Tutino en su historia económica de la época, los Martínes Sánchez del mundo —los campesinos capitalistas, los terratenientes modestos, los rancheros— eran un grupo de apoyo importante para los reformistas liberales que luchaban al lado de y en torno a Juárez. ¿Por qué? Porque unirse a un movimiento poderoso decidido a privatizar la tierra y prestarle sus armas era una forma de hacerse de aliados para contener «las protestas de los aldeanos que se oponían a la privatización de sus tierras comunitarias».[111] Más aún, además de tener la oportunidad de expandir sus ticrras mediante las reformas liberales, los rancheros también podrían explotar más mano de obra barata cuando los campesinos perdieran su acceso a la tierra. Entonces, recurriendo a la influyente racialización de las clases sociales de Molina Enríquez, Tutino nos recuerda que esos rancheros estaban marcados de manera explícita como «mestizos». Sin embargo, todo esto es meramente descriptivo; es el discurso sobre la raza lo que importa.

El punto decisivo para leer la política racial en la novela de Altamirano es el hecho de que el mestizo se hallaba en circulación como el sujeto simbólico capaz de alinear el campo y la ciudad, la nación y el Estado, de mediar la delicada negociación entre hegemonía y soberanía. La imagen icónica de Justo Sierra captura el espíritu de la época: el «guerrillero» anti-imperial que luchaba contra la invasión francesa era el «mestizo», «con el rifle listo», es decir, dispuesto a defenderse por los medios que fuera necesario.[112] El símbolo racial —una mezcla de razas entre español e indígena, un descendiente directo de una conquista estremecedora— se desplaza así de la sosa etnología de un momento histórico hacia una figura mucho más dinámica de acumulación y consolidación, que en última instancia aparece como actor histórico político: la mano dura de la hegemonía liberal, entre la sociedad y el Estado; ni policía ni soldado; al lado de las autoridades, un hombre paramilitar; el guardián paradójicamente individualista de la *salud pública*. La dialéctica del mestizaje que le habla a una nación restablecida conserva así la violencia de la formación del Estado. La historia de Martín Sánchez es la historia de ese desarrollo histórico.

Altamirano sentía esa carga. Sin lugar a dudas, una de sus fuentes era el bandolerismo. Sin embargo, la carga más pesada, abordada de manera explícita por Altamirano, era el soberano, esa figura nebulosa que puede consolidar los derechos de sus súbditos o desatar un tremendo terror (Martín Sánchez es «terrible») y destrucción. El lugar de la soberanía en las repúblicas liberales es ambiguo hasta que se asienta de manera momentánea en la figura del ejecutivo, mostrando su potencial amenazador. Una lectura cuidadosa de Martín Sánchez demuestra que Altamirano no estaba seguro ni tranquilo con esta contradicción en el centro del liberalismo y del incipiente Estado mestizo en México. Y sin embargo, como el dios de los israelitas, parecería que la soberanía necesita sus plagas. Los bandidos, otro modelo de soberanía producido por el Estado para exterminar, son representados precisamente en estos términos: una «*plaga de bandidos*» (241; la cursiva es mía). Subproducto de un Estado que ahora busca su eliminación, los bandidos terminan por convertirse en el preludio de la plaga final en la que el Estado subcontrata su soberanía a un tercero. El ángel exterminador desciende sobre los márgenes del espacio nacional, y es aquí donde nos enfrentamos a Martín Sánchez y a los símbolos de la raza en carne viva, arrojados a un legado de paramilitarismo en América Latina.

3.
LA REVOLUCIÓN FUERA DE LUGAR: ROSARIO CASTELLANOS Y LA GUERRA DE RAZAS

> Las revoluciones son caníbales, al final se alimentan de los revolucionarios.
>
> ELENA GARRO, 1991

Uno de los pasajes más apasionantes de *Oficio de tinieblas*, la obra maestra de 1962 de Rosario Castellanos, aparece en el penúltimo capítulo de la novela. Los indios tzotziles, en torno a cuya rebelión gira buena parte de la historia, están en retirada, aplastados por la mano dura de unos hombres armados. Pequeños grupos de supervivientes, hambrientos y dispersos, se han congregado en un escondite en la montaña y, si bien el ánimo no puede ser sino sombrío, una especie de éxtasis sagrado comienza a filtrarse entre su cansancio. La propia narrativa lo señala al recuperar el tono bíblico que define algunos capítulos de la obra, una voz sonora descrita, en el habla de ese entonces, como «popolvúhica».[1] La derrota se convierte en ritual:

> No existe ni antes ni hoy. Es siempre. Siempre la derrota y la persecución. Siempre el amo que no se aplaca con la obediencia más abyecta ni con la humildad más servil. Siempre el látigo cayendo sobre la espalda sumisa. Siempre el cuchillo cercenando el ademán de insurrección. En esta eternidad se cumple el destino de la tribu. Porque es voluntad de los dioses que los tzotziles permanezcan (362-363).[2]

Los supervivientes se congregan en una cueva, y en el centro de la cueva forman un círculo, y en el centro del círculo yace el arca, y del centro del arca surge la palabra: «la palabra divina [...] el testamento de los que se fueron y la profecía de los que vendrán. [...] la sustancia que come el alma para vivir. El pacto. [...] el puente entre lo divino y la humanidad» (363-364). La progresión sigue así por un rato. Ahora «pueden cerrarse para siempre estos ojos arrasados en lágrimas. Lo que han visto los salva» (364). Las autoridades tribales abren el arca. La salvación aguarda: están por revelarse algunos secretos campesinos, lo que Octavio Paz llamó en alguna ocasión un «tesoro enterrado» para el «hombre urbano».[3]

Posterguemos esta revelación por ahora, aunque no será difícil conservarla en mente. Ello se debe a que hemos visto todo esto antes, quizás muchas veces. *Al monte*: el lugar donde terminan algunos trabajos sobre los mayas, desde *Hombres de maíz* de Miguel Ángel Asturias (1949) hasta la película *Men with Guns* [Hombres armados] de John Sayles (1998).[4] Fue el escritor mexicano Gregorio López y Fuentes —si bien no precisamente mayista— quien estableció el patrón para este tropo neoindigenista al concluir su brillante novela socialrrealista de 1935, *El indio*, con la retirada de su personaje principal sin nombre a zonas altas, mutilado y suspicaz, armado y dispuesto a defender las tierras indígenas de las contradicciones de la reforma agraria.[5] Ya sea que la escena esté teñida de optimismo, como en Asturias, o de ambivalencia, como en Sayles, es una convención imbuir la dialéctica de la derrota y de la perseverancia indígenas con algo no dicho o, en realidad, indecible. Incluso cuando regresa de la montaña y entra en diálogo abierto con el «hombre urbano» de Paz, el sujeto indígena está construido mediante este exceso imposible de conocer, como en las palabras finales del testimonio de Rigoberta Menchú, el ejemplo más famoso y obvio de nuestra época.[6]

No es mi intención ofrecer aquí una nueva teoría (otra más) de esos secretos. El objetivo de este capítulo es ampliar nuestro entendimiento de la intervención política comunicada a través de la prosa de Castellanos, que hasta ahora, y de manera notable, no ha sido lo suficientemente examinada. Su rechazo —incluso quizás deconstrucción— de esta convención mayista, a caballo entre el rencor y la esperanza, en que se sugieren los secretos, es importante en este sentido. ¿Qué hace Castellanos con esta escena? Para comenzar a considerar seriamente esta pregunta, primero debemos entender el acercamiento de la autora a la raza y su inesperado resurgimiento en el centro del discurso intelectual de mediados del siglo XX en México. *Oficio de tinieblas* será el texto principal en esta discusión, aunque visto en el contexto de varias obras —de Castellanos y otros autores— que ayudaron a dar forma a la reinvención de la idea de raza en el México posrevolucionario.

Para empezar, cabe examinar la naturaleza del conflicto que impulsa a *Oficio de tinieblas* y que también impulsa a los tzotziles hacia la cueva en la montaña. El conflicto es una guerra de razas. Es, por supuesto, una guerra de razas en el sentido literal, en la medida en que la novela está construida en el contexto de una larga historia de rebeliones en el sur de México que han quedado plasmadas en el registro histórico como «guerra de castas».[7] El truco principal de Castellanos en *Oficio de tinieblas* es tomar elementos de una de las rebeliones más espectaculares, la famosa rebelión chamula de 1867-1869, y transportarlos al México revolucionario.[8] La escena ocurre específicamente en la década de 1930, aunque nunca se menciona una fecha particular. Se trata del punto álgido de la llamada reforma agraria, que incluía elementos de redistribución. Asociada con la presidencia de Lázaro Cárdenas, el gran estadista del populismo nacional revolucionario, la materialización de esta reforma, aunque parcial, fue la plataforma central del Estado posrevolucionario.[9] El propio Cárdenas tiene un cameo de importancia en la novela, y su presencia ausente se deja sentir a todo lo largo de la historia. Si bien Castellanos era una cardenista declarada, produjo la reflexión crítica más distintiva sobre la época.

Aquí la maniobra que nos interesa, desde el principio, es la combinación de la guerra de razas (asociada en general con una dinámica sociopolítica históricamente trascendida por la Revolución) con la reforma agraria revolucionaria. En realidad, en la época de la reforma agraria no hubo ninguna guerra de castas relevante. Sin embargo, hay otro tipo de guerra racial que ronda el ambiente de *Oficio de tinieblas*, así como del México posrevolucionario histórico en el que Castellanos trabajó, lo cual vuelve más compleja la idea convencional de raza, al tiempo que ancla la racialización real. Ésta es la «guerra de razas» que Michel Foucault habría de destacar y «elogiar» de manera provocadora en sus conferencias de 1975 y 1976 traducidas como «Defender la sociedad». Su argumento es complejo y se extiende a lo largo de varias conferencias pero, reduciéndolo a los puntos más relevantes para este trabajo, podemos comenzar por decir que lo que Foucault llama el «discurso de la guerra de razas» es el centro teórico de su defensa del historicismo. Para Foucault, el historicismo es el gran contrincante de la tradición jurídico-filosófica de la soberanía, pensamiento universalista y disciplinario que termina con el discurso totalizador de la paz, es decir, con la palabra del rey (Estado, gobierno, soberano) que declara que la tierra está en paz y que el pueblo es uno. El historicismo hace frente a esa tradición precisamente con historia: no la historia fantásticamente universal del derecho soberano, sino la «contrahistoria», la historia materialmente parcial que recita el catálogo infinito de crímenes nacionales que respalda todas las declaraciones de derecho y de paz. En efecto, el discurso de la guerra de razas relata la historia desde una sola perspectiva, y es arrogantemente transparente al respecto.

Esto le encanta a Foucault, y sin duda es por ello que elogia su propia reconceptualización de la raza en estos términos: su guerra de razas es el origen del derecho fundamental a la rebelión. Escribe: «En cierto modo, el pueblo denunció incesantemente el carácter de pillaje de la propiedad, de exacción de las leyes y de dominación del gobierno. [...] La rebelión, por lo tanto, no va a ser la ruptura de un sistema pacífico de leyes por una causa cualquiera. Va a ser el reverso de una guerra que el gobierno no cesa de librar».[10] Así, este compromiso con la rebelión, materializado en la guerra de razas, habría de respaldar la idea moderna de revolución; sin embargo, y de manera paradójica, también respaldaría la gubernamentalidad moderna. En efecto, Foucault argumenta que la guerra de razas no tardaría en ser capturada, biologizada y transformada en el discurso racista del Estado: «El racismo es, literalmente, el discurso revolucionario, pero al revés».[11] Este giro histórico y conceptual representa el surgimiento de la biopolítica, el alimento discursivo que nutre los grandes proyectos ideológicos del siglo XX. Nótese la maniobra clave: la guerra de razas surge como uno de los bandos en los campos descentrados; ahora, en tanto lucha de razas (herencia del biologismo), la guerra de razas se importa al centro del poder estatal. El discurso de la raza se traslada de una guerra a una lucha, precisamente una «lucha por la supervivencia», ya no como una batalla entre guerreros, sino como un organismo que debe mantenerse vivo. Foucault escribe: «Y de ese modo, el canto ronco de las razas que se enfrentan a través de las mentiras de las leyes y los reyes, ese canto que, después de todo, fue portador de la forma primera del discurso revolucionario, se convierte en la prosa administrativa de un Estado que se protege en nombre de un patrimonio social que hay que mantener puro».[12]

Es una linda línea, pero ¿qué debemos entender por esas «razas que se enfrentan a través de las mentiras de las leyes y los reyes»? Una vez que se plantea la pregunta (¿qué ocurre con estas «razas»?) y se examina el texto para rastrear las respuestas (¿cuál es la idea de raza que está operando aquí?), no es difícil concluir que Foucault está manejando una conceptualización filosófica ingenua, e incluso vulgar, de la raza.[13] Cuando hace una pausa para intentar definirla, se muestra extrañamente somero, y notamos que utiliza «raza» básicamente en el sentido de «grupo».[14] Y, sin embargo, esta superficialidad en torno a una de las categorías más frustrantemente complicadas de nuestra época tiene una virtud conceptual sorprendente: relaja el término y libera la *raza*, hasta cierto punto, de la hegemonía de las reducciones a la descendencia genética, pigmentación de la piel, origen nacional, etcétera. La *raza* queda vinculada a la *guerra*, y el par *guerra/raza* surge como una manera de contar. *Guerra de razas* es, así, un nombre para el orden del discurso histórico que dice no a la paz. El grupo marcado por la raza de la guerra de razas es, entonces, producto de la construcción histórica (una etnicidad ficticia) y marca sus límites en una historia compartida de victimización. Nótese bien: ésta no es sólo una manera sofisticada de denotar a «los débiles», «los tímidos» o «los oprimidos», al menos no en nuestra forma poscolonial de entender la desigualdad social. Esa línea, una variación de Proudhon («En cierto modo, el pueblo denunció incesantemente el carácter de pillaje de la propiedad») puede ser engañosa (aunque sea crucial; nótese el vínculo inmediato con la tierra). En realidad, el gran ejemplo de Foucault, su estudio de caso de la guerra de razas en acción, es el de un noble francés desconocido que denuncia sistemáticamente la consolidación política de la burguesía. Ello no en nombre del obrero, desprovisto de capital, sino en defensa de los derechos de la aristocracia, una raza de privilegio, de plenitud, de reyes.

Sea históricamente sostenible o no, la trayectoria de Foucault plantea una plétora de preguntas interesantes. Más aún, tengo la esperanza de que pueda ayudar a abrir nuevos caminos en el campo de investigación que se debate aquí: es decir, estoy apostando a que este marco foucaultiano pueda ayudar a mostrar la complejidad del binomio «mestizo e indio» y de la metafísica del mestizaje que dirigen el estudio de la idea de raza en el México moderno. Si la «guerra de razas» de Foucault es la reconceptualización de la sociedad en un modo binario, como una lucha entre campos descentrados (destaca aquí la dimensión espacial), propongo que recurrir a la genealogía de Foucault nos haría regresar a lo básico y pondría el énfasis en la cosa en que se basa dicha división. Lejos de llevarnos «más allá» de la raza, esta maniobra nos haría regresar al origen de todo el pensamiento racial: la tierra. Esto es, la tierra, su conversión en territorio, su división desigual, su relación con el trabajo y la violencia que durante siglos ha sobredeterminado las necesidades políticas que articulan estos procesos. La interrelación entre la raza y esta dinámica histórica (en ocasiones llamada «territorialización») es fundamental en el contexto nacional de México; y sin embargo ha sido apenas teorizada. Para empezar, recordemos una vez más la larga historia social de las guerras de castas. ¿Qué son esas guerras de razas? ¿Guerras por las razas? No. Son guerras por la tierra... vueltas inteligibles (o no) mediante la raza.

Tradicionalmente se ha pensado en la raza en términos de personas, pero en última instancia (y en sus orígenes) su política se vuelve comprensible sólo cuando se examina en términos territoriales: la raza es siempre, de manera más o menos explícita, la racialización del espacio, la naturalización de la segregación. La raza ordena el espacio, el espacio social, desde lo común hasta lo privado, y esta relación conceptual se convierte en la principal falla geológica del liberalismo: la reconciliación de las libertades humanas básicas con la expansión capitalista se vuelve improbable. No hay salida: la privatización del campo se convierte en el lenguaje contemporáneo de una continua acumulación originaria, en la guerra de razas mediante la cual una civilización se ve obligada a recular ante la lógica cultural de otra civilización. El surgimiento del México moderno experimentó este proceso de forma dramática: para que los derechos individuales pudieran materializarse plenamente, la tierra tenía que volverse individual. La conversión de este proceso histórico-político en una relación natural es lo que llamamos ideología, y los rincones marginales de la nación se hallan —como Marx dijo alguna vez sobre la «barbarie de la civilización burguesa»— allí donde la violencia de su verdad fundamental se muestra al desnudo.[15]

Pensemos en Luis Alva e Ignacio Manuel Altamirano. Ambos sondean los límites de la crítica liberal de la raza. Sus soluciones al problema de la diferencia cultural son, en última instancia, tecnócratas; por más críticas que sean, están expresadas mediante una lógica de desarrollo civilizatorio: las buenas escuelas pueden producir buenos ciudadanos y las buenas leyes pueden conducir a la justicia social. Y sin embargo, dentro de su discurso, toda la gubernamentalidad progresista gira en torno a la categoría de raza y su articulación inmediata con el espacio. Alva y Altamirano ofrecieron un acercamiento totalmente esquizofrénico a la raza, sintomático de todo el *impasse* liberal en torno al tema, reificado en la figura del indígena. De modo que, por un lado, está el proyecto de hablar de la raza, en concreto, en términos de la «raza indígena» de Alva, como un tipo de problema social por resolver; y, por el otro, está la racialización real, la naturalización de las relaciones entre el hombre y la tierra, el asunto de a quién pertenece qué y en qué términos.

Los ensayos de Alva pueden leerse como una suerte de estudios de caso sobre cómo lo primero se convierte en una forma de articular, y complejizar, al mismo tiempo lo segundo. Alva habla de las muchas virtudes del indígena, pero al final califica la colonización —otra palabra para el reasentamiento— como el medio práctico para utilizar la energía indígena como la savia del Estado mestizo. Por su parte, Altamirano ofrece un indígena heroicamente moderno, pero debe armarlo con un paramilitar mestizo con el fin de que la política que representa en su novela sea remotamente convincente. Martín Sánchez aparece, y termina la novela, como la expresión literaria de una guardia rural encargada de despejar el espacio y volver el campo seguro para la acumulación capitalista. El malestar del propio autor respecto de Martín Sánchez, y todas las justificaciones tortuosas de su papel en la formación del Estado, apuntan al hecho de que Altamirano ha llegado a los límites ideológicos que demarcan el Estado mestizo.

Todos los liberalismos deben negociar esta contradicción entre los derechos afirmativos de los individuos o grupos y la autoridad de la penetración capitalista. Existen innumerables ejemplos históricos de cómo esta contradicción se vuelve particularmente extravagante ahí donde ocurre su racialización. El liberalismo mexicano no es la excepción y, como en todos los liberalismos, es en su centro donde la contradicción puede sublimarse de manera más inmediata en forma de ideología. Lejos de los frentes de la rebelión rural, la pacificación federal y las milicias locales, el intelectual urbano podía ver más allá de la miserable exclusión de los pobres rurales de la vida política e imaginar las fuerzas de la acumulación originaria como un proceso integrador de modernización, que articulaba el campo en un proyecto universal de nación. Después de todo, los términos fundamentales que el Estado mestizo debía negociar eran bastante evidentes: el dominio de la ley y el dominio del caudillo; los derechos del propietario individual y los derechos de quienes usaban las tierras colectivas; en pocas palabras, la lucha entre la modernidad y la tradición. Sin embargo, estas contradicciones se vuelven más radicalmente discordantes, y no obstante productoras de nuevas formas, a medida que uno avanza cada vez más hacia y dentro de los límites de la expansión capitalista.

Castellanos es la gran narradora de esa disonancia ideológica que se produce cuando estos conflictos complican y fracturan los procesos modernos de nacionalización. De algún modo, estaba destinada a asumir esta tarea. Nació en 1925, y su México se hallaba en el otro extremo opuesto al de Alva y Altamirano. Mientras que el mundo de Alva y Altamirano buscaba alentar el desarrollo nacional mediante la privatización, el fracaso de esta política en su intento por fragmentar las haciendas masivas (e improductivas) de manera uniforme debía responder ahora a las exigencias revolucionarias de tierra y libertad. El mejor símbolo de la política agraria de los liberales decimonónicos había sido la Ley Lerdo y su intento irregular de extinguir las formas colectivas de tenencia de la tierra, en particular el sistema ejidal asociado con las comunidades indígenas.[16] Parte de la tarea de la Revolución era derrocar esa política agraria para fomentar, en última instancia, nuevas protecciones legales para el ejido.[17] Las comunidades indígenas, que habían sido desplazadas por la fuerza de sus tierras tradicionales, veían cómo el Estado invocaba su nombre en un tono reparador, con promesas de redistribuir la tierra de las grandes propiedades.

Más aún, dada su obsesiva tematización literaria de Chiapas —el estado mexicano más al sur y más pobre— y su propia biografía, vinculada directamente a esa región, Castellanos tenía una perspectiva a la vez inmediata y oblicua del desarrollo nacional posrevolucionario. Es ya una convención hablar de la dinámica de las relaciones raciales en ese estado, sobre todo entre los pueblos indígenas de ascendencia maya (principalmente los tzotziles y los tzeltales) y los «ladinos» no indígenas, como una suerte de *apartheid*.[18] En muchos frentes, Chiapas representa el caso límite de México para la articulación efectiva de Estado y nación, la excepción que tan a menudo se vuelve ejemplar, un lugar donde las contradicciones ideológicas supuran visiblemente como heridas abiertas. En la actualidad es famoso por la rebelión permanente de los zapatistas modernos.[19]

Castellanos vivió allí hasta la adolescencia, en una familia con cierto abolengo pero a menudo avergonzada por cuestiones financieras. Un aspecto bien conocido de su biografía es su reubicación a la ciudad de México cuando era adolescente, provocada justamente por la reforma agraria que había tensado la existencia rural (su familia tenía un rancho). Ella misma afirma que este cambio salvó su alma.[20] Bendecida con una intuición devastadoramente crítica y el impulso por cultivarla, floreció en la gran ciudad, y su distinguido desempeño en la preparatoria le abrió las puertas a varias oportunidades de estudios avanzados (obtuvo una maestría en filosofía) y a un interesante trabajo en el gobierno. Es justo decir que odiaba Chiapas, o por lo menos que le parecía una fuente inagotable de frustración. Esta actitud se manifiesta desde su temprana correspondencia con Ricardo Guerra, que comenzó en 1950, hasta sus reflexiones de la década de 1960 sobre su trabajo en Chiapas en una dependencia gubernamental.[21] Pero Castellanos era tenaz y estaba dispuesta a ocuparse de su propio pasado con seriedad.

A los 26 años Castellanos redescubrió su estado natal, aunque en un principio sin regresar a él. En realidad, su deseo de volver comenzó a tomar forma a la distancia, durante una estadía en Europa. Fue en París, mientras recorría la sala precolombina del Museo del Hombre, donde una inesperada y humilde exposición sobre Chiapas la sorprendió y estuvo a punto de arrancarle las lágrimas. Aquel momento extático no se derivó a partir de una suerte de presentación etnológica de su propia familia. Más bien, se derivó de la presentación de los artefactos de los sirvientes de su familia. De pronto, los indios chamula, que en ese momento resonaban en el centro mismo de la familia mundial de la humanidad, le hablaron de una manera profunda.[22] Si bien Castellanos no ofrece una detenida reflexión sobre este episodio, el momento es un símbolo apropiado para una transformación de actitud que habría de convertirse en literatura ya en la colección de poemas *El rescate del mundo* (1952), la cual aborda temas mayas en tonos virtuosos. El indio, o al menos su repentina aparición en París, la condujo de regreso a Chiapas.

La historia suena familiar. En realidad, es la narración genérica de la conversión del intelectual urbano que lucha contra la alienación y la falta de autenticidad, y de su subsecuente encuentro con un recuerdo, la recuperación de algo esencial que se había perdido u olvidado. Es decir, Castellanos tuvo la experiencia fundamental que está en la base de cualquier primitivismo, experiencia en la cual el sujeto moderno alienado se ve atraído hacia un momento de autodescubrimiento mediante la recuperación de lo que Estelle Tarica, recurriendo a José María Arguedas, llama el otro «íntimo».[23] En el caso del relato de Castellanos, es asombroso notar cuán armónicamente resuena su versión con la de otro gran mayista de mediados del siglo XX, Miguel Ángel Asturias. Luego de haber salido de Guatemala siendo joven, y poco después de publicar un panfleto eugenésico sobre la supuesta degeneración de los mayas, Asturias también habría de experimentar una especie de conversión en Europa: primero al observar la exposición maya en el Museo Británico, y luego en su trabajo con el gran mayista de la Sorbona, Georges Raynaud, quien llegó incluso a identificar a Asturias como un «verdadero maya».[24] En realidad no era un maya, pero entretejería esta identidad en un proyecto de literatura nacional para convertirse en una especie de bardo de la cultura maya, hilando relatos de inclinación indígena desde una multitud de ciudades cosmopolitas.

A efectos prácticos, éste es el camino opuesto al que tomó Castellanos, quien se dedicó al proyecto posrevolucionario de consolidar el Estado nacional buscando participar activamente en la campaña desarrollista ante el perseverante «problema del indio». Quizás sea esta labor —su contacto directo con el intenso trabajo de transformación ideológica, su experiencia de primera mano al confrontar la pobreza real y los problemas sociales que ésta exacerba— lo que explica la agudeza crítica que se percibe en Castellanos en comparación con Asturias. Aunque su arte puede verse como una devastadora condena de los grandes temas de la historia (capitalismo, imperialismo, dominación colonial), Asturias parece comprometido con la reelaboración de los mayas en tanto cimiento de la nación guatemalteca. Así, su mayismo va de una selección de historias psicodélicas tomadas de los mitos mayas, a la gran novela surrealista de la narrativa moderna latinoamericana, hasta, en última instancia, un libro de mesa que elogia la «permanencia» transhistórica de la civilización maya.[25] Hacia el final de su vida había adoptado un apodo que él mismo creó: El Gran Lengua, el narrador tribal.[26] Por su parte, Castellanos sólo dio un paso tentativo en ese camino, representado por los poemas recopilados en *El rescate del mundo*. Pero las cosas no tardaron en desplomarse. Ocho años más tarde, en su cuento «La rueda del hambriento» (1960), Castellanos habría de enfrentarnos a una enfermera joven e ingenua que llega de la gran ciudad a hacer un servicio social rural e intenta salvar a un bebé indígena de morir de inanición.[27] Los indígenas no pueden pagar ningún servicio, el doctor piensa que es una trampa, y el bebé está a punto de morir. En un estado de gran agitación, la enfermera corre hacia el padre del bebé, le pone diez pesos en la mano y le implora que se los dé al doctor. Pasándole un cigarro a su suegro, el hombre se la queda viendo, inexpresivo, y luego dice: «El *pukuj* se está comiendo a mi hijo».[28] La madre, sin «ningún signo de ansiedad», confirma la autoridad de su esposo y continúa trenzando pacientemente su cabello. Otros dos años pasarán antes de la publicación de *Oficio de tinieblas*, obra en la que Castellanos presenta a los mismos chamulas cuya rústica exposición en el Museo del Hombre tanto la había inspirado una década antes, ahora crucificando a un niño.

Imágenes como ésta han originado una percepción generalizada de que las narraciones de Castellanos son presa de un compromiso exoticista con la excentricidad, la irracionalidad y, en última instancia, la barbarie indígenas. Sin embargo, esta interpretación fracasa al abordar la complejidad del proyecto crítico de Castellanos. Podemos empezar a dar forma a ese proyecto llevando la comparación con Asturias un paso más allá. Si bien los distintos contextos nacionales de Guatemala y México no pueden compararse fácilmente en términos de sus respectivas historias de la idea de raza y sus relaciones raciales reales, Guatemala y Chiapas resuenan de formas tanto históricas como culturales.[29] De hecho, en la obra mayista de Castellanos, «México» se utiliza casi siempre para referirse a un lugar distante y extranjero; y tanto en *Balún Canán* como en *Oficio de tinieblas* «Guatemala» aparece como una especie de ruta de escape para los protagonistas ladinos, como una fuente de fuerzas paramilitares y un espacio de mayor pureza colonial frente a la reforma agraria de México. Ambos autores, Castellanos y Asturias, se ocupan de la especificidad del mundo maya con fines críticos, dirigidos hacia el proyecto dominante de la articulación del Estado nacional. Mientras que Asturias utiliza una cultura indígena estilizada para reclamar una identidad nacional más inclusiva, Castellanos presenta esa misma cultura indígena estilizada como parte de una problematización más amplia de la política de inclusión que sirve de base ideológica al Estado mestizo.

Podemos destacar esta distinción, y los intereses políticos que de ella se derivan, mediante una rápida comparación del recurso de ambos autores a los mitos fundacionales en sus respectivas obras. Veamos los primeros pasajes de *Oficio de tinieblas*. El tono es bíblico, una invocación solemne de los Primeros Días. Sin embargo, justo cuando esperaríamos un idilio edénico anterior a la Conquista, encontramos una historia fundacional impregnada de un violento conflicto. La novela comienza con las palabras «San Juan, el Fiador», la fuerza que «estuvo presente cuando aparecieron por primera vez los mundos» (9). Es decir, en el origen no encontramos a un dios maya, sino a una figura católica transculturada, al creador que establecerá los signos. Sin embargo, «los hombres tzotziles o murciélagos» no supieron interpretar los signos, y por eso «fue necesario que más tarde vinieran otros hombres [...] como de otro mundo» (9). Sin un paraíso del cual ser expulsados, la condición inicial del mundo es una relación entre amos y escla vos, en la cual falta notoriamente la historia necesaria de liberación de la servidumbre. En un relato similar que abre la colección de cuentos *Ciudad Real* (1960) de Castellanos, llamado «La muerte del tigre», el pueblo antaño temido de la «comunidad de los Bolometic» termina como una raza deformada por «siglos de sumisión».[30] Hacia el final de la historia los pobladores literalmente se están consumiendo en una plaga de capitalismo. El referente es bastante evidente: es el rastro de una política de la fuerza, de dominación militar, que se extiende desde la conquista española hasta las reformas liberales y la reacción conservadora en contra de la administración posrevolucionaria de la tierra. El origen de la tribu es ni más ni menos que el secreto de la acumulación originaria, la violencia continua infligida contra su existencia. El hilo común que une estos y otros relatos fundacionales que puntúan la obra de Castellanos es su articulación inmediata con la violencia, la conquista, la derrota. En otras palabras, para la autora la identidad indígena siempre surge o, en realidad, sólo puede surgir de este trauma histórico. Si bien el rechazo de la autonomía indígena es fácil de criticar, también tiene la virtud de desmantelar, desde un principio, cualquier tentación que pudiera presentar un indigenismo romántico.

Ahora comparemos esto con, por ejemplo, la lógica ahistórica de Asturias cuando presenta una narración similar. Si bien Asturias también conoce y enfatiza la centralidad fundamental de la invasión europea para la formación de la identidad maya moderna, se aferra a la idea de una historia previa que de algún modo pudiera reconciliarse con la modernidad nacional. Así, una especie de maya místico sustenta y se incorpora a la Guatemala contemporánea. Las ruinas de la civilización maya antigua se convierten en los cimientos de la nación moderna. Cuando este relato —articulado por primera vez en la primera historia de su colección *Leyendas de Guatemala* (1930) y de nombre, precisamente, «Guatemala»— se convierte en la épica surrealista de *Hombres de maíz*, el final feliz sólo puede apuntar hacia el fantasioso retorno a un no lugar inexistente: la utopía de un renacimiento maya en la cima de las montañas, desconectado del mundo real, es decir, de las tierras bajas más productivas y de la política más inmediata del Estado nacional.[31] En la obra de Castellanos, desprovista de una fantasía precolonial de la cual depender, no hay un espacio utópico hacia el cual mirar y al cual regresar. Resulta irónico que sea Asturias, el de tendencias marxistas y antiimperialistas, quien presente la utopía y la esperanza sin bases históricas; por su parte, Castellanos nos ofrece historia y política. En Castellanos no hay ruinas; sólo está la opresión de la pobreza cotidiana, las expectativas políticas y su abatimiento, el fuego, los accidentes transculturales.

No siempre fue así de sombría. Durante mediados de la década de los cincuenta, Castellanos se involucró de manera directa en la política cultural de nacionalización, y esos años fueron esenciales para el proyecto crítico que surgirá de su escritura literaria. En 1956 Castellanos aceptó un cargo en el Centro Coordinador Tzeltal-Tzotzil en San Cristóbal de las Casas. La filial tzeltal-tzotzil, un brazo de la dependencia estatal de asuntos indígenas, el reconocido Instituto Nacional Indigenista (INI), era la primera y más prestigiosa de varias oficinas regionales establecidas en todo el país con el propósito de incorporar a las poblaciones indígenas a la vida nacional. Su labor era ambiciosa, y si bien ni siquiera se acercó a cumplir con su objetivo de modernización, su comunicación agresiva, sistemática y constante con las comunidades indígenas alrededor de San Cristóbal dio pie a décadas de investigación. Evon Vogt se refiere a la llegada del INI como «el hecho más importante que afectara a las culturas indígenas desde la conquista».[32] Esto es una exageración; el reclutamiento militar durante varias guerras civiles (incluida la misma Revolución), la expropiación de la tierra (o su amenaza) durante las reformas liberales del siglo XIX, y la intensificación del trabajo migrante durante principios del siglo XX tuvieron efectos considerablemente mayores sobre la dinámica de la vida cotidiana de las comunidades indígenas. Sin embargo, la hipérbole resulta útil en la medida en que reconoce el impresionante capital intelectual y creativo invertido por el INI durante esos años.[33]

Todo el contexto era estimulante, pues Castellanos estaba en la cresta de una de las olas más ambiciosas en la historia mexicana en torno a las relaciones entre el Estado y las comunidades indígenas. Reclutada por el historiador Gastón García Cantú, trabajó bajo la égida de figuras como Alfonso Caso, Gonzalo Aguirre Beltrán y Julio de la Fuente; en pocas palabras, una verdadera lista de estrellas de la antropología nacional de mediados de siglo.[34] Castellanos tenía a su cargo proyectos de comunicación y propaganda intercultural en el Centro Tzeltal-Tzotzil. Buena parte de su labor la llevó a cabo con títeres: escribió una serie de obras didácticas para marionetas —sobre higiene, comercio, historia natural, orgullo racial y cosas por el estilo— y ayudó a representarlas en pueblos indígenas de toda la región.[35] Su trabajo era duro, pero gratificante: largos días y noches con un grupo de artistas y lingüistas talentosos, enormes esfuerzos para lograr la necesaria precisión conceptual al traducir del español al tzotzil y al tzeltal, representaciones regulares de su obra que involucraban a públicos entusiastas. Estaba presente para ver los resultados inmediatos de su propia participación en una lucha contra la ignorancia, la enfermedad y la cobardía. Estaba presente para ver los debates que surgían entre los indígenas y los títeres. Estaba comprometida con representar verazmente las relaciones raciales.[36]

Sin embargo, la idea misma de raza estaba conceptualmente estancada. Como ya hemos visto, a lo largo de la historia intelectual mexicana reflexionar sobre la idea de raza, de una u otra forma, ha conducido al sujeto que reflexiona hacia una preocupación en torno al indígena, canonizada en innumerables ensayos con variaciones sobre el título *El problema del indio*, de tal suerte que la «raza» termina por convertirse en un lenguaje para hablar del «indio». Pero esta relación es ideológica. Las inquietudes sobre la «raza indígena» siempre han sido una forma de trabajar una preocupación más amplia sobre la nación o, más precisamente, sobre la articulación de la nación y el Estado. Los mejores pensadores de la Reforma y el Porfiriato, lejos de relegar la civilización indígena a una degeneración sin esperanza (como suele suponerse), se mostraban entre optimistas y decididos sobre la futura mexicanización de las comunidades indígenas, sobre todo con medios institucionales tanto afirmativos (programas de becas) como prohibitivos (programas policiacos). Los métodos se transformarían con el tiempo, al menos en teoría, pero el objetivo de asimilación permanecería intacto.[37]

Este vínculo inmediato entre «raza indígena» y nación se hace evidente en las sutilezas teóricas que sustentaron la labor del INI: por un lado, la idea de Aguirre Beltrán de que el problema indígena era en realidad un problema regional en el que las élites de las «ciudades mestizas dominantes» constituían un obstáculo para la nacionalización de las comunidades indígenas (Aguirre Beltrán menciona a Chiapas como el caso paradigmático); por el otro, la idea de De la Fuente de que «indio» no era una categoría étnica, sino un marcador de castas fomentado por las élites locales con el fin de mantener una relación de dominación respecto de las comunidades indígenas.[38] Estas tesis, que de manera explícita adoptan la nación como su horizonte conceptual y ven en el añejo «problema del indio» un síntoma de una dinámica más amplia de explotación, tanto histórica como económica —en efecto, como un problema mestizo—, habrían de guiar el trabajo de los Centros.[39] Cual joven acólita que había absorbido los principios de la nueva antropología y su activismo político, Castellanos habría de emplear productivamente sus premisas y las convertiría en material literario. No obstante, consigue trascender la mera estetización de la teoría sociocientífica. A decir verdad, uno de los logros de su prosa es que iluminó cómo se traducían estas teorías a una agenda política patrocinada por el Estado; y, al hacerlo, expuso la fragilidad de esa agenda ante la fuerza gravitacional del discurso racial: representando la identidad racializada canónica, las élites mestizas que residían en pueblos rurales eran, cuando mucho, un objeto marginal del trabajo del INI; se trataba de un Centro Tzeltal-Tzotzil, es decir, un centro cuyo referente eran las comunidades *indígenas* específicas.[40] En la práctica, la teoría terminó siendo transformándose en grupos de intrusos que intentaban abordar lo que ellos entendían como un problema específicamente *indio* —lo que el director del INI, Alfonso Caso, llamó «los elementos culturales que se consideran negativos»—, mientras que en el papel la teoría identificada un problema regional más amplio y «holístico».[41] Más aún, si bien la tarea del INI —que pretendía reflexionar sobre el problema del indio más bien como una relación social entre indios y mestizos— prometía surgir de un trabajo etnográfico fundamentado empíricamente, lo cierto es que el diagnóstico y la receta fueron desviaciones asombrosamente leves de la percepción que ya tenían viejos liberales como Luis Alva. Más allá de la positiva valoración de la propiedad comunal, que en ese entonces iba a ser promovida, y de la priorización de los métodos «persuasivos» que buscaban una aculturación «cordial» (en palabras de Sol Tax, «queremos despertar la esperanza»), lo que se seguía percibiendo como el problema de las comunidades indígenas era su supuesta ausencia de la vida nacional, su segregación de la sociedad mestiza y su explotación a manos de ésta.[42] La voluntad de dominio de las élites desconectaba a los indígenas de la nación. Y en este punto el razonamiento se hace polvo: *entonces debemos trabajar para aculturar al indio.* Aunque los poblados mestizos —ciudades regionales— empezaron a considerarse entonces como un obstáculo para la nacionalización, el *mestizaje* en tanto proceso cultural —aculturación, para los antropólogos— aún se entendía como un objetivo inevitable que debía promoverse.[43] Así, lo que básicamente hicieron los protagonistas del INI fue retomar los rasgos principales del derecho positivo liberal y volverlos desarrollistas. Estaban entonando una melodía decimonónica, quizás en una clave un poco más sofisticada.

En realidad, el INI de Caso no fue el primer intento por formalizar una política indígena. Su prehistoria moderna puede rastrearse a través de la educación universal y los planes de alfabetización (teorizados pero no llevados a cabo) de los liberales del siglo XIX dirigidos a un campesinado en su mayoría indígena; los esquemas de desarrollo de la tierra, desde la ley de privatización de Lerdo hasta los proyectos de colonización (que tampoco se llevaron a cabo), que a menudo se proponían de manera explícita como formas de aculturación; y la institucionalización en el siglo XIX de la antropología como una disciplina que habría de adoptar el problema del indio como su razón de ser.[44] Para 1910, un filólogo de nombre Francisco Belmar (también magistrado principal de la Corte Suprema) tomó el primer paso hacia la institucionalización del problema del indio como tal.[45] Encabezó la formación de la Sociedad Indianista de México, dedicada a aplicar los nuevos métodos sociológicos y filológicos al tema de cómo «evolucionaban» las comunidades indígenas. En una entrevista, explicaba que en algunas «regiones del istmo los indios han evolucionado por su cuenta», y se pregunta «¿Cómo lo han hecho?». El objetivo de la Sociedad era fomentar la colaboración intelectual en este tipo de temas, profundizar en la comprensión del problema del indio y, de este modo, orientar la política estatal.[46] La trascendente conferencia inaugural de la Sociedad contó con la asistencia de una horda de dignatarios, incluidos diplomáticos extranjeros; el decano de la historia social mexicana y secretario de educación, Justo Sierra; y nada más ni nada menos que el propio Porfirio Díaz.[47]

El Congreso tuvo lugar en noviembre de 1910, un muy mal momento, aunque parecería haber algo simbólicamente correcto en el hecho de que la institucionalización del problema del indio coincidiera con el colapso de las instituciones mismas que le darían sustento. Para cuando el Congreso alcanzó su primer «triunfo» concreto, los titulares que alababan a un senador y hacendado que se había comprometido con un programa para alfabetizar a sus siervos tuvieron que compartir el espacio con noticias sobre el malestar efervescente en Oaxaca, Chihuahua y Quintana Roo.[48] Menos de un año después Díaz se hallaba en un barco rumbo a Francia. Sin embargo, la coincidencia es sugerente: la institucionalización formal del interés del Estado en las comunidades indígenas en tanto problema *racial* parecía ir de la mano con la creciente tensión en el campo que terminaría por desparramarse en la gran crisis *nacional* del siglo.

Ahora bien, señalar el interés en la nación de ese incipiente indigenismo no es particularmente perspicaz ni escandaloso: la relación es bien conocida y universalmente recitada. La razón de mi énfasis es que, a pesar de su obviedad, esta tensa articulación ideológica entre pensar la raza, pensar la nación, y el indio en tanto rompecabezas analítico que debe problematizarse, aún se halla en los márgenes de la historia de la idea de la raza en México. Lo que quiero decir es que, si bien la relación es universalmente percibida, no ha sido objeto de suficientes reflexiones. A pesar de todo, aún existe la fórmula básica: raza = indio. Paradójicamente, esto parece pasar por alto el impulso básico del propio indigenismo. Para comprender la naturaleza de la paradoja, debemos regresar a las condiciones de posibilidad del INI, su prehistoria, y su teorización en el indigenista fundacional de México: Manuel Gamio.

Si bien el primer intento en México por institucionalizar formalmente el «problema del indio» se vio acompañado por el colapso del mundo político que definió sus términos básicos, esto fue, por supuesto, sólo el principio. La Sociedad de Belmar, como el gobierno de Porfirio Díaz que la apoyaba, era a fin de cuentas retrógrada, pues se fundaba en el modelo y las claras líneas de avance civilizatorio del liberalismo. Sin embargo, en el campo de la antropología ya estaba en marcha una revolución más progresista, cuyo impacto en la idea de la raza en México no debe subestimarse.

Esta transformación disciplinaria llegó con la persona de Franz Boas, el influyentísimo antropólogo asociado a la Universidad de Columbia en Nueva York. Coincidentemente, en 1910, el mismo año en que se fundó la Sociedad, la Secretaría de Instrucción Pública contrató a Boas para impartir una serie de cursos en la Escuela Nacional de Altos Estudios. Tras el exitoso XVII Congreso Internacional de Americanistas, con sede en la Ciudad de México, se generó un gran entusiasmo internacional en torno a México como tierra fértil para la investigación antropológica, a lo cual se sumó un entusiasta apoyo institucional. El año 1910 cobró aún mayor importancia cuando el gobierno de Díaz formó un consorcio de punta (que incluía a Columbia, Harvard, la Universidad de Pensilvania y al gobierno prusiano) para estudios avanzados: la Escuela

Internacional de Arqueología y Etnología. Boas habría de convertirse en su segundo director para el año académico 1911-1912, pero la Escuela se topó con la misma turbulencia social que la Sociedad y, a efectos prácticos, cerró en 1914 (formalmente, perseveró con dificultades, enfrentando todo tipo de luchas revolucionarias en casa y la Primera Guerra Mundial en el extranjero, hasta 1920).[49] A pesar de su corta duración, la Escuela estableció la influencia intelectual e institucional del hombre que estuvo involucrado en buena parte de su agenda de investigación y que transfirió esta energía al establecimiento de la antropología como ciencia moderna en México. Ese hombre era Manuel Gamio. Dado que la preocupación central —en realidad, casi total— de la antropología mexicana es todavía hoy el estudio de los mexicanos indígenas, es justo decir que Gamio también puede ser considerado el punto de partida del indigenismo moderno en México.[50]

Gamio fue alumno de Boas. Su trabajo y su agudeza como joven profesional eran tan sorprendentes que la arqueóloga estadounidense Zelia Nuttal se lo recomendó a Boas con gran entusiasmo y no tardó en obtener una beca para estudiar en Columbia a partir de 1909. Cuando regresó a México con su grado de maestro era 1911, y estaba justo a tiempo para continuar su trabajo con Boas, quien entonces estaba en la Escuela y más que dispuesto a seguir con la colaboración. Como uno de los únicos dos estudiantes mexicanos que participaban en la Escuela, Gamio entró en contacto con métodos y paradigmas internacionales y aprovechó la oportunidad para aplicarlos directamente al pertinaz problema del indio en México.[51]

La intervención de Boas en la historia de la idea de la raza es significativa, y es en este tema donde Gamio menciona su influencia de manera más consistente. Proveniente del materialismo radical que la revolución darwinista había introducido en el mundo científico y de la desnaturalización de la raza que ello implicaba, Boas fue determinante en el giro contextualista, o particularista, dentro de los estudios antropológicos.[52] Entre sus numerosas contribuciones, la más importante es el rigor sistemático que introdujo en la amplia crítica de la raza que ya estaba en marcha. En efecto, Boas representó la transición crucial en el pensamiento sobre la diferencia humana —fundamento aún vigente del multiculturalismo contemporáneo—: de los términos básicamente esencialistas de la raza (siempre derivada en última instancia de la ascendencia, de la relación del hombre con una línea genética) a los términos fundamentalmente contextualistas de la cultura (siempre derivada en última instancia de la práctica humana, de la relación del hombre con el mundo). Para Boas, todas las culturas están completas, es decir, corresponden a su medio ambiente. Y todas las culturas están en transformación constante, que no en evolución; las culturas no son obras en construcción y no se mueven de abajo hacia arriba. Desde esta perspectiva, afirmar la superioridad o inferioridad de grupos humanos identificables es una construcción social, una forma de naturalizar los accidentes históricos. Gamio introdujo este giro conceptual en México: ayudó a normalizar un paso de raza a cultura que ya era aparente en algunos de los mejores pensadores del Porfiriato.[53]

Sin embargo, como la propia obra de Boas lo demuestra, no podemos simplemente deshacernos de la raza cambiando la terminología. En «Human Faculty as Determined by Race» (1894), una manifestación clave sobre el discurso racial que habría de sustentar conceptualmente su obra más famosa, *The Mind of Primitive Man* (1911), Boas concluye que todas las razas son más o menos iguales en términos de facultad y que son sus prácticas culturales lo que debería guiar nuestro estudio de las sociedades humanas.[54] No obstante, continúa, la «raza blanca» es la que tiende a producir más genios y grandes hombres. Así, aun cuando argumenta a favor de la cultura, no es de sorprender que Gamio siga atrapado en un lenguaje conceptual que evoca la raza: estudia al indio y habla de él en relación con el europeo, el criollo, el mestizo, etcétera. Las viejas categorías racializadas seguirán guiando su obra culturalista; y dentro de los parámetros de su culturalismo, el proyecto ideológico fundamental seguirá enmarcado en la necesidad de *forjar patria*, es decir, como veremos más adelante, de producir una raza nacional. De esta forma, entre maestro y alumno surgió cierta desconexión. Para Boas, la tensión básica existe entre raza y cultura, con el objetivo de desplazar la primera en favor de la segunda. Para Gamio, la tensión fundamental existe entre raza y nación, y la cultura opera como una suerte de término mediador, el lazo que vincula una con otra.

La desarticulación entre «raza y cultura» de Boas y entre «raza y nación» de Gamio es sintomática de una tensión mayor que habitaba el campo de la antropología a principios del siglo XX. La maniobra de Gamio de evocar el lenguaje de Boas, sólo para virar hacia el proyecto de forjar una raza nacional, podría parecer de entrada una desconcertante contradicción o una aplicación errónea. Sin embargo, es importante recordar aquí al investigador Roberto Schwarz y su teoría sobre la productividad potencial de las ideas fuera de lugar. El pensamiento de Boas nos conduce hacia un relato más sistemático de la variación humana y su transformación coetánea. Para Boas, cualquier utilidad que pueda tener la raza al hablar de los tipos humanos desaparece cuando comenzamos a hablar de la «calidad» de un pueblo: puede haber algo biológico en la raza, pero la desigualdad racial es histórica. La «ciencia» de las razas, empeñada en demostrar superioridad o inferioridad, confunde raza con historia y avance civilizatorio con violencia.[55] La visión de Boas, quien escribe desde la perspectiva institucional de un incipiente poder imperial, es de una diversidad particularista que implica un multiculturalismo que desestabiliza la idea de nación y la vuelve accidental, una forma moderna de hegemonía política tan transitoria como todas las precedentes.

Para Gamio, adoptar estas premisas habría sido un acto de escapismo. Dado que escribe en un momento en que el Estado nacional es globalmente hegemónico y, no obstante, desde la perspectiva institucional de un Estado nacional que está intentando recomponerse como una formación político-económica coherente, no es de sorprender que privilegie la forma nación. Mientras que Boas representa el interés imperial en el exotismo de la diversidad humana, Gamio representa el interés nacional en la aceleración de la modernización.[56] En otras palabras, existe una distinción en términos del propio objeto antropológico: Boas viaja a rincones remotos del noroeste del Pacífico para regresar con verdades antropológicas; Gamio viaja a los suburbios de la Ciudad de México con el fin de identificar obstáculos nacionales.[57] Por supuesto, esta desarticulación no tiene nada que ver con las personalidades de ambos hombres ni con su disposición a pensar de manera expansiva y universalizar sus hallazgos. Lo que produce las distintas nociones de universalidad es la determinación de las condiciones locales.[58] Para Boas, esto implica la familia humana y su infinita diversidad de formas. Para Gamio, esto implica la familia nacional y la necesidad de forjar su diversidad de formas en un pueblo identificable.

La extensa influencia de Gamio en la antropología mexicana se deriva de varios estudios empíricos importantes, pero fuera de los círculos antropológicos y arqueológicos se le recuerda, por lo general y con tino, por las contribuciones ideológicas que articuló apasionadamente en su obra más memorable, *Forjando patria*.[59] Este extraño e inspirado texto, a caballo entre un manifiesto y un kit de instrucciones, fue publicado por primera vez en 1916, durante la tumultuosa primera década de la Revolución. Ubicado en algún lugar entre *Los grandes problemas nacionales* de Molina Enríquez (1909; engullido por la Revolución) y *La raza cósmica* de Vasconcelos (1925; publicado en el exilio), representa la gran declaración ideológica de la cultura nacional del periodo revolucionario temprano. Es en *Forjando patria* (1916) donde Gamio articula su principal innovación conceptual, expresada de manera más clara en el capítulo intitulado «El concepto cultural». Gamio comienza afirmando que no existe la inferioridad innata, ya sea que esté expresada como raza o como cultura. Cada cultura es accidental y específica, un «conjunto» de ideas y materiales. En términos boasianos, cada cultura está *completa*. Escribe Gamio:

La moderna antropología establece que cultura es el conjunto de manifestaciones materiales e intelectuales que caracteriza a las agrupaciones humanas; pero no aventura gradaciones en cuanto a superioridades culturales, ni anacrónicamente clasifica a los pueblos en cultos e incultos. [...] cada pueblo posee la cultura que es inherente a su naturaleza étnico-social y a las condiciones físicas y biológicas del suelo que habita.[60]

Los pueblos, en su «naturaleza étnico-social», hacen cultura al servicio de las necesidades determinadas por «el suelo» que «habita[n]». Esta perspectiva resulta problemática para Gamio, pues parecería volver imposible cualquier noción ética del «desarrollo» nacional. Si cada cultura está completa, y si no existen distinciones cualitativas —la diferencia objetiva entre «manifestaciones» culturales «nunca connota la calidad específica de dichas manifestaciones»—, ello nos conduce a una conclusión necesariamente relativista, a saber: que, a efectos prácticos, todas las culturas son iguales.[61] De ahí el dilema ético: ¿cómo puede justificarse el desarrollo modernizador? ¿Desarrollo hacia qué?

La solución yace dentro de los términos mismos de la opinión boasiana que Gamio aplica de manera incorrecta, pero productiva. La antropología de Boas nos enseña que no existe una desigualdad innata (de forma que la raza queda desplazada) y que tampoco existe una desigualdad de adaptabilidad (de forma que la jerarquía cultural queda desplazada). Cada conjunto de prácticas humanas que entendemos como cultura establece relaciones con su contexto. Y los contextos son objetivamente distintos y, a decir verdad, sí es posible imaginar una desigualdad de contextos. Éste es justo el retrato que Gregorio López y Fuentes nos pinta en la primera obra neoindigenista de México, *El indio* (1935). El problema social básico en *El indio*, una especie de compañero literario de *Forjando patria*, es la tesis de que la tierra cultivada por las comunidades indígenas mexicanas es una tierra pobre. Y esto no tiene nada que ver con los indios, sus prácticas culturales o sus capacidades innatas. Tiene todo que ver con las contingencias históricas, con un legado de conquista violenta y con el hecho de que esto ha generado como respuesta que las comunidades indígenas eviten el desarrollo nacional; es decir, que eviten a la gente blanca y las tierras más fértiles que los blancos han ocupado. Así, esta narración ayuda a ilustrar el error, o acierto, de Gamio, que se vuelve sutilmente explícito en el momento en que éste cita directamente a Boas. Retomando la conocida crítica de Boas a la raza, tal como aparece en *The Mind of Primitive Man*, Gamio confirma que «no existe la pretendida inferioridad innata» entre distintos grupos culturales. Pero más adelante, apartándose ya de Boas, continúa: «*sino que es producida* por causas de orden histórico, biológico, geográfico, etc., etc.».[62] La inferioridad existe, pero es contextual: histórica, biológica, geográfica. Y con esto nos hemos apartado del ámbito de la postura crítica de Boas, pero sin dejar de depender de ella. Podemos entender esto como una lectura equivocada, voluntaria o no, pero el hecho más importante es que de este modo Boas ha viajado a un mundo nuevo, con sus propias determinaciones históricas específicas. Conectar estos mundos representa el centro del proyecto de Gamio.

Ahora los parámetros del diagnóstico de Gamio son obvios: las comunidades indígenas de México están *fuera de contexto*. Su medio ambiente natural ha sido destruido y, junto con ello, sus prácticas culturales se han degradado. Además, apuntando ya hacia los indigenistas de mediados de siglo, Gamio es capaz de aplicar un nuevo lenguaje teórico a la vieja conclusión de que las comunidades indígenas están, en efecto, alienadas del entorno natural de la vida moderna: la nación. Al estar alienado, el indio se desnaturaliza y se convierte en la excepción de la universalidad boasiana: el indio está degenerado. De nuevo, es López y Fuentes quien trabaja literariamente esta idea. Un capítulo de *El indio* gira en torno a un impresionante ritual —aún muy popular entre los turistas— en el que varios hombres, sujetos con cuerdas, giran alrededor de un palo a una velocidad y a una altura atemorizantes. El individualismo moderno y las bebidas destiladas, sugiere López y Fuentes, han cambiado la dinámica de la ceremonia, reduciéndola a un espectáculo de borrachos que toman demasiados riesgos. El desastre sobreviene y un indio, desprendido del palo, termina cayendo, con el rostro literalmente arrancado por la fuerza de su colisión con el piso. La metáfora del mutilado —favorita de López y Fuentes— es más que clara: en el México moderno las prácticas culturales de los indios han perdido resonancia y, al hacerse añicos la coherencia de su identidad misma, trastabillan, sin rostro y sin objetivo, en busca de un significado. En efecto, estos indios son las comunidades indígenas que Gamio había retratado en Teotihuacán, en un tono más científico, hacía una década.

La forma en que Gamio entendía el problema del indio —un contexto empobrecido conduce a una cultura de la pobreza, la cual alimenta un mayor empobrecimiento— debía guiarlo a una solución elemental. El truco era no cambiar al pueblo, un proyecto que, como enseña la historia, sólo consigue provocar resistencia y sembrar resentimiento. El truco era cambiar el contexto. Dicho de otro modo, había que repensar los términos del desarrollo. El propio Gamio no estaba listo para hacerlo: prescribió escuelas, campañas de alfabetización e higiene, la expansión de la lengua española entre las comunidades indígenas, y una intervención general por parte de expertos; en pocas palabras, un programa genérico de aculturación agresiva. También insistió e influyó en la defensa de lo que él percibía como los mejores aspectos de la cultura indígena, a saber, la creatividad artística. No fue sino hasta mediados de la década de 1930 cuando su amigo y colega boasiano, Moisés Sáenz, llegó a una solución más elegantemente contextualista al problema del indio. Ante el hecho de que buena parte de los aldeanos cuyas vidas estaba tratando de modernizar mediante escuelas basadas en la teoría pedagógica de la acción de John Dewey estaban muy satisfechos con sus formas tradicionales de vida, Sáenz concluyó que, en relación con el problema indígena, «le voy más a la carretera que a la escuela para resolverlo».[63] Si bien distintos tipos de iniciativas pedagógicas continuaron a toda máquina —hasta los títeres de Castellanos—, el comentario de Sáenz cristaliza los puntos comunes desde Alva hasta los Centros del INI pasando por Gamio: había que arrancar de su aislamiento a las comunidades indígenas, ponerlas en el mapa e integrarlas a la red de relaciones (comerciales) que constituían la comunidad nacional.

Equipado con las innovaciones antropológicas más recientes, Gamio estableció una postura en torno al problema del indio que, sin embargo, no se alejaba mucho de la de Alva: haciendo a un lado los métodos y el tono, comparten el objetivo común de transformar las prácticas culturales del indio. Y si planteamos la sencilla pregunta de en qué deben transformarse las prácticas culturales indígenas, no tardaremos en encontrar otro elemento importante que vincula a Gamio con Alva, y a ambos con todos aquellos que han reflexionado sobre el indio como un «problema social» que debe solucionarse. En poco tiempo se hace evidente que el objeto fundamental de su trabajo en realidad no es el indio. Su interés es la nación. Su lenguaje para acercarse a esa preocupación es la forma de pensar sobre la diferencia cultural en el mundo moderno conocida como raza. La «raza indígena», aún disfrazada como un conjunto de prácticas culturales, se yergue como el resplandeciente síntoma del fracaso de México en su intento por articular Estado y nación.

Este desliz semántico se vuelve aparente si rastreamos la obra conceptual de Gamio en torno a la relación entre raza y cultura prestando mayor atención a los sujetos de su prosa. Tanto en el ejemplo específico de *Forjando patria* como en buena parte de su obra general, Gamio da la clara impresión de que su interés principal es el destino de las comunidades indígenas de México. *Forjando patria* comienza con una evocativa explicación de cómo se vio truncado el desarrollo de las culturas indígenas americanas; varios de sus capítulos más influyentes —«La redención de la clase indígena», «Prejuicios sobre la raza indígena y su historia», «El concepto del arte prehispánico» y demás— están dedicados explícitamente a reflexionar sobre distintos aspectos de las comunidades indígenas; estableció una metodología para medir la indigenidad mediante un censo; fungió como director del Instituto Indigenista Interamericano durante dieciocho años (1942-1960); y dedicó un esfuerzo significativo a un penoso trabajo de campo en un intento por comprender mejor a las comunidades indígenas y sus problemas sociales específicos, lo cual incluyó un intenso cabildeo a favor de un conjunto de reformas agrarias que mejorarían su situación económica.[64] Y sin embargo, en el momento crucial de dar el giro cultural en la reflexión sobre la diferencia humana, el indio no aparece. La maniobra no está motivada por un llamamiento a ubicar el lugar del indígena en la cultura mundial, dentro de la familia universal del hombre. Más bien, busca ubicar el lugar de México en la familia de las naciones.

Al marcar la pauta para «El concepto cultural», Gamio escribe: «A cualquier mexicano que haya estado en Europa o en Norte América, ha trascendido sin duda el calificativo de "pueblo inculto" con que nos agracian por allá [...]. El dicterio no es para arrancar llanto, pero sí mueve a poner los puntos sobre las íes».[65] Aquí el tema no es el indio, atrapado en la pobreza y el aislamiento, cuya visión del mundo ha sido juzgada de manera injusta como «inculta». El tema es el mexicano cosmopolita que viaja por Europa (o que estudia en Nueva York), y cuya sensibilidad se ve alterada cuando enfrenta el esnobismo despectivo de los seudoiluminados. A su vez, este tema representa a «cualquier mexicano», aunque en realidad este mexicano viajero sólo puede connotar un sector de la sociedad muy limitado y de élite. Éste es un momento decisivo en la obra temprana de Gamio. El giro culturalista inspirado por la antropología boasiana no se presenta aquí para repensar las responsabilidades éticas que podrían gobernar las relaciones entre las comunidades indígenas y el Estado mestizo. En realidad, Gamio no es más progresista que Alva (quien evoca la justicia de la reparación) ni que Altamirano (quien evoca su propia biografía) en este sentido. Su motivación, explicitada a lo largo del capítulo, es repensar la naturaleza de las jerarquías culturales que ubican a México «por debajo» de los viejos bastiones del capital cultural representado por Europa. El objetivo es relativizar y, por ende, desestabilizar esa relación: «No comprendemos el arte europeo, no lo "sentimos", hay que confesarlo; los europeos a su vez no comprenden ni sienten nuestro arte».[66] El objetivo, en pocas palabras, es ubicar el lugar de México en y en relación con la cultura occidental: «forjar patria». Y para quienes pudieran pasar por alto el no tan sutil título, la obra original lleva un subtítulo que a menudo se suprime. *Pro-nacionalismo*. El gran texto de México sobre la raza, y su documento fundador sobre indigenismo, es sobre la nación. Si los indios eran importantes, lo eran en la medida en que podían ser incorporados a esa comunidad política.

Ahora bien, dentro de los términos del proyecto de construcción nacional, el indio sería crucial, pero no necesariamente como indio, es decir, no como el símbolo de un conjunto de culturas semiautónomas cuyas motivaciones históricas se habían opuesto, en distintos momentos y con intensidad variable, al proyecto de nación. El indio era importante *como México*. Por lo tanto, las comunidades indígenas desempeñarían un papel dual significativo. Primero, en la especificidad de sus prácticas culturales, las comunidades indígenas representaban una fuente de originalidad cultural, el ingrediente necesario de mestizaje que hacía de México algo extraeuropeo. Segundo, en su condición social abyecta, las comunidades indígenas funcionaban como el símbolo de un proyecto de desarrollo nacional que aún no se llevaba a cabo, pero que estaba progresando. La explosión de la cultura nacional después de la Revolución confirmó la diada indigenista una y otra vez, y en todos los géneros, desde las artes visuales hasta la literatura, pasando por la música y la danza. Si bien Alva presentó un argumento feroz y Altamirano se irguió como la confirmación de un modelo liberal, fue sólo con la Revolución cuando el Estado mestizo y su élite cultural comenzaron a internalizar un sentimiento generalizado según el cual el destino de la nación era también el destino del indio, y el indio, de una forma que Tarica llamaría «íntima», era parte del *nosotros* nacional.[67] La labor de la antropología —en el sentido literal, el etnógrafo que lleva a cabo trabajo de campo— era fomentar las condiciones de entendimiento mutuo, invocar y producir el «alma indígena» que podía integrar a una nación que estaba luchando por repeler la desintegración literal.[68]

Así, este nuevo lenguaje de coexistencia, integración e indigenismo estaba surgiendo literalmente de una explosión de violencia nacional sin precedentes, la constelación de guerras civiles conocida como la Revolución. Gamio aborda este espasmo social de manera directa; de hecho, *Forjando patria* se trata en buena parte sobre cómo aprovechar la energía revolucionaria y aplicarla a una nueva hegemonía nacional. Para Gamio, la Revolución era una revuelta política inevitable, incluso saludable, que sin embargo debía ser controlada. La Revolución, en tanto hecho histórico, era sintomática de una lucha social constante, como el «huracán» revolucionario de Mariano Azuela, un «acontecimiento natural, enteramente natural».[69] Resulta significativo que, para explicar esta dialéctica de protesta justificada y su transformación productiva, Gamio recurra a un lenguaje más amplio de la raza. La Revolución, argumenta, surge de condiciones atmosféricas: «*desnivel económico entre las clases sociales, heterogeneidad de razas que constituyen a la población, diferencia de idiomas y divergencia o antagonismo de tendencias culturales*».[70] La Revolución, en pocas palabras, es una guerra de razas. Reajustar la nación después de este estallido de furia social y guiarla hacia un aterrizaje apacible dependía de una comprensión más profunda de las necesidades específicas de esa «heterogeneidad de razas que constituyen a la población».[71] En los escritos de Gamio, esa heterogeneidad de razas es en realidad un binomio y apunta de manera más explícita a la presencia del indio. Hacia el final del libro, en el capítulo intitulado «Urgente obra nacionalista», Gamio ofrece una tipología y describe varias comunidades indígenas y la especificidad de sus relaciones con la nación en general. El momento más iluminador es cuando se concentra en Morelos, uno de los principales centros de actividad revolucionaria, y propone al zapatismo, en general, como una especie de práctica política indígena «legítima» (que denomina «indianismo»). Destacan tres cualidades del zapatismo: es justo, es local y es temporal. Es decir, el Estado, mediante una buena política indígena, debe garantizar que sea temporal y que el localismo de sus protagonistas se integre a la red nacional de relaciones económicas y sociales.

A todo lo largo del Porfiriato, la guerra de razas de Foucault nunca se orientó por completo hacia una biopolítica de la raza plenamente moderna. Incluso en sedes institucionales como la Sociedad Indianista de Belmar o la Escuela Internacional de Boas, el indio seguía funcionando como un ser ajeno, algo que debía estudiarse y comprenderse. La política solía reflejar este discurso: la relación del Estado mestizo con las comunidades indígenas se basaba en distintas formas de lo que Gamio llamaba atinadamente «antagonismo cultural», cuya expresión surgió mediante una interacción infinita de invasión, rebelión, represión, negociación y abandono. A su vez, los levantamientos se articulaban mediante el lenguaje de la guerra de razas, no en algún tipo de sentido antropológico (esta raza peleando contra aquella), sino más bien en el sentido foucaultiano. Es decir, como dejan claro los levantamientos, desde Julio López hasta Tomochic y hacia atrás hasta la propia Independencia, la violencia organizada se basaba en la invocación de una contrahistoria, una recitación de los crímenes de los poderosos y una victimización compartida que exigía una justicia restauradora. La Revolución pareció terminar con este ciclo. Siguiendo a Foucault, la marca distintiva del Estado moderno es la apropiación y la internalización efectivas de la energía de la guerra de razas, de modo que la lucha contra el enemigo se convierte en la vigilancia de la sociedad. El Estado mantiene un estado de guerra, ahora encargado de extirpar la enfermedad que la propia sociedad produce.[72] Existe una trayectoria de pensadores importantes que alertaron a la intelectualidad sobre esta tarea a medida que México se modernizaba en el siglo XIX, desde Gabino Barreda hasta Justo Sierra y Andrés Molina Enríquez. La Revolución sería sintomática de su fracaso, aunque también habría de establecer la tarea del Estado posrevolucionario que estaba por venir.

Forjando patria de Gamio es la bisagra entre la guerra de razas y el racismo de Estado, lo cual no significa que sea más racista, en el sentido convencional, que la cultura intelectual en la que residía. Gamio era sincero en sus opiniones, y no existe razón alguna para dudar de la profundidad de su interés y afecto por las comunidades indígenas que estudió. No obstante, esto no evita de ningún modo que su ensayo marque el giro hacia el racismo de Estado en el sentido literal y técnico de Foucault: asume la tarea de racializar a la nación en un lenguaje sistemático y científico. Además, vincula este lenguaje con una política estatal concreta. Más significativa, y acorde con la doctrina revolucionaria, resulta la reforma agraria. El interés en la tierra habría de traducirse en un interés en la nación, lo cual conduciría a una mayor colaboración, transformación, transculturación y, en última instancia, producción social.

Y allí se yergue el indio, que sigue siendo un problema, ya no como una raza extranjera por derrotar (pacificar), sino como el alma misma de la nación, cuya enfermedad es el signo de la enfermedad que la propia sociedad produce. Durante unas cinco décadas, el *establishment* antropológico posrevolucionario en México se mostró en general optimista sobre las posibilidades de combatir los males del campo y de curar a la nación. Los productores literarios se mostraban menos eufóricos. En este punto, podemos recurrir de nuevo a López y Fuentes y su papel en la introducción del oscuro giro hacia el neoindigenismo y su problematización de los intentos del Estado mestizo por orientar la guerra de razas hacia una agenda biopolítica moderna. *El indio* es una síntesis precisa de la inquietud liberal ante la política de la reforma agraria que se empezaba a desplegar. La Revolución llega al pueblo sin nombre que es el escenario de la novela y la reforma agraria comienza a echar raíces, y junto con ella el surgimiento de fuerzas paramilitares que buscan recuperar «las tierras que fueron del hacendado» y que están ahora en proceso de ser redistribuidas, no entre los indios locales, sino a un nuevo grupo de hombres armados.[73] La guerra de razas continúa, y el proyecto de integración se ve sofocado por su muy arraigada historia, donde la raza incide de manera más pronunciada en la división política del espacio. La novela concluye con una imagen del protagonista sin nombre, «el lisiado», observando desde su «escondite de vigía». Este personaje representa la «desconfianza» misma, «asomada a la carretera –que es la civilización– [...] Como todos los suyos, sólo saben que la *gente de razón* quiere atacarlos; que en la sierra y en el valle, los odios, en jaurías, enseñan los dientes».[74] El lisiado habita, en un solo cuerpo, las dolorosas contradicciones de una revolución extraviada, y que los rufianes de la reforma agraria no regulada se llamen *guardias blan cas* constituye un símbolo apropiado.[75] El lisiado se halla en la intersección entre violencia y tierra que marca el espacio de la raza. Es decir, el problema del indio es el problema de que el indio se vea atrapado en este punto. El lisiado es el «nosotros» nacional, aún incoherente, que Gamio busca reconstituir. Tiene la cabeza de un hombre y el torso torcido de un niño, atrofiado en su desarrollo, víctima no de la degeneración, sino de la historia: fue desfigurado en su juventud por buscadores de oro cuando se rehusó a revelar los secretos tribales. Espejo social de Pedro Páramo, rencor viviente, vigilante, expectante, bilioso, protagonista de la guerra de razas que se agita por debajo de una paz posrevolucionaria.

Lidiar con esto es el desafío de Gamio, desafío que, cuatro décadas después de *Forjando patria* y unos veinte años después de *El indio*, sigue sin resolverse. Esto es lo que Rosario Castellanos descubrió en la década de 1950 en Chiapas. *Oficio de tinieblas* es la gran exploración literaria de la guerra de razas sin fin.

Castellanos captura estas complejidades de la dinámica mexicana entre raza y nación de manera más explícita que cualquier otro escritor moderno. No es de sorprender que recordemos y amemos (u odiemos) a Castellanos por sus provocadores retratos de mexicanos indígenas. Pensemos en las imágenes perdurables que irradian de las páginas de *Oficio de tinieblas*: las maquinaciones de la ilol, la furia del rebelde, las comedias transculturales en torno al sacristán, el hijo de la violación nacido bajo el signo del eclipse, la crucifixión. Pero estas evocaciones fantásticas sólo son parte de la historia, y ni siquiera la mitad de ella. El Chiapas de *Oficio de tinieblas* es una totalidad, y en su centro no están ni los indios ni los ladinos, sino las vías y circuitos que vinculan a ambos en uno solo. San Juan Chamula aquí, Ciudad Real allá: lo que une estos espacios en la novela es precisamente la superficialidad de su segregación, su falta de disparidad, su profunda interconexión. Como apunta Joseph Sommers en el primer análisis sustancial de la novela, lo que destaca es la «interpenetración» y la «interdependencia» de las dos comunidades, no su aislamiento mutuo.[76]

Como ya vimos, con el mito fundacional que abre la novela, el inicio del mundo presenta a los tzotziles y a sus conquistadores como una unidad internamente volátil. Y, más allá de los hechos históricos básicos sobre niños ladinos criados por sirvientes indígenas o las bases económicas de la región sostenidas por el trabajo de los mayas, incluso en el nivel de la trama el mundo social interpenetrado pasa a primer plano: el primer hilo narrativo de la novela sigue a un grupo de mujeres indígenas cuando la economía política local las lleva de su pueblo a la ciudad y de regreso, e introduce los acontecimientos, las transacciones y las formas de contacto intercultural que pondrán en movimiento el resto de la historia.

El núcleo de la novela es, entonces, el espacio de en medio, y el entorno de la historia es el de una gran zona de contacto, un paisaje totalizador que reúne a los distintos actores y comunidades. El movimiento narrativo básico rastrea la violencia de esta atracción gravitacional (las mujeres van a la ciudad a vender sus mercancías) y los medios infinitos mediante los cuales se ve destrozada y resegregada una y otra vez (en la ciudad, la costumbre las obliga a caminar por las alcantarillas). Puesto de otro modo, la novela representa la realidad empírica de un mundo desegregado, para luego confrontarnos con las fuerzas políticas que reafirman las jerarquías de la segregación. La raza siempre regresa a la segregación, y la dialéctica de la resegregación que define el mundo cultural de Chiapas puede iluminarse con un simple seguimiento de la raza.

Un ejemplo notable de la productividad crítica del rigor de Castellanos en torno a este tema es la complicada racialización de los indios. A lo largo del libro, los indios no son indios sino chamulas, tzotziles de San Juan Chamula. Se racializan como indios sólo cuando son vendidos como mano de obra migrante, introducidos en el monocultivo industrial o despojados de su tierra. Esto ocurre en una escena específica, que vale la pena recordar como un signo temprano de la sutileza con que Castellanos aborda y problematiza la raza. El capítulo 6 gira en torno a Pedro Winiktón, el juez, y su periodo como trabajador migrante en la granja del terrateniente progresista (un término relativo) Adolfo Homel. Durante su estancia ahí, Pedro Winiktón aprende a leer (gracias a un programa establecido por Homel) y tiene un encuentro fatídico con «el presidente», a quien reconocemos, aunque no se mencione su nombre, como Lázaro Cárdenas en una representación literaria de su visita a la región, adonde se sabe que viajó para promover las reformas revolucionarias. La importancia de esta escena es la forma en que la experiencia fusiona la concientización de Pedro con la racialización, y esa relación directamente con la tierra. Al dirigirse a los trabajadores, el presidente le da forma al lenguaje de protesta que hierve dentro de Pedro, aún inarticulado, pero que ahora tiene un nombre y un objetivo: «la justicia». Así es como Pedro recibe la promesa del presidente: «Incapaz de representársela en abstracto, Pedro la ligó desde entonces indisolublemente con un hecho del que tenía una experiencia íntima e inmediata: el de la posesión de la tierra» (61). Sin embargo, en seguida se presenta un problema. Marcada por el sufrimiento, despojada dc la ticrra, blanco de la injusticia, la raza se muestra apática, silenciosa, hermética, en última instancia escindida. La raza, con todos sus poderes seductores para unir, revela su verdadero rostro cuando divide. En la cuadrilla de trabajo, Pedro hace un comentario sobre el trato injusto, a lo que alguien responde: «Fue tu suerte de nacer indio» (53). Y reflexiona: «Indio. La palabra se la habían lanzado muchas veces al rostro como un insulto. Pero ahora, pronunciada por uno que era de la misma raza de Pedro, servía para establecer una distancia, para apartar a los que estaban unidos desde la raíz. Fue ésta la primera experiencia que de la soledad tuvo Winiktón y no pudo sufrirla sin remordimiento» (53). Incluso como raza, el indio está destrozado, solo. Paradójicamente, la «comunidad indígena» en la obra de Castellanos está marcada por su carencia total de una causa común.

Al mismo tiempo, la novela rezuma la racialización afirmativa de los ladinos, los coletos que consumen un capital psicológico sin fondo urdiendo las genealogías más extravagantes para certificar su propio excepcionalismo racial, su descendencia directa de una raza de conquistadores, y su relación con la tierra como certificación de este precario linaje. Manuel Mandujano, el cura desenfrenado sentenciado a liberar a los indios de la legión demoniaca que a diario se infiltra en su catolicismo ambivalentemente fanático, resume la conciencia coleta: «Orgullo de los antepasados, de la prosperidad, de la raza» (105). El legado de la «raza» incluye la explotación de los indios como un derecho natural: «¿quién condenaría al que sacude a un árbol mostrenco para aprovecharse de sus frutos? ¿Quién, sino el que cayera en la aberración de suponer que los árboles son personas y que por lo mismo deben ser respetadas como tales?» (105). Y sin embargo, este orgullo racial, «que había permanecido intacto durante siglos», es inestable, y «ahora empezaba a resquebrajarse» (105). La raza se hace pasar por naturaleza, pero por supuesto nace y se mantiene mediante la narración. Por naturaleza, la raza es en realidad precaria, y como si quisiera destacar este punto, Castellanos puebla su mundo coleto con genealogías cuestionables de arribistas, una alianza de ilegitimidad ligada nada más y nada menos que por los intereses de clase y la reafirmación histérica de una racialidad hinchada de sí. Cuando Sommers se refiere al terrateniente más ambicioso de todos, Leonardo Cifuentes, como la encarnación misma de los «dogmas de la alta burguesía terrateniente»,[77] omite el hecho de que esa «alta burguesía» no define precisamente el centro de élite de la sociedad de Ciudad Real. Cifuentes, huérfano que llegó a ocupar su posición social mediante una astuta combinación de política (matrimonio) y crueldad (fratricidio), pasa buena parte de la novela apuntalando las inseguridades en torno a su origen, organizando eventos sociales y evadiendo rumores. La expresión misma de la raza, Cifuentes es también algo parecido a un monstruo dentro de los confines aristocráticos de las delicadas sensibilidades coletas. Hacia el final de la novela todos voltearán a ver a Cifuentes para que los salve de la amenaza de la reforma agraria.

En el mundo de *Oficio de tinieblas*, quien ocupa lo más alto de la jerarquía social, el caxlán, el terrateniente blanco (o blanqueado) —como el hombre nacional de élite en el México de *Forjando patria* de Gamio—, es quien se yergue como protagonista de la guerra de razas. Lo que identificamos de inmediato como una guerra de castas resulta ser algo en gran medida teatral: una serie de masacres dignificadas como batallas entre guerreros, buena parte de ellas montadas.[78] En otras palabras, más que un hecho histórico, la guerra de razas es una manera de narrar. Los indios serán provocados; su respuesta, impotente; su descenso a la ciudad, fabricado; su derrota, casi total. Hay un viejo dicho ladino asociado con la llamada guerra de castas del mundo maya sobre cómo «algún día los indios van a bajar de las montañas y matarnos a todos». Castellanos revierte de manera muy consciente el flujo sanguíneo de esta expresión. Se trata de cuando los blancos atacan.

La guerra de razas es, pues, complicada —como lo vimos con Foucault—, y en el contexto del Chiapas posrevolucionario de Castellanos, muy a menudo se ve sofocada por el ruidoso discurso de las guerras de castas. Es natural que reduzcamos la acción crítica de la novela, rápida y fácilmente, a un conflicto entre indios y ladinos. Es lógico: después de todo, hay un levantamiento indígena dirigido, más o menos, en contra de los terratenientes de Ciudad Real. Pero ésta no es la lucha principal. El conflicto real de la novela se halla en otro lado: no entre indios y ladinos, sino entre Chiapas y el Estado.

No ver este impulso básico de la novela puede llevarnos a practicar lecturas que pasan de largo las dimensiones políticas de la obra. Así, por ejemplo, concentrar el conflicto en la tensión entre tzotziles y coletos podría sugerir una lectura de «narrativas rivales», según la cual lo que estaría en juego es la inteligibilidad de dos tipos de narración o, en palabras de Joanna O'Connell, dos distintos «modos de conciencia histórica».[79] Esta interpretación es el punto débil de su fascinante, y aún insuperado, estudio crítico de Castellanos, *Prospero's Daughter* (1995). O'Connell recuerda lo que sostiene el influyente esquema de Sommers: en *Oficio de tinieblas*, Castellanos nos enfrenta a dos formas de ver el mundo. Una atraviesa la visión eurocéntrica de la historia material, y la otra, lo que podríamos llamar, desde la perspectiva de ese mismo eurocentrismo, el «mito». Sommers asocia esta última forma de conocer con los tzotziles, y ello, para Sommers, representa un problema, algo como el límite de la crítica de Castellanos. El académico acusa a Castellanos de expresar la «experiencia» de los tzotziles como «una visión que posee la cualidad ahistórica de la leyenda eterna» y sostiene que «esta contradicción, que contempla una de las culturas históricamente y la otra no», genera para la novela una multitud de problemas que sólo puede llevar al «pesimismo sociocultural».[80] En su interpretación, O'Connell adopta, de manera sabia e ingeniosa, la propuesta contraria a la de Sommers: si los tzotziles habitan un mundo mitológico, podemos igualmente entender la historia como un «código» para una forma no indígena de reflexionar sobre el pasado. Como dice el viejo dicho, los indios se convirtieron en un pueblo sin historia —una «raza que ha perdido la memoria», en palabras de la propia Castellanos— y Sommers critica a Castellanos por desterrarlos a este ámbito.

A diferencia de Sommers, la postura de O'Connell nos dice que no deberíamos vernos tentados a despojar a esta epistemología alternativa de su verdadero valor o, más bien, de su fuerza crítica, incluso revolucionaria. Escribe: «Castellanos representa claramente a ambas comunidades como poseedoras de distintas formas de entender el pasado y de narrar sus experiencias, y por ende, de constituir sus identidades como grupos, es decir, como poseedoras de distintas formas de conocer y relatar sus historias».[81] No obstante, y aunque es muy probable que esto sea lo que Castellanos, la escritora, buscaba, la explicación de O'Connell no parece llegar al fondo de las posibilidades críticas que surgen de *Oficio de tinieblas*. Al destacar la importancia del problema de la historia, O'Connell sin duda ubica los intereses políticos de la novela. Sin embargo, su propia maniobra crítica no problematiza sus implicaciones de manera exhaustiva. Si bien señala cierto eurocentrismo en torno al valor que Sommers le otorga a la representación de la conciencia histórica tzotzil, O'Connell deja intacta su interpretación esquemática. Sigue siendo un simple binomio, una guerra de razas entre indios y ladinos, aunque la manera indígena de conocer reciba un nuevo valor en tanto forma no historiográfica de hablar sobre el pasado. El argumento es en gran medida semántico. ¿Qué ocurre si pensamos en la relación entre raza e historia en términos distintos?

De la tesis de las «narrativas rivales» se derivan dos problemas. El primero es biográfico y gira en torno al tema de cómo Castellanos aborda la política de la representación. El segundo es conceptual y tiene que ver con el papel exacto de la conciencia histórica en la novela. Es preciso considerar y ahondar en cada uno de estos puntos por separado.

Para empezar, debemos darnos cuenta de que ubicar la frontera de este conflicto en torno a la verdad entre indio y ladino enfrenta un gran problema: el hecho de que, de manera muy consciente, la mitad del conflicto en esta estructura es casi por completo inventada. Castellanos sencillamente no entendía la vida indígena y, a diferencia de Asturias, no pretendía adoptar versiones estilizadas de sus atavíos (nunca fue por ahí llamándose El Gran Lengua). Esto, claro está, no nos presenta un problema literario: después de todo, nos encontramos ante una obra de ficción. Sin embargo, es sin duda una oportunidad política y social para la problematización, es decir, para la reflexión sobre las operaciones sociopolíticas de la narración ficcional de Castellanos. En realidad, ella misma fue explícitamente autocrítica al respecto. La lengua tzotzil la frustraba y nunca pudo aprenderla. Más adelante habría de arrepentirse no por este fracaso, sino por el hecho de que nunca le enseñó a su sirvienta tzotzil a leer y escribir en la lengua del futuro nacional, es decir, el español.[82] En 1965 habría de reflexionar sobre sus días con el teatro de títeres en un ensayo llamado «Teatro Petul», en el que afirma: «Con ellos, con los indios [...], nuestro problema era el mismo que el del angustiado hombre contemporáneo: el de la incomunicación».[83]

A decir verdad, la biografía representa un escollo para reflexionar sobre la obra de Castellanos y sus posibilidades críticas. El impedimento suele surgir ante la pregunta de cómo reconciliar su indigenismo literario con su participación en el indigenismo institucional del Estado.[84] Castellanos era sincera sobre su compromiso con el progreso desarrollista, y sus entrevistas y opiniones a menudo expresaban una actitud de vulgar paternalismo hacia los mexicanos indígenas. En un pasaje multicitado de una entrevista con Emmanuel Carballo, afirma:

> Los indios son seres humanos absolutamente iguales a los blancos, sólo que colocados en una circunstancia especial y desfavorable. Como son más débiles, pueden ser más malos, violentos, traidores e hipócritas que los blancos. [...] Es necesario describir cómo esa miseria ha atrofiado sus mejores cualidades.[85]

Si bien es fácil pasar por alto la dosis crítica de esta observación —el rechazo de un indio romántico—, lo cierto es que es transparente en su condescendencia.[86] En pocas palabras, Castellanos —en gran medida producto del INI— sentía que buena parte de la sociedad mexicana estaba en deuda con los indios y que esa deuda debía saldarse sacando a las comunidades indígenas de la pobreza. Al mismo tiempo creía que, para sobrevivir, los mexicanos indígenas tendrían que estar dispuestos a integrarse a la sociedad nacional, ello quizás a costa de su especificidad cultural. En la oficina del INI en Chiapas, la educación indígena era un medio para alcanzar los fines de la aculturación. No es de sorprender, pues, que estas actitudes expresadas públicamente se vean confirmadas en sus escritos literarios.[87] Sin embargo, el discurso literario es un caldero de contradicciones y la forma novelística, una especie de laboratorio para su experimentación. Tal vez tampoco deba sorprendernos, entonces, descubrir lo radical que es la prosa de Castellanos cuando complica, e incluso se resiste, a esta narrativa indigenista estereotipada de progreso social que sostiene al Estado mestizo.[88]

Tomemos, por ejemplo, estas dos versiones de la misma historia. La primera es relatada por Tarica, quien resume una entusiasta carta escrita por Castellanos cuando trabajaba en Chiapas. Una sirvienta maya, gravemente enferma, es abandonada por su empleador, quien teme tener que asumir los costos de un funeral. La oficina local del INI toma a su cargo el caso de la sirvienta y garantiza su recuperación. Con el tiempo, la sirvienta recupera las fuerzas. Entonces el empleador reaparece y exige una compensación por la deuda acumulada. El INI interviene, paga la deuda y Castellanos informa, victoriosa, que la mujer indígena «tiene ahora a alguien que la defienda. La deuda fue pagada y la muchachita queda libre».[89] Tarica concluye: «Cada palabra en la narración de Castellanos sobre estos acontecimientos revela la perspectiva del INI respecto de la necesidad de civilizar y modernizar no sólo a los indios, sino a toda una cultura regional basada en un sistema de servidumbre casi feudal».[90] Aunque de ninguna manera es ésta una evaluación injusta de la narración, este tipo de compromiso ideológico doctrinario con el INI y con la sencillez de su perspectiva social no coincide con la visión que surge en las novelas e historias de Castellanos.

De hecho, Castellanos vuelve a relatar el mismo episodio en un cuento llamado «El don rechazado».[91] La pieza está narrada en primera persona por un antropólogo que trabaja para una versión ficticia del Centro Coordinador del INI en San Cristóbal de las Casas, el centro municipal de las tierras altas de Chiapas. La historia va así: el antropólogo encuentra a una mujer maya enferma, Manuela, que básicamente está muriendo en la calle, acompañada por su hija adolescente y un recién nacido. Todos son transportados a la misión, donde la mujer convalece. Durante su estancia allí, llegan los servicios sociales, que consiguen un lugar para la hija mayor en un internado local. Sin embargo, la madre se opone a ello, pues la privaría del trabajo de su hija y, a fin de cuentas, disminuiría sus ingresos. El antropólogo acepta compensar sus pérdidas pagando los ingresos que la hija aportaría normalmente. Manuela no entiende muy bien y el intérprete traduce su respuesta como sigue: «Dice que si le quiere usted comprar a su hija, para que sea su querida, va a pedir un garrafón de trago y dos almudes de maíz. Que en menos no se la da».[92] El antropólogo intenta explicarse, pero sólo logra que Manuela eleve el precio de la muchacha. Las negociaciones se estancan. Alguien le sugiere al antropólogo que intente convertirse en padrino del recién nacido, un estatus que lo colocaría en una posición de mayor confianza. Entonces comienza a prestarle mayor atención al bebé, le lleva juguetes y cosas similares. Llega el día en que Manuela debe elegir un padrino. Elige a Doña Prájeda. ¿Doña Prájeda? Se trata de su patrona, esa que, como el incrédulo antropólogo le pregunta a Manuela, «¿...te mandó a la caballeriza para que tu hijo naciera en la inmundicia? ¿La que te echó a la calle cuando más necesidad tenías de su apoyo y su consuelo? ¿La que no se ha parado una sola vez en la misión para preguntar si viviste o moriste?».[93] Un par de días después, Manuela está lo bastante fuerte para dejar la misión y regresa a trabajar para Doña Prájeda.

Se trata de una parábola extrañamente didáctica, y no de las mejores de Castellanos, a menos que entendamos la voz narrativa en términos paródicos. Las últimas líneas están dirigidas de manera directa al lector, y resulta imposible decidir si la exhortación, puesta en boca del antropólogo, es seria o irónica (aunque es probable que sea seria). Anunciando una crítica a las expectativas de gratitud, un tema importante en toda la obra de Castellanos, el personaje nos advierte que no debemos tachar a Manuela de malagradecida.[94] Nos recuerda que cuatro siglos de abuso han vuelto a su pueblo desconfiado por instinto. Dice que sólo si seguimos intentándolo podrán cambiar las cosas para bien, aun cuando tengamos que hacerlo enfrentando un fracaso reiterado. Y después concluye con esta pregunta sin respuesta, basada en el fracaso cotidiano en la comunicación: «Lo que quiero que usted me diga es ¿si yo, como profesionista, como hombre, incurrí en alguna falta? Debe de haber algo. Algo que no les supe dar».[95]

Ésta es la exigencia ética de Castellanos: la necesidad (no obstante imposibilidad) de la comunicación intercultural, así como la necesidad de luchar por trascender esa imposibilidad. Su literatura lo refleja. No rehúye el intento por representar, sabiendo desde antes que este esfuerzo representativo fracasará. Chiapas es una guerra de razas, imposible de superar o de mediar de manera efectiva, e igualmente imposible de evadir.

Pensemos en una de las creaciones literarias más memorables, y más profundamente analizadas, de Castellanos: la relación entre el narrador sin nombre (una niña) y su nana, que domina cerca de dos terceras partes de *Balún Canán* (1957), novela semiautobiográfica que constituye la primera obra importante de ficción de la autora. La lectura canónica de esta relación la propone como una narrativa de autodescubrimiento femenino, según la cual la niña ladina debe superar la dependencia de su nana indígena para materializar su agencia, su voz, su autoría: la novela concluye cuando la niña literalmente comienza a escribir. Aquí se establece una clara homología: en el mundo de la novela (y el mundo social al que responde), tanto mujeres como indios están oprimidos.[96] De esta suerte, la lógica de la novela empodera a las mujeres a expensas de los indios.[97] Esto siempre me ha parecido una lectura simplista que deja fuera algunos puntos básicos. En primer lugar, parece evadir el contexto sobredeterminante de la relación entre la narradora y su nana: la llegada de la reforma agraria revolucionaria y el subsecuente levantamiento en contra del rancho familiar. Ni la nana ni la narradora son protagonistas en esta lucha política, pero ambas pertenecen a comunidades que tienen intereses opuestos en torno a sus resultados.[98] Agreguemos a esto el hecho de que la niña en realidad no va más allá ni «deja atrás» a su nana en ningún sentido orgánico o progresivo: la madre de la niña golpea a Nana con un peine y la expulsa de la casa por haber reportado una mala noticia que más adelante resulta ser profética (el hermano menor de la niña muere, ya sea contagiado de malaria o devorado por hechiceros, dependiendo de la perspectiva). Por último, está la espeluznante penúltima escena, que obliga a releer toda la novela.[99] Mientras pasea por el pueblo con una nueva cuidadora, por casualidad la niña se encuentra a su antigua nana en la calle. La niña se apresura hacia ella, extática. Pero la nana permanece impasible. Ni siquiera podemos estar seguros de que se trata de la nana. Así termina el capítulo: «Pero la india me mira correr, impasible, y no hace un ademán de bienvenida. Camino lentamente, más lentamente hasta detenerme. Dejo caer los brazos, desalentada. Nunca, aunque yo la encuentre, podré reconocer a mi nana. Hace tanto tiempo que nos separaron. Además, todos los indios tienen la misma cara».[100]

Castellanos es cautelosa, y es bastante evidente que leer este giro como una franca expresión de racismo sería un error. Al construir el final en esta nota desmoralizante, la narradora no habla de lo civilizado contra lo bárbaro (en los escritos de Castellanos, todos son bárbaros), sino más bien sobre el acuerdo de un mundo con las relaciones coloniales de poder. Ahora todo debe entenderse —es decir, leerse— bajo esta luz: de repente, la homología de opresión entre mujeres (blancas) e indios (sirvientes) tal como se presenta en las figuras de la narradora y Nana se ve completamente degradada; la narradora y Nana ya no pueden entenderse como colaboradoras que se separan; Nana no está formando a la narradora en las artes de la clarividencia y en epistemologías alternativas; en última instancia, la narradora está tomándolas de ella. Entonces, este acuerdo de todo un mundo con las relaciones coloniales de poder debe extenderse a la propia Castellanos. La penúltima escena de reconocimiento erróneo conduce a un breve pasaje en el que la niña narradora comienza a escribir, y esta cronología no debe pasarse por alto. Pues esta transición —de una visión racista del mundo al surgimiento de la escritura— es Castellanos en estado puro, la problematización del proyecto de la propia escritura, del sujeto que escribe, ése cuyo material literario descansa en tierra ocupada.

Castellanos participó en la reforma del Estado mestizo, en su encarnación posrevolucionaria, y fue una sincera defensora de su política de integración, materializada en dependencias como el INI. Si la ley del Estado parte de la mediación, la inclusión y la racionalización, Chiapas, su invención literaria, es el pantano donde esa ley se hunde. En el Chiapas de Castellanos, los campesinos indígenas siempre están al borde de levantamientos (fallidos), los terratenientes siempre están reuniendo sus fuerzas, y ambos lados son provocados por extraños rituales y pequeños actos de histeria. Esto no debe confundirse con la anarquía. En realidad, representa un orden, el orden de *Balún Canán*, y esta ley no la expresan ni un emisario de Lázaro Cárdenas ni un funcionario del Estado, ni un caudillo terrateniente ni un indio rebelde. La ley la manifiesta Nana. Es la ley del rencor histórico: «Es malo querer a los que mandan, a los que poseen. Así dice la ley».[101] Al final de la historia, los indios queman el rancho.

Ahora concentrémonos en el segundo problema. O'Connell tiene razón cuando apunta que la historia está en juego en *Oficio de Tinieblas*. Más aún, recordemos que, si tomamos en serio la narrativa de Foucault, la guerra de razas se expresa como un modo de la historiografía. Sin embargo, en el modelo de O'Connell este conflicto historiográfico no es tanto histórico como etnológico. Las distintas formas de conocer están asociadas con comunidades cuya diferencia queda definida por conjuntos de prácticas culturales diferenciales. No obstante, regresando a un punto que O'Connell ya había planteado en su libro, parece productivo aceptar que el Chiapas de Castellanos debe leerse como una totalidad, como una sola pieza, aunque complicada en su interior, de una lucha política más amplia. Leído bajo esta luz, el conflicto en torno a la historia se vuelve más palpablemente nacional, se vincula de inmediato con el problema moderno de la raza que, en última instancia, en concordancia con el contexto, tiene que ver con una guerra de razas. Puesto de otra manera, sostengo que, si bien coletos y tzotziles pueden tener versiones distintas de los acontecimientos, y distintas formas de relatarlos, están unidos en la medida en que cuentan la historia desde un lado, una historia de victimización.

Una serie de confrontaciones desplaza el centro de la crítica política contenida en *Oficio de tinieblas*. La más ilustrativa, y que también representa el punto culminante de la lucha ideológica de la novela, es el encuentro entre Fernando Ulloa —un geógrafo del gobierno que está en las tierras altas para reescribir el mapa— y el abogado principal de Ciudad Real, Virgilio Tovar. Esto ocurre ya avanzada la novela, cuando a un grupo de mujeres tzotziles, asociadas con un resurgimiento de misticismo extático, se les ha arrestado, quemado su pueblo, arrastrado por la ciudad, casi linchado, y al final llevado a juicio por unos cargos (abiertamente inconstitucionales) que al final equivalen a la adoración de falsos ídolos.[102] Los hombres del pueblo (que no estaban presentes durante el ataque y el arresto subsecuente) marchan a la ciudad para pedirle ayuda a Fernando, quien, a su vez, acude al abogado Tovar.

El mensaje de Tovar para Fernando es una justificación del juicio de las mujeres tzotziles, un argumento que expresa la lógica de las relaciones desiguales de poder que existen entre los terratenientes de Ciudad Real y los tzotziles de San Juan Chamula. Comienza explicando que el problema con las mujeres indígenas juzgadas no es religioso, sino político, y que el cargo político es por sedición. El problema no son los falsos ídolos; el problema son las masas de indios reunidos en un punto y comportándose en formas que los coletos no pueden entender del todo. Esto ya ha ocurrido, continúa, y el registro histórico demuestra que este tipo de movilizaciones indígenas terminan inevitablemente en intentos por dañar a los terratenientes ladinos. Lee la historia, le dice: 1712, 1867, 1917.[103] Los términos de las interacciones entre ladinos e indios son una relación de guerra. Los coletos están acostumbrados a la labor ideológica de producir esta relación.

La postura de Fernando representa un proyecto estatal que lucha por aprovechar esta polémica energía: la historia mexicana está mal articulada. El Chiapas de 1712, 1867 y 1917 es un mundo independiente, apenas nacional, más parte de Guatemala que de otra cosa. En este sentido, la Revolución ha cambiado los términos, y su labor de articulación nacional será decisiva. Ciudad Real forma parte de México, y México está gobernado por el imperio de la ley. Como Fernando se lo planteará más adelante al gobernador, la ley puede redistribuir la tierra sin violencia.[104]

Cabe destacar que Tovar expone un caso histórico, mientras que Fernando responde con un discurso jurídico. Esto será crucial. La historia de Tovar —una serie de fechas, una lista de accidentes— se funde en una realidad concreta: «¿Defendería usted a quien asesinó a su padre, a quien violó a sus hermanas?» (242), pregunta. La respuesta de Fernando —«Que las cosas hayan pasado de esa manera en otras ocasiones no le autoriza a sentenciar que pasarían de la misma manera hoy» (242)– es éticamente correcta, pero carece de atractivo visceral, por decir lo menos.

Justo por debajo de la narrativa histórica de Tovar reside un subtexto político, y es en esta escena donde se pondrá al descubierto. Si la movilización indígena en torno al éxtasis místico representa la amenaza de la insurrección organizada, la visión del mundo racista de los coletos presupone que este tipo de proyecto no puede ser llevado a cabo por los indios solos. Es decir, necesitan a un tercero, «una voluntad oculta» (236), para sacar adelante un ataque coordinado en contra de los intereses de Ciudad Real. Evidentemente, a Fernando se le ha adjudicado este papel. Tovar le comunica de manera directa esta sospecha generalizada. Desde la perspectiva coleta, el plan del Estado es provocar a los indios con promesas de tierra, incitarlos a la revuelta, enviar a tropas federales, ocupar la zona y romper la hegemonía regional de Ciudad Real. Los términos de la desarticulación ideológica están a punto. Por un lado, en boca de Fernando, se halla el discurso jurídico de la soberanía dominante, la justicia y, en última instancia, la paz. Por el otro, en boca de Tovar, está el discurso historicista de la queja local, la injusticia y, en última instancia, la guerra.

Cada hombre representa una postura ideológica, incomparable con la del otro. En el mundo estatal de Fernando, de poder, política y ley positiva, las buenas reglas pueden producir buenos resultados. En el mundo local de Tovar, de lucha, costumbres y ley natural, los fines justifican los medios. La afirmación ideológica de Fernando es que la aplicación de la ley derivará en justicia; la afirmación ideológica de Tovar es que la ley es un poder extranjero y derivará en un baño de sangre. Cuando Fernando dice «La culpabilidad de los indios no puede basarse en profecías», la respuesta de Tovar mide la dimensión de este océano ideológico: «Nadie profetiza. Recordamos, eso es todo» (242). Y luego, no sin emoción: «Usted no entiende esto» (242). El recuerdo de Tovar es una historia de sitio, de campos descentrados, de uno de los lados en una guerra de razas. Y con esta confrontación entre geógrafo y abogado, comienza a evidenciarse que, paradójicamente, los indios no son los oponentes aquí.

Un escritor menos diestro podría haber dejado así las cosas y procedido a «revelar» la postura de Tovar como una «mera» ideología. Podría sacar a relucir los hechos históricos, para demostrar por un lado la justificación de la revuelta indígena frente a la apabullante opresión y, por el otro, la posibilidad de que lo que la historia recuerda como «rebelión indígena» pudiera entenderse mejor en términos de autodefensa. Y esto no sería inexacto en términos históricos. Tampoco sorprendería demasiado a nadie: la amplia mayoría de los lectores de Castellanos, si algo saben sobre Chiapas, asocian a esta región con estructuras de poder tanto arcaicas como difíciles de cambiar. Representar a una élite rústica comprometida con una especie de existencia semifeudal y una visión mojigata de la historia sería poco iluminador, y la trama estaría predestinada: se levantaría el velo ideológico, se llevaría a cabo la reforma agraria y se haría justicia. Una poscolonialista talentosa como Castellanos, comprometida con la problematización de los truismos autocomplacientes, rechaza este tipo de cuento de hadas hueco. Y resulta que, entre las dos posturas ideológicas enfrentadas aquí —la paz revolucionaria contra la guerra historicista—, es la contrahistoria de Tovar, la prosa de la guerra de razas, la que permite ordenar el terreno de manera más eficaz. Es decir, la visión del mundo de Tovar está articulada de forma más compacta con la naturalización de la historia. Si bien representa dicha historia falsamente, su representación corresponde a cierta realidad. Y la realidad es ésta: Fernando Ulloa está, de hecho, incitando a los indios a la rebelión. El oponente ha sido purgado: no los indios, pues el enemigo es el Estado.

Y con esto llegamos al centro de la principal narrativa política de *Oficio de tinieblas*. Trata sobre Fernando Ulloa —el personaje más íntimamente vinculado con las propias experiencias de vida de Castellanos— y su aprendizaje de las relaciones coloniales de poder de ese momento. Trata sobre la verdad que todas las naciones descolonializadas conocen: incluso impelidos por el entusiasmo de una revolución, no podemos simplemente meter el freno y poner en reversa el proyecto colonial. En tanto lectores de una novela cuya voz suele estar en una omnisciente tercera persona, no tardamos en percibir esto. Lo que Fernando entiende por justicia es muy claro: restaurar los derechos de los indios sobre la tierra. Igual de claro es lo que su principal interlocutor indígena, Pedro Winiktón, el juez, entiende por justicia: «Vio el caxlán asaeteado; vio el incendio corriendo por las calles de Jobel [Ciudad Real]; vio la muchedumbre ladina humillándose bajo el látigo de la esclavitud» (33). Cuando regresa a casa de la plantación con una nueva lengua para hablar de la justicia, la gente del pueblo ve el camino que viene y siente temor:

> Decir justicia en Chamula era matar al patrón, arrasar la hacienda, venadear a los fiscales, resistir los abusos de los comerciantes, denunciar los manejos del enganchador, vengarse del que maltrata a los niños y viola a las mujeres. Decir justicia en Chamula era velar, día y noche, sostenido por la promesa de un hombre remoto cuya buena fe ninguno había probado aún. Era preferible callar (62-63).

Fernando deja la novela como el líder accidental de una revuelta indígena poco efectiva, destinada al fracaso aun antes de comenzar. La trampa se cierra: puede huir y morir ejecutado a manos de los coletos por la traición política de la insurrección, o bien quedarse y morir ejecutado a manos de los indios por la incompetencia de sus falsas promesas. Fernando comienza a examinar sus opciones, en busca del resquicio, la ruta de escape, el acuerdo: «Porque debía haber una salida. No era lógico que las cosas terminaran así» (349). Pero no tarda en detenerse: «Deber, lógica. [...] Y rió a carcajadas» (349). Si bien este lamento por la lógica, poco antes de ser linchado por los coletos, certifica el descenso de Fernando hacia lo irracional, también significa algo más. Como la risa de Foucault, es el momento en que Fernando se da cuenta de que otra razón ha triunfado y se reconoce como el protagonista de una revolución extraviada.

El discurso de la guerra de razas tiene efectos materiales, y *Oficio de tinieblas* rastrea hipnóticamente su lenta transformación en el discurso racista del Estado. La rebelión se desarrolla de manera rápida y violenta, y no tarda en ser aplastada. El Estado revolucionario, superado por completo por los coletos, abandona a los indios. Se trata de un escenario poscolonial en extremo complejo, retratado magistralmente mediante la oscura prosa de Castellanos. La conclusión es que el Estado revolucionario, en la figura de Fernando, llegó para recolonizar a los colonizadores locales. Y los patrones, una clase social que protege los intereses de la propiedad, invocan una contrahistoria justo mediante el lenguaje de la raza.

Si bien el abogado Tovar articula la expresión más sofisticada de este discurso, hay un protagonista más activo en esta maniobra contrahistórica. Se trata de Leonardo Cifuentes, el villano no tan sutil de la historia, quien al final surge como el caudillo local dispuesto a restaurar la justicia, el orden y la paz. Entre todas las distintas nociones de justicia que flotan en la novela, la suya es la que predomina. Distante y retorcido descendiente de Martín Sánchez, y una notable figura digna de un análisis más profundo del que ha recibido en la bibliografía crítica de la novela, Leonardo se yergue como el autor del enigma final de *Oficio de tinieblas*. Su triunfo está garantizado por una declaración de ley marcial, con su correspondiente militarización del espacio y su aplicación mediante combatientes paramilitares. Con su oponente exhausto (el Estado), es justo en ese momento cuando Leonardo Cifuentes (cuyas iniciales comparte con Lázaro Cárdenas) logra aprovechar la guerra de razas y reorientarla como un discurso racista.[105] Con el establecimiento de la ley y el orden, la sociedad ya no necesita ser defendida de ningún enemigo invasor (el Estado); la sociedad debe ser defendida, en palabras de Foucault, de sí misma, de la enfermedad que ella misma produce. Ahora esta enfermedad es (de nuevo) el indio, por lo que se trazan planes para su remoción quirúrgica.

Los planes llegan en forma de instrucciones escritas, autoría de Leonardo, y son completamente descabellados. A tono con el viejo lenguaje jurídico aún habitual en Ciudad Real, llevan el título bombástico de *Ordenanzas militares*.[106] No llegamos a leer estas ordenanzas y no serán ejecutadas en su totalidad, pero sí entrevemos sus métodos y objetivos cuando Leonardo comunica su contenido, primero a su amante y luego al gobernador local. Las ordenanzas, en general un conjunto de lineamientos que gobiernan los derechos y responsabilidades de los militares, terminan siendo una especie de catálogo de todos los pequeños genocidios que atraviesan la historia mexicana: masacres, deportaciones, colonizaciones.[107] El momento en que se fragua el documento de genocidio es también una de las expresiones más claras de la guerra de razas misma. Dice Leonardo: «[Los coletos] no quieren que muera un indio como no quisieran que mermaran sus partidas de ganado. Sienten que son cosa suya y no acaban de entender que el Gobierno se los ha arrebatado. Yo por eso se lo he dicho muchas veces: con los indios hay que acabar» (340). En otras palabras, la guerra de razas ha sido adelantada hasta su desenlace, la biopolítica, donde lo que está en juego es la vida al desnudo y el Estado asume la tarea de la purificación permanente dirigiendo ordenanzas militares a la propia sociedad. Y que se asocie a Leonardo con el «Estado» no es accidental, pues es justo en este punto de la novela cuando Leonardo, ordenanzas militares en mano, encomiado desde Ciudad Real hasta Tuxtla en tanto promotor de la paz y la justicia, ve su futuro en la política y se da cuenta de que debe comenzar a labrar su nicho dentro del Partido, la revolución institucional cuyos avances en la región acaba de despreciar (353).

Por último, aún quedan los tzotziles, en el monte, en la cueva, arrodillados ante el arca. Recordemos que estábamos a punto de que se revelaran algunos secretos, el primer paso de un largo camino hacia la regeneración a partir del último ciclo de agotamiento y derrota. Estábamos en el momento en que «ya pueden cerrarse para siempre estos ojos arrasados en lágrimas. Lo que han visto los salva» (364). El arca se abre y aparece la palabra. Es sólo un par de líneas: «Y continúa expuesta, como una hostia, esa página que algún héroe ignorado rescató de la catástrofe. Esa página inicial en la que llamea un título: *Ordenanzas militares*» (364).

Éste es un giro sorprendente y desconcertante en el curso de los acontecimientos. No hay una manera sencilla de entender la reaparición de las ordenanzas militares como la palabra sagrada de los tzotziles. Podría ser esta una forma de desestabilizar la ontología de la indigenidad, de sugerir que lo que entendemos como indio no tiene una fundación precolombina, que es irreduciblemente el resultado de la violencia transcultural. Otra lectura consistiría en señalar que los indios son analfabetas, que ven la palabra escrita como Calibán ve los libros, y sugerir que sólo cuando los indios aprendan a leer esos signos serán capaces de promover su propia causa de manera efectiva.[108] Sin embargo, esto es un poco didáctico, y *Oficio de tinieblas* no es un *Bildungsroman*. Confieso no saber lo que significa esa escena, pero no cabe duda de que Castellanos deseaba que fuera significativa: más allá de su posición como el desenlace de toda la historia y del recurso de la autora a imágenes de documentos sagrados a todo lo largo de su obra (*Balún Canan*, *Ciudad Real*), el momento en que los tzotziles convergen en la cueva es descrito como una «búsqueda de la tiniebla» (363), por lo que resuena con el duro ritual católico de derrota que da título a la novela. No obstante, hasta donde sé, Castellanos nunca explicó las ordenanzas militares y su aparición como texto sagrado. Para intentar darle un sentido, tal vez podríamos empezar por recordar que los lectores de la novela no son los tzotziles que huyen. Somos nosotros. Para bien o para mal, los indios de Castellanos no son los sujetos de una rebelión, sino los objetos de una guerra de razas entre poderes que alternativamente les temen y los dan por sentado. Ningún indio en el mundo de Castellanos —real o ficticio— leerá el título que llamea. El título está dirigido a nosotros, en tanto sujetos de una modernidad construida y, de hecho, sustentada en ordenanzas militares.

4.
ELENA GARRO Y EL FRACASO DE LA ALIANZA

> La unidad siempre se efectúa mediante la brutalidad.
>
> ERNEST RENAN, 1882

> Es natural que ahora cuelguen ellos si antes colgaron ustedes.
>
> ELENA GARRO, 1963

Una pasmosa conversación en *Los recuerdos del porvenir*, la obra de Elena Garro de 1963, captura el problema básico que guía a este capítulo. La novela cuenta la historia de Ixtepec, un pequeño pueblo bajo ocupación militar tras la estela de la Revolución mexicana. Aunque presumiblemente apostado para restaurar el orden y aplicar un nuevo y agresivo secularismo nacional, el propósito no declarado del ejército federal en el pueblo es apagar las demandas cada vez más radicales en torno a la reforma agraria, en otras palabras, aplastar la política del zapatismo.[1] En la novela, la mayoría de los activistas por la tierra son campesinos racializados como «indios», de manera que una escena crucial del libro es la iteración de cada amanecer saludado por el espectáculo de indígenas muertos que cuelgan de los árboles. Las familias que protagonizan la novela —una confederación impotente de la pequeña burguesía y la decadente aristocracia— están turbadas por estos sucesos. Cuando uno de los personajes habla sobre la barbarie que los comandantes militares han desatado sobre los indígenas, esto enciende una chispa en la memoria de la adolescente Isabel Moncada. Isabel recuerda de pronto los cuentos morales que sus padres, tíos y tías —esos que ahora se escandalizan por la violencia de los generales— solían contar y que, inevitablemente, terminaban con un indígena ejecutado como castigo por tal o cual presunta transgresión. Entonces, con intención provocativa, su hermano y doble, Nicolás, ofrece despreocupadamente una verdad cínica, que vierto aquí como pregunta: *Si a ustedes mismos no les importaba matar indios antes, ¿por qué se oponen a que se haga ahora?* Rodeado de invitados, su padre estalla en vociferantes justificaciones, ninguna de las cuales parece aliviar la tensión: era una época diferente; había una guerra; el maldito calor era demasiado; etcétera.

La pregunta de Nicolás —punto crítico en el corazón de la novela— enfada a sus padres y se nos mete bajo la piel porque, al evocar la memoria reprimida de crímenes comunales, destruye el cuento hadas sobre el vínculo entre comunidad y formación nacional: ¿por qué les importa hoy si (¿acaso no lo recuerdan?) ayer no les importaba?

Elena Garro suele ser recordada, tanto en su obra literaria como en su vida, por este tipo de provocaciones. Es tristemente célebre por su errático comportamiento en torno al movimiento estudiantil de 1968, al que años después llamaría «una cretina huelga de estudiantes» y despreciaría por ser poco realista, por desestabilizar a la sociedad y por haber sido manipulado.[2] Y, no obstante, Garro fue interrogada por las autoridades y acusada de agitadora comunista tras la masacre en la Plaza de las Tres Culturas.[3] Temiendo por su vida, antes de su arresto organizó una conferencia de prensa en la que acusó a una multitud de prominentes intelectuales de acicatear el movimiento estudiantil y de escabullirse después, cuando estalló la violencia.[4] Lo que verdaderamente ocurrió durante el arresto de Garro es todavía hoy muy turbio pero, de un modo u otro, el episodio ayudó a consolidar una «leyenda negra» en torno a la escritora.[5] Como testifica Margo Glantz, los años no hicieron nada por mermar la polémica figura de Garro y cada vez que se le menciona en un congreso estallan provocaciones y se diseminan rumores.[6] Contra las órdenes del Estado, escapó del país y vivió buena parte del resto de su vida en un exilio autoimpuesto. Cuando se mudó a Cuernavaca, en su vejez, un desfile de entrevistadores comentó invariablemente sobre su pequeño departamento, compartido con un ejército considerable de gatos. En una entrevista tardía elogió la dictadura de Francisco Franco y especuló que Adolph Hitler era un nigromante judío.[7] Leída a menudo como un punto de referencia de la crítica latinoamericana a la dominación masculina, Garro rechazó cualquier vinculación entre su escritura y el discurso feminista, declarando que las mujeres simplemente trabajan con ideas inventadas por los hombres.[8] Afirmó que su mayor ambición era ser pobre;[9] y, sin embargo, permaneció impávida frente a las críticas por su gusto por Chanel y las pieles costosas.[10] Algunos sugieren que su estado mental nunca fue del todo estable. Cuando se le entrevistó en 1964 como testigo potencial en la investigación del asesinato de Kennedy (se dijo que estaba en un cóctel con Lee Harvey Oswald), un agente de la CIA anotó en el informe: «también está zafada».[11]

Hay, sin embargo, un poderoso discurso que opera contra este retrato, un discurso alimentado por una suerte de boom en los estudios sobre Garro y por la reedición de sus obras, junto con la aparición de trabajos inéditos a lo largo de la última década y media. Este renacimiento del interés por Garro puede resultar sorprendente en un primer momento —no existe nada comparable en torno a Rosario Castellanos, por ejemplo—, pero se explica a través de una confluencia de factores. Primero estuvo la apertura de un considerable archivo de manuscritos de Garro, papeles privados y correspondencia que la Universidad de Princeton adquirió de manos de su hija, Helena Paz Garro, y que hizo público en 1997.[12] Poco después, con cierta fanfarria (y también polémica), Paz Garro publicó sus *Memorias*, una perspectiva íntima sobre la escena intelectual, cultural y política de mediados del siglo XX en México que gira en torno a la telenovela literaria favorita de todos: la complicada relación entre sus padres.[13] Finalmente, y yo diría que quizás más significativamente, una generación de jóvenes académicos ha comenzado a revisitar la historia literaria de México más allá de la sombra de 1968. Las preocupaciones sobre las lealtades políticas de Garro han comenzado a ceder ante el hecho contundente de su talento literario, y con esta clase de investigación postideológica ha surgido una imagen mucho más compleja en torno, precisamente, a las implicaciones políticas de sus escritos y su vida.

Ya sea que Garro estuviera fuera de sus cabales o que fuera una incomprendida, su excentricidad, extravagancia y en ocasiones incluso valentía frente a la autoridad ayudaron a hacer de su voz crítica una voz impredeciblemente formidable.[14] La raza es un tema importante en sus escritos, y su habilidad para igualar la metáfora evocativa con el giro cortante hace de sus obras una lectura esencial para la crítica del discurso racial en el México moderno. Yo sostendría incluso que aun cuando, según sus propias declaraciones, sus historias tratan sobre la persecución de las mujeres en la sociedad mexicana, la raza es la categoría central para una lectura política de las narrativas de Garro. Quizás sería mejor decir que no podemos apreciar enteramente su crítica a la dominación masculina sin prestar especial atención a su compromiso con el discurso racial. Por ejemplo, en un comentario sobre su activismo en torno a la reforma agraria en la década de 1950, Garro habló de la violencia cometida contra los agraristas que desafiaban diversos proyectos de privatización que inevitablemente conducían al desplazamiento de los pobres rurales, haciendo explícito el hecho de la división desigual según las líneas divisorias de la raza: «A ellos los agarran con una pistola y los matan a todos. A nosotras no porque somos güeras, pero a ellos sí».[15] Y aun cuando sus comentarios sobre los judíos durante la Segunda Guerra Mundial muestran que su cordura era, cuando menos, cuestionable, resulta interesante, y me parece significativo, que al explicar su compromiso con los textos clásicos del socialismo internacional preste especial atención a Moses Hess, «el profesor de Marx», como «quien inventó la guerra racial».[16]

Al igual que a Castellanos, a Garro le preocupaba la raza, y esta preocupación la condujo a meditar sobre la condición de los indígenas mexicanos, a la par de los efectos materiales del discurso racial. Su acercamiento al tema, sin embargo, no podría haber sido más distinto que el de Castellanos. Garro no era una constructora de instituciones, ni siquiera colaboradora de alguna institución, y su acceso a los canales del poder estatal era a un tiempo privilegiado (estaba casada con Octavio Paz) y problemático (estaba casada con Octavio Paz). Sin embargo, compartía con Castellanos el interés por lidiar con el espinoso tema de la representación cincelado en «el problema del indio». Entre ambas escritoras y sus distintas estrategias de representación se muestra la imposibilidad de contestar «correctamente» a la cuestión del indio, y ambas merecen elogios por tener las agallas para intentarlo, pese a todo.

En el discurso y la sociedad mexicanos, el papel genérico que juega el indígena es el de un ser silencioso e inescrutable, casi parte de la locación, hasta que se le provoca a la acción violenta. Esta imagen estereotípica es, por supuesto, absurda y, como hemos visto, constituye una convención que la prosa de Castellanos se esfuerza enormemente en superar, o cuando menos problematizar. Sus indígenas suelen ser ruidosos, y sus dos novelas más importantes —*Balún Canán* y *Oficio de tinieblas*— presentan a un protagonista indígena que intenta hacer uso de las herramientas del desarrollo liberal (la educación, la alfabetización, la reforma agraria, el discurso legal) sólo para ser desairado por los altos muros de la *polis* que se moderniza. La frustración se acumula y se toman las armas. Si bien los personajes indígenas de Castellanos, psicológicamente complejos, se proponen a menudo como un avance importante dentro de una trayectoria más amplia de indigenismo, fueron no obstante criticados como creaciones literarias occidentales difícilmente creíbles, especialmente en el nivel de su lenguaje, a menudo elevado y modernista, con ecos de patrones de habla que tienen reminiscencias de textos sagrados.

Garro avanza en otra dirección, exagerando precisamente el silencio del indígena convencionalmente silencioso. De manera aún más predecible que entre los interlocutores de Castellanos, la postura estética de Garro también ha conducido a críticas que adoptan la forma de acusaciones por disminuir la presencia, o al menos la agencia, del indígena dentro de la sociedad mexicana moderna. Aquí propongo, en cambio, que las cosas son al revés: los indígenas silenciosos de Garro llaman especialmente la atención hacia las políticas de la raza y hacia la marginación de los mexicanos indígenas dentro de esas políticas. Además, el silencio hace de sus momentos de habla algo mucho más políticamente cargado y, en última instancia, efectivo. Tal como sucede con ese comentario flagelante que cierra el *Balún Canán* de Castellanos («todos los indios tienen la misma cara»), la constante presencia de los «indios callados» en *Los recuerdos del porvenir* es una estrategia que Garro emplea para generar una reflexión crítica sobre la injusticia social y las jerarquías raciales.

Éstas eran preocupaciones verdaderas de Garro. En la década de 1950 la escritora se convirtió en una conocida simpatizante y seguidora de un grupo de activistas agrarios encabezado por Rubén Jaramillo, centrado en el estado, históricamente intranquilo, de Morelos. Esta labor dejó un efecto profundo en ella, y ya para la década de 1960 Garro estaba sacrificando buena parte de su ímpetu literario con el fin de involucrarse en el activismo por la reforma agraria. En una alocada entrevista con Lucía Melgar, casi al final de su vida, Garro comentó haberse sentido impactada por el comentario de Enedino Montiel Barona, uno de los líderes de aquel grupo, quien, bajo coerción en un interrogatorio, dijo, según afirma ella: «Perdone, señor, pero los indios de México no tenemos gobierno».[17] Garro no hace aquí sino recitar un viejo cliché pero, independientemente de si haya sido realmente enunciado por Montiel Barona o haya sido una más en la larga historia de florituras dramáticas de Garro, el recuerdo funciona como una imagen motivadora en *Los recuerdos del porvenir*, una obra que tiene más que una leve resonancia con el movimiento jaramillista y su persecución.[18] El momento no podía ser más significativo: dos años después de la publicación de la novela, informó Garro, Montiel Barona y su esposa, Antonia, serían secuestrados, desollados y asesinados a manos de maleantes patrocinados por el Estado.[19]

La queja relativamente común, entonces, de que Garro «excluye» a los indígenas del mundo de *Los recuerdos del porvenir*, o de que los «silencia», parece fuera de lugar, especialmente si leemos la locación de la novela, Ixtepec, como una metáfora de la nación.[20] La invisibilidad de los indígenas de Garro es una invisibilidad puesta en escena, una invisibilidad claramente visible. En este respecto no es ni un juicio de valor ni una descripción etnográfica, sino más bien, como lo plantea Kaminsky, una invisibilidad «estructural», un fundamento de la operación crítica de la novela.[21] Además, resulta difícil ver qué podría ganar la novela, estética o críticamente, con una presentación seguramente torpe de un punto de vista indígena «auténtico» —lo que equivale a decir, etnográfico—. Tal como lo sugiere el caso de Castellanos, cualquier tipo de estilización modernista expondría sin duda a Garro a una ronda enteramente nueva de críticas. A fin de cuentas, y regresando al punto de Kaminsky sobre la naturaleza estructural del silencio, resulta importante reconocer que los indígenas en las obras de Garro no son solo silenciosos, sino «callados», como por una fuerza opresiva. Y, sin embargo, hablan, como veremos, en momentos de alto impacto crítico.

Éste es ciertamente el caso en la obra más conocida de Garro, una obra maestra de narrativa breve titulada «La culpa es de los tlaxcaltecas» (1964).[22] Ubicada por lo general dentro de un canon de ejemplos tempranos de realismo mágico, la historia probablemente podría describirse mejor como un surrealismo existencial en el que una interacción compleja de perspectiva, contexto histórico y drama psicológico convergen para crear un paisaje narrativo desgarradoramente complicado.[23] La historia se columpia entre el México urbano de clase media en la década de 1950 y un pequeño pueblo rural en Michoacán, así como la antigua Tenochtitlan durante La Noche Triste, cuando Cortés escapó de la ciudad azteca en una batalla que se convertiría en la definición misma de un baño de sangre, especialmente para sus aliados indígenas. Esta cronología y estos escenarios a menudo se mezclan, conforme la Noche Triste estalla dentro del Distrito Federal contemporáneo, al menos en la mente de la protagonista. El argumento es una historia de amor que se centra en Laura, un ama de casa reprimida de clase media, y su descenso a la locura, o quizás su ascenso de la locura; es difícil saber. En las garras de un esposo posiblemente abusador —y absolutamente tiránico—, Laura es asediada por memorias del amor que dejó atrás, su *primo-marido*, también conocido en la narrativa como «el indio».

El indio es una presencia fantasmagórica en todo el relato: cuando el auto de Laura se descompone, el indio se acerca —en un anacronismo impresionante— herido y llevando una lanza, y mancha su vestido blanco de sangre; mientras Laura convalece de un colapso nervioso, una sirvienta espía al indio detrás de la ventana y, tras una inspección, encuentra solamente rastros de sangre en el pretil. Sus tres diálogos extensos con Laura son fantasmales, y nunca queda claro si él realmente existe fuera de la cabeza de ella. Leída tradicionalmente como una alegoría del machismo en la que una joven mujer no encuentra espacio para ejercer su agencia en una sociedad donde todo el poder social corresponde a los hombres y las mujeres insatisfechas son diagnosticadas como histéricas y medicadas en consecuencia, la historia también trata, y de manera más crítica, sobre la raza.[24] Es el indio, específicamente, quien nos dice esto de la forma más directa. En el primer pasaje en el que habla, en respuesta a la confesión de «traición» por parte de Laura, él toma su mano y dice: «Está muy desteñida, parece una mano de ellos».[25] A lo largo de este encuentro —tal vez una memoria, tal vez un sueño— nos enteramos que Laura, como Malintzin, ha dejado su pueblo natal y a su *primo-marido* acompañada de un hombre con poder. Pero, incluso en una historia cuya metáfora obvia de la Malinche refleja explícitamente los problemas del género y la sociedad moderna, Garro es lo suficientemente cuidadosa como para dejar claro que estos problemas sólo pueden hacerse plenamente inteligibles al traer las complicaciones de la raza a la escena.[26] El espacio, en tanto relación nacional entre la ciudad y el campo —la primera sostenida sobre una conquista (Tenochtitlan se convierte en el Distrito Federal) y el último representando la naturaleza parcial de esa misma conquista—, está racializado, y esta relación raza-espacio es lo que brinda un nuevo peso político al melodrama que supone la alegoría de la Malinche para la figura de las mujeres caídas. La ciudad, avistada por el sujeto indígena, y de la que ese mismo sujeto ha sido expulsado, es donde las promesas de una modernidad mestiza, el blanqueamiento de Tenochtitlan, pasan a primer plano. La fractura racial en el corazón del mestizaje es, así, una preocupación central que se expresa aquí a través de la experiencia del campo, un espacio cuya raza moderna se asienta como «india»: «parece una mano de ellos», es decir, en la lógica pigmentocrática de la raza, una mano blancuzca, «desteñida», no nosotros, no nuestra, de otro lugar. El Estado mestizo reclama ya una nación, pero la guerra racial continúa.

Este libro se ha preocupado por las relaciones entre raza y espacio en el México moderno, y la gran novela de Garro, *Los recuerdos del porvenir*, se revela como un objeto especialmente atractivo para el análisis de las posibilidades críticas del discurso literario en este campo. Si la ficción de Rosario Castellanos recurre a la fuerza como vía para acentuar las complejidades en torno al discurso racial y la política estatal dentro del contexto específico de México, la obra de Garro resulta aún más agresiva en su problematización del punto en el que la raza se encuentra con el espacio, es decir, la forma nación como categoría universal de organización política. De hecho, la escena de la novela de Garro que abre este capítulo («Es natural que ahora cuelguen ellos si antes colgaron ustedes») señala, más allá de su propio contexto traumático, hacia el inicio de la fundación moderna del problema: a Ernest Renan y su famoso discurso de 1882 «¿Qué es una nación?».

Filósofo, historiador y ensayista francés, Renan pronunció «Qu'est-ce qu'une nation?» en la Sorbona en marzo de 1882. Más tarde, en 1887, su discurso fue publicado en *Discours et conférences*.[27] Aunque descontextualizado en términos geopolíticos, este texto, en tanto declaración filosófica, logra capturar gran parte de los problemas conceptuales en torno a la forma nación que los intelectuales mexicanos debieron enfrentar tanto antes como después de la Revolución. El argumento de Renan todavía resuena debido a su precoz formulación de que es algo parecido a una estructura narrativa —una historia— lo que sostiene la identificación afectiva sobre la cual se sustentan, a su vez, las naciones. Esta producción narrativa de la nación, explica Renan, surge dialécticamente de la tensa relación entre memoria y olvido. Pero lo que permite contestar a la pregunta «¿qué es una nación?» no es simplemente la organización consciente de la memoria y el olvido bajo la forma de una relación social o política que pueda emerger como nación. Antes bien, el punto fundamental en la teoría de Renan es la idea de que la nación exige que su olvido originario sea, como la comida totémica de Freud, precisamente olvidado. Al llamar la atención sobre este hecho, puede entenderse la intervención de Nicolás, y la novela de Garro, como una intervención escandalosa.

Renan consideraba su discurso sobre la nación como el pináculo de su carrera. En *Discours et conférences* escribe: «He sopesado cada palabra [del ensayo sobre la nación] con el mayor cuidado: es mi profesión de fe en todo lo que toca a los asuntos humanos».[28] Con el fin de enmarcar apropiadamente las posibilidades críticas y los límites de la idea de nación de Renan, y para comprender la importancia política de la intervención de Garro, es necesario repensar la duradera influencia de Renan y el regreso a su teorización de la nación en las ciencias sociales de hoy. Esto implicará regresar con Renan a los supuestos hegelianos que dieron forma a su trabajo.

Las invocaciones modernas a Renan tienden a bloquear o a dar por hecho la dialéctica histórica que ordena su pensamiento, y en el proceso convierten lo que él mismo consideró uno de sus esfuerzos intelectuales más importantes y provocativos en un conjunto de convenciones relativamente insulsas. La lista tiene su prestigio. Hannah Arendt retoma de manera acrítica la definición voluntarista de nación de Renan como «plebiscito diario», convirtiéndola en terreno para el lanzamiento de su famosa crítica a la expansión imperial y promoviéndola como aquello que el imperialismo destruye en última instancia.[29] Décadas más tarde, en la obra que daría paso y a la vez alimentaría a una generación de historiógrafos poscoloniales, Benedict Anderson abreva de la idea de olvido nacional de Renan para convocar su influyente teoría de las «comunidades imaginadas».[30] Finalmente, Homi Bhabha abrió su tan citada antología de 1990, *Nación y narración*, con ese ensayo, ayudando a convertirlo en una suerte de piedra de toque de la reconsideración poscolonial de la forma nación. Si bien la inclusión del ensayo de Renan a la cabeza de *Nación y narración* queda en gran medida inexplicada (sólo el ensayo que le sigue, de Martin Thom, lo aborda ampliamente), una referencia importante a él en el ensayo del propio Bhabha, «DisemiNación», da fe de su atractivo precisamente por la relación implícita entre la forma nación y la producción problemática de las narrativas nacionales.[31] Todas estas lecturas llevan las ideas de Renan por nuevas direcciones y, sin embargo, ninguna traza adecuadamente el movimiento dialéctico mediante el cual Renan llega a su narrativa de la nación como «alma» y «plebiscito diario», dejando romo su filo crítico.

En tanto positivista cuyo historicismo no podría haberse sacudido nunca el idealismo hegeliano, Renan no nos sorprende al reproducir muchas de las ideas de nación de Hegel, en una dialéctica más sofisticada. Entre estas ideas se cuenta la necesaria naturalización de las relaciones entre los humanos y la historia que Hegel llamaba «espíritu» y Renan «alma» o incluso «principio espiritual».[32] Pero, claramente, Renan no sólo imita a Hegel. ¿Cuál es la diferencia? Una diferencia fundamental es el compromiso mucho más enfocado y necesario de Renan con la raza.

Para Hegel, la raza es un término huidizo. Es en su *Filosofía del espíritu* (1830) donde aborda el concepto de forma más directa, cuando afirma: «La vida planetaria del espíritu natural [...] se particulariza en las diferencias concretas de la tierra y se divide en los *espíritus naturales particulares* que en su conjunto expresan la naturaleza de las partes geográficas del mundo y constituyen la *diversidad de las razas*».[33] La raza es aquí una función de la geografía («las diferencias concretas de la tierra»), y ese es un inicio prometedor pues reduce la raza a una mera descripción: «El hombre es inherentemente racional; ahí yace la posibilidad de una justicia igual para todos los hombres y la futilidad de una distinción rígida entre razas que tienen derechos y razas que no los tienen».[34] Sin embargo, rápidamente se desciende a una expresión típica del pensamiento eurocéntrico, en el que las diferencias «esenciales» de la raza se subdividen en «espíritus locales o nacionales».[35] Para comprender la especificidad de estas naciones locales que se derivan de las razas principales, debemos buscar parte de la explicación en la «historia natural» (el contexto) y otra parte en la «filosofía de la historia universal» (las conquistas), que pueden llevarnos a conclusiones sobre «la importancia de las razas en la historia del mundo».[36] La raza como descripción física es, al mismo tiempo, la raza como logro histórico. Dejando de lado el eurocentrismo, la distinción es importante (respalda las innovaciones de Boas), pero en los escritos donde uno esperaría de Hegel que pensara la raza de manera más crítica o cuando menos pragmática, por ejemplo en su *Filosofía de la historia* (1835), su función parece ser la de un suplente de la nación, el pueblo, la tribu, etcétera.[37] En otras palabras, el intento de Kant, a finales del siglo XVIII, por pacificar la raza y convertir su voracidad amenazadora en un concepto empírico un tanto estrecho parece no haber ganado mucho terreno en la filosofía continental durante las décadas siguientes.

Para 1882 muchas más cosas estaban en juego, y Renan intentará dar un sentido más concreto, más político, a la raza. Su apuesta avanza en dos direcciones. En primer lugar, y de manera más obvia, la raza se había convertido en una ciencia, con su aura racionalista al servicio de la naturalización de todo tipo de conquistas y explotación, como el colonialismo, el imperialismo y la esclavitud. Pero estas preocupaciones externas a Europa no eran preocupaciones de Renan. Lo que lo preocupaba era el uso político de la raza dentro de Europa, a saber, el proyecto de anexión que siguió a la guerra franco-prusiana y que dejó regiones fronterizas como Alsacia vulnerables a la expropiación y a la absorción dentro de proyectos más grandes de Estados nacionales. La justificación intelectual para la anexión se basaba en la raza, es decir, en la idea de una comunidad racial en la que la «raza alemana», que presuntamente incluiría a la mayoría de los alsacianos, debía reunirse de nuevo como una sola nación. Así, en nombre de Francia, percibía la necesidad de tomar postura contra la raza. Éste es el significado del pasaje en el que se burla de los anexionistas y los expansionistas raciales, afirmando: «La historia humana difiere esencialmente de la zoología. La raza no lo es todo, como entre los roedores o los felinos, y no se tiene el derecho de ir por el mundo, tentar el cráneo de las gentes y después tomarlas por el cuello diciéndoles: "¡Tú eres de nuestra sangre; tú nos perteneces!"».[38]

El discurso de Renan sobre la nación es, entonces, también sobre la raza. A decir verdad, en 1882 podía leerse como una aguda crítica a la ciencia de la raza en una era de teorías de la pureza racial y de prácticas emergentes de eugenesia.[39] La raza y su relación con la nación fueron preocupaciones equivalentes para Renan. Tal como lo dijo cuando reflexionaba sobre la importancia de su discurso «¿Qué es una nación?»: «Cuando la civilización moderna se haya ido a pique, resultado fatal de haber malentendido las palabras "nación", "nacionalidad" y "raza", espero que estas veinte páginas sean recordadas».[40] Renan inicia su argumento tachando de «error» la supuesta vinculación entre raza y nación: «se confunde la raza con la nación, y se atribuye a grupos etnográficos, o más bien lingüísticos, una soberanía análoga a la de los pueblos realmente existentes».[41] Y, más adelante, al final de la primera y crucial sección, en la que delinea los orígenes de la forma nación, Renan vuelve a plantear la cuestión del vínculo entre raza y nación. Tal como sostendré aquí, es precisamente en el tema de la raza que la resolución de su dialéctica —el olvido del olvido nacional— entra en juego con toda su fuerza. Vale la pena explicar esto porque resulta crucial para leer a Renan en contrapunto con Garro y para resituar su idea de nación en el escenario mexicano.

En el discurso de Renan, la raza funciona como una distinción organizativa, la cual a la vez posibilita y debilita la potencia crítica de sus argumentos. Esa distinción comienza a tomar forma cuando Renan invoca dos tipos de contexto para la apropiación de la idea de la raza, cada uno correspondiente a cierta práctica de investigación histórica. Por una parte tenemos la perspectiva antropológica, para la cual la raza es una preocupación fisiológica semejante a la zoología, relacionada solamente con la historia humana en cuanto una clase de animal. Por otra parte está la perspectiva histórica, relacionada con la historia de las lenguas, la cultura y, en última instancia, la política. Únicamente la primera de estas prácticas, sostiene Renan, brinda una patria a la raza. La legitimidad de la raza en la historia puede encontrarse sólo en el sentido histórico más amplio, el de la «historia de la humanidad» y sus preocupaciones taxonómicas y fisiológicas, que reducen la raza a cuestiones de «ascendencia real».[42] En términos de las preocupaciones culturales que deben, explícita o implícitamente, guiar la historia de la acción política y la práctica de la investigación filológica, la raza pierde toda su fuerza porque el crisol primordial que podría imaginarse como germen de los orígenes humanos racializados es «enormemente anterior a los orígenes de la cultura, de la civilización, del lenguaje».[43] La raza puede ser relevante en la conceptualización kantiana de la «historia natural» (lo que Renan llama aquí «zoología») y en su examen de la «especie humana», pero es claramente irrelevante para la historia política. Para Renan, ambas cuestiones están —o deberían estar— separadas. La raza, en la medida en que entra en la historia de las formas políticas, como las naciones, no lo hace como causa —las naciones no surgen de las razas—, sino como efecto —la raza es una idea que los nacionalistas blanden a menudo—. Renan concluye: «La raza, como la entendemos nosotros los historiadores, es, pues, algo que se hace y se deshace».[44] La raza no es natural y, por ende, no debería naturalizar la forma nación.

Para un análisis de la forma nación moderna, la idea de raza no es ahora más que una ficción elaborada y, no obstante, poderosa. Sin embargo, al mismo tiempo, Renan no abandona enteramente la noción de que existe algo como la raza, un concepto científico, fundado empíricamente, incluso aunque en el mundo moderno su referente real sólo pueda ser desenterrado paleológicamente. Así, al tiempo que confronta y socava explícitamente el uso político de la raza en el discurso nacionalista, Renan se aferra aún a lo que él llama el «hecho de la raza»: esto es, la existencia objetiva de la norma de Kant, el hecho de las diferencias discernibles y, por ende, clasificables entre grupos humanos, que pueden organizarse en algo así como familias.[45] La fuerza crítica de la invocación de

Renan surge cuando acepta en principio la norma kantiana de la diferencia racial —el linaje hereditario— y después argumenta que esta norma se hace añicos dentro de la nación territorializada. Todas las naciones son una mezcla impenetrable de familias; no hay ninguna nación construida sobre una «raza pura»; *todas las naciones son racialmente heterogéneas, híbridas, mestizas, mezcladas.*[46]

Si bien Renan no hacía más que repetir una idea con la que había dado hace mucho tiempo Johann Gottfried von Herder (precisamente en respuesta a Kant) y reiterada por el conde Arthur de Gobineau en su «Ensayo sobre la desigualdad de las razas humanas» (1851), aquí esto puede convertirse en una intervención crítica, ya que se sostiene tras un siglo de debates sobre la esclavitud guiados por la idea de raza y durante una era de ciencia racial intensificada y de ideas concomitantes de degeneración y pureza nacional.[47] ¿Habría podido Renan llegar hasta las últimas consecuencias y destruir radicalmente la raza? Esta es una pregunta imposible de contestar (Boas, por ejemplo, tampoco pudo lograrlo). El hecho es que no lo hizo. En realidad, precisamente en la enunciación misma de su maniobra más agresiva —la desvinculación aparente de la raza y la nación— Renan deja intacto el impulso por naturalizar las jerarquías que es central en toda ciencia de la raza. Una vez más, cuando Renan ataca la raza, su objetivo no es la idea en cuanto tal (incluso como concepto científico), sino más bien la forma en que se confunde con la pregunta por lo que constituye una nación y genera un embrollo. Podemos concluir que, dentro del contexto de la formación nacional, a Renan le preocupa principalmente la intrusión del hecho de la raza. La producción nacional de la raza, entonces, debe leerse sólo como una suerte de perversión. Esto quiere decir que Renan excluye de su horizonte las maneras en que la forma nación, un proyecto político y a la vez una comunidad afectiva, produce un sentimiento nacional que ante todo puede de hecho posibilitar la idea misma de la raza: la raza inglesa, la raza mexicana, la raza alemana, etcétera.

Esto nos lleva al borde de un desastre historiográfico. Para Renan, pues, el carácter no racial de la trayectoria histórica de la forma nación supone una idea de lo que la raza es: familia, tribu, genealogía. Sin embargo, dado que el curso de los imperios en la historia, que precede al surgimiento de la nación moderna, destruye precisamente esas líneas de ascendencia, queda igualmente claro que el «argumento etnográfico», en términos históricos, es en el mejor de los casos un embuste: «La consideración etnográfica, pues, no ha estado presente para nada en la constitución de las naciones modernas».[48] ¿Cuál es la prueba? El hecho de que todas las naciones son híbridas.

De esta manera, el recurso de Renan a la raza debe presuponer, antes de la emergencia histórica de la forma nación, el argumento etnográfico que precisamente quiere desplazar: la existencia de algo parecido a una singularidad de origen, es decir, algo como una pureza de tribus antes de que todo se mezclara. El reverso dialéctico de la raza y la nación con y a través del «carácter híbrido» realmente existente queda en el aire, y esto es crucial. En realidad, Renan deja en suspenso el hecho de que la idea moderna de la raza surge dentro, no contra (y ciertamente no antes), de la mezcla nacional-racial con la que lo confronta.[49] Dicho de otra manera, justo antes de que su crítica se vuelva verdaderamente aguda, Renan se detiene. Tras afirmar la ausencia de fundamento de la «raza pura» para cualquier «política», reafirma sin demora el gesto jerárquico que constituye justamente el programa de toda política racista: repite a Gobineau sin citarlo, concluye que las naciones avanzadas son naciones superhíbridas, «donde la sangre está más mezclada».[50] La invocación de la mezcla requiere el fundamento metafísico de una pureza ausente. Los términos sencillamente se invierten contra los puristas —las mejores naciones, aquí, son las mezcladas— y los mismos nombres conocidos terminan en los lugares más altos de la familia jerárquica de las naciones.[51]

Pero recordemos la dialéctica de Renan y su juego del olvido. El papel de la raza es decisivo aquí porque Renan creía que el propio origen racialmente plural y mezclado de todas las naciones es lo que se «olvida» en la formación de la homogeneidad, la hegemonía y la solidaridad nacionales. Lo que quiero es llamar la atención sobre la forma en que Renan nos recuerda una historia dialéctica olvidada de contradicción y síntesis... y luego nos pide que la olvidemos de nuevo. Las naciones más fuertes, sostiene, no son sólo las más mezcladas en términos empíricos, sino también aquellas que han olvidado sus orígenes heterogéneos y fragmentarios. Se sienten homogéneas, fraternales, nacionales. La raza, para Renan, es fluida: siempre está en proceso de hacerse y deshacerse. Pero esta postura no nos permite dejar atrás la raza, porque justo aquí reaparece algo así como una lógica de la raza en clave sentimental: adviene ahora como principio espiritual, conciencia moral, en pocas palabras, alma.[52] La nación, entonces, no se funda ni surge de ninguna historia de una «raza pura», es decir, de un linaje: pero, incluso para Renan, se siente como si fuera así. Debería sentirse, si seguimos el análisis de Étienne Balibar sobre la producción de las «etnicidades ficticias» nacionales como una gran familia nacional. Y lo que es más importante: el afecto nacional-familiar se apoya sobre otro nivel de amnesia, el olvido de la violencia que convirtió lo que alguna vez fue heterogéneo en algo que ahora es más o menos homogéneo, nacional. Tal como dice Renan, «la idea de que el origen de todo esto sea una conquista no se le ocurre a nadie».[53] Este olvido necesario es lo que Renan obtiene cuando —en un argumento que aún hoy nos es familiar— convoca al espectro de las reparaciones por crímenes históricos y declara, en apariencia sin intención irónica: «Para el bien de todos es mejor olvidar».[54] Todos: eslavos, esclavos, judíos, árabes, indios, todos. Y este todos nos incluye a nosotros, su público.

Tanto Benedict Anderson como Homi Bhabha han reflexionado admirablemente sobre el confuso llamado de Renan a que los franceses olviden ciertas masacres protonacionales.[55] Pero ninguno de los dos compara ese pasaje con el que recién citamos («Para el bien de todos es mejor olvidar»), un pasaje que ilumina el significado del anterior sobre las relaciones entre conquista y nación: la solidaridad nacional debe basarse en una unidad natural, no en una conquista; es esta violencia la que debe ser «olvidada». Así surge el riesgo de extrapolar el argumento de Renan a un escenario poscolonial en que, en el mundo descolonizado —la mayor parte del mundo—, debemos ir más allá de la idea de Anderson según la cual este «olvido» suele ser el modo en que se convierte discursivamente una guerra interétnica fundacional en un «fratricidio» fundacional. La conquista de México, o la conquista del Oeste en Estados Unidos, o el *apartheid* sudafricano son, incluso hoy, simplemente impensables como fratricidios. Para los términos de la narrativa nacional, deben ser olvidados bajo otra luz.

Descontextualizar a Renan, sin embargo, tiene una virtud importante: expone los límites de la dialéctica hegeliana que ordena su pensamiento. Sucede que ahora podemos percibir el astuto desplazamiento que estructura su argumento, a partir del cual sus poderosas maniobras ceden prácticamente todo su terreno crítico. Mientras que Renan comienza por anunciar la estructura básica del olvido que reside en el corazón de la forma nación, para el final de su ensayo este olvido ha sido olvidado, y la dialéctica de la memoria y el olvido se convierte en memoria y sacrificio y, sobre todo, memoria y consentimiento.[56] Olvidar, en otras palabras, se convierte en la parte antitética de la dialéctica, incorporada y transferida a un estadio más alto de «consentimiento». La nación ya no depende del olvido; en última instancia, depende de «un hecho tangible: el *consentimiento*, el deseo claramente expresado de continuar la vida común».[57] Renan concluye, como es ya célebre: «Una gran agregación de hombres, sana de espíritu y cálida de corazón, crea una conciencia moral que se llama una nación».[58]

Leído como clave de México, el Ixtepec de Garro es muchas cosas, pero difícilmente se levanta como una gran agregación de hombres, sana de espíritu y cálida de corazón. Renan sugiere que este agregado, este *sentir con* nacional, este consentir, no surge de una comunalidad racial, lingüística, religiosa, dinástica, económica, ni siquiera territorial, sino más bien de lo que podríamos llamar «historia», de la consolidación de narrativas en competencia con miras a una narrativa nacional unificada: la superación del olvido en un pasado común por el que vale la pena pelear y morir en el futuro. La condición de posibilidad de la nación es, entonces, también su mayor debilidad potencial: la práctica genealógica (en el sentido nietzscheano) de la investigación histórica podría obligarnos a recordar demasiado. ¿Por qué recordamos a Zapata, el enemigo mortal del Estado, y no a Calles, el autor de la así llamada dictadura perfecta de México?

De esto se trata *Los recuerdos del porvenir*. No quiero decir con lo anterior que sea una obra de historiografía o de ficción histórica, o que deba ser leída necesariamente y ante todo como una «novela histórica». Como dice Amalia Gladhart, «Si *Los recuerdos del porvenir* es una novela histórica, lo es en el sentido más amplio del término, en tanto una novela ubicada en un pasado identificable».[59] En última instancia, se trata de una novela de ideas y de apuestas políticas en la que meditaciones complejas y de múltiples niveles —sobre el tiempo, el género, el lenguaje— revolotean y se posan sobre el problema de la nación, de México y de su desesperada producción de «una gran agregación de hombres» que trabajan en un tiempo común, en un proyecto colaborativo, en la misma página.

La dialéctica de Renan —desde el juego de la memoria y el olvido hasta el consentimiento «tangible» del que emerge la historia nacional— no funciona tanto como la estructura organizativa de la novela de Garro sino como el objeto de su crítica. Y su movimiento se articula explícitamente aquí, presentándose en el contexto de una comunidad nacional (quizás deberíamos decir una comunidad nacional moderna) en proceso de formación a través (como todas las comunidades nacionales) de la fuerza violenta, los «hechos de violencia que han pasado en el origen de todas las formaciones políticas».[60] En el Ixtepec de Garro, no obstante, la violencia de la nación no ha sido desterrada a un pasado remoto y es ya susceptible de olvido: es palpable y continua.

Ésta es la naturaleza del problema nacional tal como se expresa mediante el prisma de Ixtepec. Se trata de un pueblo que no hace sino hundirse en el olvido confuso: ¿éramos maderistas o zapatistas? ¿Madero era un traidor o lo traicionamos a él? ¿Zapata era un pirata o un santo? Y así sigue. Se trata de un pueblo que no hace sino olvidar, pero que no puede desterrar al olvido sus condiciones de posibilidad. Una de las líneas más memorables del libro da fe de esta condición inolvidable: «A los mestizos, el campo les producía miedo» (26).[61] El complejo aparato narrativo de la novela, fuente de controversia en las lecturas críticas de la obra, hace de este pasaje algo ambiguo y a la vez mordaz. El narrador es «el pueblo», Ixtepec mismo. Pero su voz narrativa es inconsistente. Por momentos, como en las páginas líricas iniciales, aparece en la primera persona del singular (yo), evocando al pueblo como espacio físico, un agregado de casas y calles, a la vez territorio abstracto y lugar material. En otras ocasiones aparece en la primera persona del plural (nosotros), evocando al pueblo como nación, como una «agregación de hombres» que hablan juntos en coro, como desde un alma común. Y aquí surge aún otro nivel de complejidad, ya que el juego de inclusión y exclusión del pueblo plural es ambiguo, lo que hace difícil decir exactamente quién está inscrito en el «nosotros».

Estas fronteras nebulosas en torno al narrador colectivo están presentes a lo largo de todo el texto. Un buen ejemplo aparece durante una discusión entre las familias pequeñoburguesas humilladas, alguna vez líderes de la comunidad y suplantadas ahora por la ocupación militar, y tiene que ver con la historia política reciente del país. La escena coloca a las familias en una relación de otredad implícita respecto del pueblo, la voz pasiva de la estructura reflexiva impersonal que indica la acción: «Por la noche en casa de don Joaquín *se sacaron* las sillas al corredor, *se encendieron* los quinqués y *se prepararon* bandejas con refrescos y dulces» (69; la cursiva es mía). «Los indios» son señalados en dos ocasiones como figuras marginadas, por lo tanto, implícitamente fuera del terreno discursivo del narrador en esta encrucijada y resistentes a cualquier tentación de convertirlos en el receptáculo colectivo autoevidente del pueblo auténtico. El narrador se encarna, así, como el pueblo físico, Ixtepec —«las formas obtusas de las montañas que *me* rodean» (70; la cursiva es mía)—, que observa a sus habitantes. Un momento después, sin embargo, en medio de un debate sobre el papel de Madero en la Revolución, el narrador parece asumir el rol de la voz interior de las familias, mientras que los indios son convertidos en objeto, lo mismo que muchos perros callejeros, criaturas que son «iguales en su miseria y en su condición de parias a los millones de indios despojados y brutalizados por el Gobierno» (72). Y entonces, súbitamente, la voz colectiva, que aparentemente abarca a todo Ixtepec, como una totalidad, estalla en el texto cuando el narrador deja atrás su cualidad territorializada (en tanto pueblo físico, Ixtepec) y se convierte en comunidad, invocando un «nosotros» cuyo sujeto no está claro pero cuyo alcance parecería incluir a las familias que normalmente observamos junto al narrador, desde fuera: «"¡Los pistoleros!" La palabra todavía nueva *nos* dejó aturdidos» (72; la cursiva es mía).

«A los mestizos, el campo les producía miedo»: la objetivación social de los indios (un «problema social») se aplica aquí a los mestizos, cuyo referente se halla en los ciudadanos principales de Ixtepec, a quienes Ixtepec, sin embargo, parece percibir frecuentemente como algo exterior a sí mismo. ¿Qué pasa con el campo que los mestizos le temen? El pueblo-narrador abunda al respecto: «Era su obra, la imagen de su pillaje. Habían establecido la violencia y se sentían en una tierra hostil, rodeados de fantasmas. El orden de terror establecido por ellos los había empobrecido. De ahí provenía mi deterioro» (26-27). Entonces, una voz anónima se abalanza contra el miedo, la hostilidad, el terror: «"¡Ah, si pudiéramos exterminar a todos los indios! ¡Son la vergüenza de México!". Los indios callaban» (27).

Recordemos brevemente a Renan: la nación, si bien nunca es una raza pura, se realiza siguiendo el camino de una suerte de raza nacional, es decir que, olvidando su heterogeneidad, se siente como una raza. El lenguaje racialmente marcado de este pasaje que recién citamos subraya lo anterior como un problema para Garro. Es un punto delicado, así que procederemos con cautela. El «miedo» («el campo les producía miedo») del que habla el narrador se ubica en relación homóloga con lo que será referido, en un pasaje posterior, como el «origen vergonzoso» del mestizo (72). Este espacio racializado —campo, mestizo— vinculado por el miedo y la vergüenza y, para darle consistencia, que señala hacia un «origen», constituye una cerrada red de significantes, todos social e históricamente cargados, que vale la pena desentrañar.

En primer lugar, en el nivel más arquetípico de la raza, se encuentra el mito de la Malinche, el nacimiento de la nación bajo la forma de un primer mestizo simbólico, un hijo de la conquista que representa un inicio y final simultáneos de tres mundos.[62] El segundo nivel: México nace, entonces, de consecuencias trágicas, pero esta tragedia es resultado del deseo, incluso del placer, al momento en que Malintzin toma a Cortés como amante y participa activamente en la caída de Tenochtitlan. El origen es vergonzoso y habla (engañosamente) de traición. Esta «vergüenza» que inspira miedo no tiene nada que ver con ninguna clase de enfermedad genética bajo la forma de degeneración provocada por la mezcla promiscua: Garro no sigue a Agassiz, Morton, Galton, ni los dogmas del nacionalsocialismo.[63] Tampoco tiene nada que ver con un complejo de inferioridad que pudiera construirse como un padecimiento de todos los mexicanos, y cuya sintomatología podría aparecer en la caricatura burda y en la imitación patética: éstas eran las preocupaciones de muchos otros escritores prominentes que la rodeaban y a los que Garro —que siempre fue una figura política problemática— trascendió.[64] La vergüenza del Estado mestizo es su origen en el placer libidinal transgresor, un crimen pasional que, desde Aristóteles hasta Freud, no ha sido suficientemente disimulado o, en términos de Renan, olvidado. Todo esto es un tanto obvio y, francamente, ya ha sido dicho. Pero nos lleva al tercer punto, que es el decisivo para Garro. El mestizaje produce originariamente «vergüenza» e incluso miedo en la medida en que representa nada más y nada menos que la marca racializada de la identidad nacional, ésa que le da a la nación su pluralidad en primera persona: lo que los antropólogos de mediados de siglo habían intentado fomentar, lo que Gamio y Vasconcelos ya habían propuesto como mestizaje «puro», lo que antes de ellos Molina Enríquez había teorizado como el secreto del poder estatal mexicano, y lo que antes de él Justo Sierra había identificado como la encarnación misma de la familia nacional.[65]

Para 1963 decir «mestizo» para Garro no es nombrar una casta; más bien consiste en nombrar a una clase social y política, la que articula de manera más efectiva y *afectiva* el problema de la hegemonía y la soberanía, es decir, de la nación y el Estado. En este sentido, resulta significativo que Garro no invoque el «origen vergonzoso» en una escena de romance ilícito, sino en el contexto de un comentario sobre la formación del Estado y su re-racialización: «En verdad estaban asombrados de la amistad sangrienta entre los porfiristas católicos y los revolucionarios ateos. Los unía la voracidad y el origen vergonzoso del mestizo. Entre los dos habían inaugurado una era bárbara y sin precedente en mi memoria» (72). En otras palabras, para Garro, «mestizo» es simplemente otra forma de decir «mexicano»: es el agente vinculante que une el Estado, la nación y la identidad. Y decir «indio» («los indios callaban»), mientras que tal vez no pueda reducirse a algo exterior a lo mexicano, sí implica decir otra cosa, y señala un problemático exterior interno («el campo») *vis-à-vis* la familia nacional («mestiza»). Se trata de nombrar, precisamente, al pueblo de la excepción, al «campo», a aquellos que experimentan de manera más directa la amenaza de la consolidación nacional bajo la forma del «pillaje», la «violencia» y el «terror». Con una violencia discursiva comparable, desplazamos la voracidad, de hecho, el deseo de este encuentro excesivo con el otro, al «origen vergonzoso» que yace en el lecho de Malintzin, unos cuatro siglos atrás. Garro indica que el origen viviente es la condición del presente, diagnosticable no en una preocupación por la psicología nacional, sino más bien en una voracidad material no enunciada. La vergonzosa marca (racial, reproductiva, *embarazosa*) es una marca de identidad nacional cuyo fundamento es una violencia obvia y continua.

El narrador resiente esto y no se hace ilusiones sobre un origen mítico: habla de una barbarie «sin precedente en *mi* memoria», expulsando así a los mestizos (recuérdese: México) a un mundo de «*su* pillaje» donde *ellos* estarían «rodeados de fantasmas» (las cursivas son mías). Esta historia de violencia racista materializada en la expropiación de la tierra denota una historia que el pueblo, Ixtepec, quiere olvidar. El pueblo-narrador se lamenta: «Todo mi esplendor caía en la ignorancia, en un no querer mirarme, en un olvido voluntario» (118). El pueblo como nación quiere olvidar, pero no puede. Los recordatorios son constantes: uno no puede escapar de las imágenes amenazadoras de seres humanos colgados de los árboles. De manera similar, la confederación de las familias pequeñoburguesas y semiaristocráticas que ancla la novela, más allá de ver alterada su sensibilidad, está victimizada ahora a su manera por el mismo proceso de acumulación originaria que sitia y mata a los «agraristas». Y, sin embargo, la fuerza que podría expulsar al ejército federal invasor se revela como una imposibilidad de cara a la cobardía y la conciencia de clase de las familias: su incapacidad de formar una alianza natural y, en realidad, nacional con sus otros: los indígenas y los activistas.

Sostengo, así, que la arista crítica más aguda de la novela no está en la narración de una nación de marginados (mujeres, indios, prostitutas, clérigos, aristocracia decadente), aliados durante un momento revolucionario contra el poder estatal-militar.[66] Por el contrario, narra una suerte de repugnancia —incluso vergüenza— de cara al rotundo fracaso, incompetencia y, de hecho, imposibilidad histórica de esta alianza necesaria. Esto queda claro desde el principio y es justamente el significado de ese extraño momento en el que la voz narrativa parece evaporarse y escuchamos, con bastante franqueza, la voz de Garro, teórica de la conspiración:

> Los periódicos hablaban de la «fe cristiana» y los «derechos revolucionarios». Entre los porfiristas católicos y los revolucionarios ateos preparaban la tumba del agrarismo. Hacía menos de diez años que las dos facciones habían acordado los asesinatos de Emiliano Zapata, de Francisco Villa y de Felipe Ángeles, y el recuerdo de los jefes revolucionarios estaba fresco en la memoria de los indios. La Iglesia y el Gobierno fabricaban una causa para «quemar» a los campesinos descontentos (154).

Al ser un truco, y no una revolución, la unión (pronto) fallida de los ricos y los pobres, de mestizos e indios, se apoya sobre una distracción: «Había intereses encontrados y las dos facciones en el poder se disponían a lanzarse en una lucha que ofrecía la ventaja de distraer al pueblo del único punto que había que oscurecer: la repartición de las tierras» (153). Siguiendo al gato en vez de a la liebre, todos los ojos voltean hacia otro lado: «¡La persecución religiosa!» (154).

Entonces ¿cuál es la clase de frontera que divide esta no-alianza, cuál la relación entre las familias principales y los indios que los rodean, *callados*? Si se cree que en esa relación permea el desinterés, este sentimiento sin duda no es mutuo. Si bien los indios —salvo por breves pero reveladores destellos del punto de vista indígena— mantienen su papel inescrutable, la élite mestiza se ve consistente y explícitamente perturbada por su otro. Mientras que, por una parte, los indígenas muertos provocan expresiones de arrepentimiento y conmoción entre las familias principales, por otra los indígenas vivos no inspiran más que paranoia en el sentido literal, freudiano: las familias exigen expresiones de amor de su otro oprimido; cualquier otra expresión (por ejemplo, la indiferencia) es interpretada inmediatamente como hostilidad, traición, verdadero odio.[67] La escena capital que reúne a Elvira, Conchita y su sirvienta indígena, Inés, es ilustrativa. Los militares ya han descubierto la conspiración del pueblo para rescatar a la insurgencia cuando la reticente Conchita le informa a su madre que su sirvienta es amante de un sargento:

> La señora levantó los ojos y se preparó a decir algo terrible pero en ese momento la bella Inés volvió a aparecer llevando con reverencia la bandeja brillante como si en ella estuviera el corazón de un sacrificado. Doña Elvira se tapó la cara con las manos y Conchita, impasible, se dejó servir.
>
> —Estamos vendidas... —dijo la señora cuando Inés desapareció detrás de la puerta.
>
> —No la podemos echar —contestó Conchita lacónica.
>
> —¡No!... ¿Te imaginas las represalias? ¡Estos indios son traidores!... (258-259).

De forma muy parecida a la inscripción en la piedra en el famoso final de la novela, este diálogo se suele leer como una condena verificable, y sus implicaciones, lógica y predeciblemente, se extienden hacia fuera: tal como Amy Kaminsky escribe, la conspiración se «viene abajo a manos de quienes son todavía menos visibles que ellos [las mujeres mestizas-burguesas]: sus sirvientas indígenas».[68] No hay nada en el texto, sin embargo, más allá de esta escena de intensa paranoia, que implique a Inés —la sirvienta indígena, *callada*, incognoscible, impenetrable, parte del paisaje, de la utilería— como la delatora que ha informado sobre la conspiración. De hecho, como lo sugiere el efectivo acercamiento de Kaminsky a la política de género de la novela, deberíamos ser cautelosos. Leída dentro de los términos de lo que Kaminsky llama «autoridad residual», la escena se presta a un discurso eurocéntrico —ampliamente alimentado por las familias de Ixtepec— sobre la naturaleza traicionera del indio, que mora aquí tras la estela de la conspiración fallida. Leída dentro de los confines del texto, sin embargo, Inés se convierte con igual facilidad en una iteración del indio Sebastián —cuya tortura y ejecución inspira la pregunta de Nicolás con la que abrí este capítulo—, cuyo único crimen explícito es la negativa a reconocer las palabras de su amo. En el mundo de la novela, simplemente no sabemos cuál es el papel de Inés en la contrainsurgencia —podría o no formar parte de ésta— así como no estamos equipados para juzgar la culpabilidad o inocencia de Sebastián.[69]

De hecho, de manera coherente con la crítica de la novela a la incapacidad del pueblo para reconocer a su enemigo, es Rodolfito Gorîbar —el acaparador de tierra que hace uso de sus conexiones e instiga al ejército federal—, y no los sirvientes indígenas, quien se presenta como una fuente igualmente plausible de la filtración. En su última conversación juntos, en la que discuten un plan para salvar al sacerdote, los hermanos Moncada tienen esta premonición, que resulta ser profética: «Si pasa algo malo, Rodolfito hará un negocio —dijeron proféticos» (264). Si Rodolfito fue incluido o excluido del plan, y cómo se enteró de todo si no estaba en medio, queda sin decir. La sospecha en torno a Inés todavía puede rondar. La colonialidad del poder, una vez desatada, oscila salvajemente y se sale de control. Tal como lo tematizó Castellanos tan poderosamente en Chiapas, no se puede simplemente abrir una compuerta de escape y comenzar desde cero en tal o cual momento oportuno. Ésta es la utopía de las familias principales, su sueño de una solidaridad conveniente de cara a la brutalidad irracional, o quizás excesivamente racional, de la articulación de la nación con el poder estatal. En respuesta a la pregunta de Nicolás —¿por qué les importa ahora si no les importó entonces?—, su padre, exasperado, pide comprensión: «Somos un pueblo joven, en plena ebullición, y todo esto es pasajero» (104). «Un pueblo joven», sin suficiente tiempo para olvidar. O, para Renan, sin suficiente tiempo para olvidar los obstáculos del consenso hegemónico. Aquí, Garro pone en primer plano la naturaleza duradera de esos obstáculos.

El fracaso de la alianza, sostengo, es la crítica histórico-política fundamental del libro.[70] Su tematización aparece en todos los giros clave de la novela, alegorizada las más de las veces en la cobardía de las familias principales, en su decisión de «guardar silencio» —un estribillo sin fin— frente al peligro mortal que amenaza su existencia misma en tanto comunidad. Consideremos su trayectoria retórica y sus implicaciones políticas en el texto.

La crítica empieza a cobrar forma al tiempo que el salvajismo de la relación parasitaria entre el ejército del Estado y los terratenientes de Ixtepec estalla con toda su fuerza. Es en el crucial capítulo ocho que el oportunista local, Rodolfito Goríbar, se une al general Francisco Rosas para aplastar la potencial radicalización de la reforma agraria. Esto lleva a la persecución y el ahorcamiento del activista Ignacio y de cuatro de sus compañeros, todos ellos «indios anónimos». El pueblo-narrador concluye el episodio: «No volvimos a mentarlo. Después de todo, sólo era un indio menos. De sus cuatro amigos ni siquiera recordábamos los nombres. Sabíamos que dentro de poco otros indios anónimos ocuparían sus lugares en las ramas» (92-93). Una vez más debemos leer con cuidado esta voz narrativa, que aquí claramente habla por la élite mestiza. Esto se debe a que la respuesta al asesinato de los activistas no es uniforme, y no todas las clases sociales parecen estar tan interesadas en olvidar la atrocidad como lo están las familias de la élite.

En una escena que se lee como indicador de los fracasos de la pequeña burguesía para reconocer la resistencia que más tarde definirá toda la segunda mitad del libro, la respuesta de las horrorizadas familias principales al asesinato es no hacer nada. Esto contrasta con la respuesta de las prostitutas de clase baja del pueblo y su abonado, Juan Cariño, un excéntrico cuya pose estentórea le granjea el apodo de El Señor Presidente. Mientras que las familias principales se acobardan, sólo Juan Cariño, ligeramente alucinado, asume una postura ética, guiando activamente a Luchi y sus «muchachas» a la guarnición del general Rosas para contestar «la violencia con la violencia» (87) con lo que quiere decir que desafía políticamente al general mediante la acción del discurso.[71] Por supuesto, Juan Cariño se vuelve objeto de burla, y más a manos del pueblo —«¿Gustan unirse a esta manifestación? Nosotros nos reíamos y contestábamos con palabras soeces a la invitación de Juan Cariño» (87)— que de los soldados, que están momentáneamente alterados por su protesta. A decir verdad, la suya es la única respuesta que implica acción. Las familias principales responden sin responder. Matilde está «avergonzada» sólo de pensar cómo se verá esto a ojos del visitante que hospeda: «Esta vez se trataba de culpar a uno de sus amigos y la señora prefería guardar silencio» (82). Elvira y Conchita se preguntan si los indígenas realmente se merecen esta clase de trato. Doña Lola Goríbar, madre de Rodolfito, se queja de la falta de bizcochos en el desayuno (la cocinera es la hermana de Ignacio, el asesinado): «tenemos que pagar justos por pecadores» (84). Ana Moncada intenta frenéticamente escudar a su hija Isabel de las noticias, mientras que su esposo, Martín, se hunde en un pantano de memorias perdidas, diciendo en voz alta, frente a su sirviente, que espera poder recoger los cuerpos para darles un entierro apropiado. Félix, el sirviente, responde: «Puede ser que al señor se los devuelvan, siempre respetan más a los de traje —dijo Félix, sabiéndose de los descalzos» (86). Pero pese al traje y el respeto que supuestamente conjura, Martín y su clase social permanecen mudos. Buen liberal y maderista comprometido, Martín muestra que su simpatía por los sirvientes indios no puede fundirse con la acción política. Lejos de exigir la restitución de los cadáveres, simplemente espera el permiso del general para recogerlos. Las prostitutas también tienen miedo; sin embargo, se mantienen firmes junto a Juan Cariño. Nadie de entre las clases altas se les une en sus esfuerzos. Y, aunque la protesta no llega a nada, el capítulo termina con las prostitutas en huelga, excluyendo a los soldados de su negocio. Además de los propios activistas agrarios, la suya es la primera línea directa de resistencia —aislada y parcial— contra la ocupación militar.

Para la segunda mitad de la novela, encontramos un Ixtepec movilizado, en «sublevación» (247). Las iglesias han sido cerradas y los cultos suspendidos por el régimen revolucionario de Calles, y la ocupación militar impone tales órdenes en Ixtepec. Esto se convierte en la causa que une a ricos y pobres, y el pueblo comienza a hacer planes, a conspirar y a dirigir su silencio contra los ocupantes: «Ixtepec se le escurría como una serpiente. [...] Las gentes iban y venían sin ocuparse de ellos [los soldados] ni de sus cavilaciones. Yo sabía que detrás de sus caras inocentes espiaban a los militares [...] La burla de Ixtepec era el origen de [la] desdicha [de Rosas]» (182-183). Mientras investigan la misteriosa desaparición del cuerpo del sacristán (víctima de un asesinato político), los oficiales del ejército se encuentran enloquecidos por un impenetrable muro de silencio: «Los militares se encontraron vencidos por el silencio de Ixtepec. ¿Qué podían hacer frente a aquellas caras inocentes? ¿Frente a aquel pueblo radiante en la mañana y en las noches oscuro y movedizo como un pantano de arena?» (187). Esta actitud pasiva-agresiva culmina cuando las familias principales organizan una fiesta para Rosas, una treta para sacar del pueblo a un sacerdote perseguido y ponerlo fuera de peligro. La alianza, sin embargo, resulta finalmente tan débil como su silencio. Conforme mil susurros sin rastro revelan la conspiración —tal vez por las maquinaciones de Rodolfito, tal vez por la venganza de Inés contra sus patrones; nunca lo sabemos— Rosas revienta el plan y varios ixtepecos son ejecutados.

Éste es el contexto para el clímax suspendido de la novela: la rebelión de la hija de una familia respetada, Isabel, y su amorío con el general Rosas, que se convierte en el centro de los últimos once capítulos del libro. Fácilmente legible como una suerte de alegoría de la Malinche, la lógica del texto va mucho más allá de estos parámetros. Mientras que la narrativa dominante sobre Malintzin la toma como traductora y amante de Cortés, que posibilita la conquista, apresura la caída de los mexicas y lleva consigo al simbólico «primer mestizo», el resultado más directo de la traición de Isabel, claramente demostrado en las lecturas pioneras de Kaminsky, es la caída del invasor a través del colapso de su soberanía.[72] El problema que resulta de leer a Isabel como una reiteración de Malintzin es quc este enfoque nos conduce rápidamente a la especulación en torno a su amor por Rosas, el asesino de sus hermanos, y la naturaleza de su traición. En pocas palabras, la homología nos lleva a preguntar: ¿cómo pudo hacerlo? Pero, así como la naturaleza precisa de las motivaciones de la Malintzin histórica está irremediablemente perdida, el texto nos da muy poco material en lo que toca a la fascinación romántica de Isabel por Rosas. Además, los términos de la pregunta reiteran la perplejidad del mismo Rosas: «¿Cómo era posible que una joven decente estuviera en su cama después de lo que había ocurrido en su familia?»(250). Y esto, por supuesto, es la pregunta que está en los labios de todo Ixtepec en su encono contra esta «hija ingrata» (283).

Vale la pena recordar aquí la fuerza crítica de la lectura de Jean Franco sobre el mito de la Malinche, ya que se puede aplicar no sólo a Inés, sino también a la figura de Isabel. Franco coloca en el centro de su crítica lo absurdo de los términos mismos de la tesis de la «traición»: la situación de Malintzin «ilustra claramente la absoluta inflexión de género de términos como *lealtad* y *traición*».[73] Resulta difícil establecer con precisión lo que Malintzin, objeto de intercambio, hija de una civilización victimizada por la expansión mexica, habría traicionado. Efectivamente, es sólo con el surgimiento del nacionalismo, su especialización de la raza y su apropiación retroactiva de los símbolos de los orígenes (por ejemplo, las civilizaciones indígenas de cuya derrota depende) que Malintzin comienza a ser comprendida como «traidora».

Garro parece tramar algo en esta dirección. Picar el anzuelo de la pregunta «¿cómo pudo hacerlo?» nos puede cegar con una fuerza melodramática y oscurecer así la crítica política alojada dentro de la novela. Cómo y por qué se enamora Isabel de Rosas no se dice nunca explícitamente y se deja tan opaco como el funcionamiento mismo del amor.[74] Sus motivos políticos, sin embargo, son a la vez claros y pragmáticos. Desde el principio, Isabel —junto con su hermano y doble, Nicolás— se coloca aparte en la novela como una figura inmersa en el desasosiego moderno. Isabel anhela escapar de la prisión del Ixtepec provincial y resiente los límites de su papel social marcado por el género (subordinado). Así, Isabel parecería susceptible al poder seductor de un Estado supuestamente modernizador, a sus fuerzas de individuación y a la posibilidad de escapar, representados en la figura de Rosas.[75] Pero lo que es más importante: debemos recordar que su habitus político es también, en relación con el de sus pares ixtepecos, moderno. Ella se yergue como una suerte de espejo, burlándose del compromiso de Ixtepec con las tradiciones, de sus secretos y su vergüenza, de su silencio y su cobardía. Estigmatizada por una belleza activa que su madre interpreta como evidencia de que Isabel fue concebida en la lujuria, posee una fina percepción de la *Realpolitik* del pueblo, combinada con una impaciencia hacia la hipocresía y el artificio social. No es de sorprender entonces que encontremos en los orígenes de su amorío con Rosas —sin importar los misterios del deseo que lo convierten en algo cercano a un amor obsesivo, aunque ambiguo— un acto de resistencia, una táctica para impulsar una estrategia de rebelión.

Es en el tenso baile, organizado como distracción mientras los conspiradores intentan escoltar al sacerdote a un lugar seguro, que las acciones de Isabel comienzan a ocupar el centro del escenario.

Astuta y observadora, ella es la primera en notar la presencia de un soplón, y enciende la alarma cuando Rosas empieza a marcharse de la fiesta, al recibir noticias de los oficiales de campo: «Isabel, muy pálida, fue en busca de la dueña de la casa. —Quién sabe qué pasa... —susurró la joven al oído de doña Carmen» (200). Consternada, la anfitriona le pregunta a Isabel qué hacer: «¡Deténgalos! —suplicó Isabel» (200). Mientras las familias principales —anfitriones de la fiesta— dudan, Isabel se pone a la altura de la ocasión e insiste en un baile con Rosas: «Ella, arrebolada y con los ojos fijos en el general, parecía vagar en un mundo sangriento. Francisco Rosas la miraba de soslayo, sin atreverse a dirigirle la palabra» (201). *Sin atreverse a dirigirle la palabra.* Sus tácticas de dilación sólo pueden durar un poco, pero su poder potencial sobre Rosas se sugiere ya aquí en su primer contacto. Con la conspiración derrotada y el destino de sus hermanos todavía poco claro, situación que Isabel es la primera en percibir y admitir, Rosas aparece en la casa de los Moncada para buscar a su hija: para el horror de Ana, Isabel «se fue con él en la oscuridad de los portales» (238).

¿Es esto parte de una batalla desesperada por salvar a los hermanos de Isabel? ¿O es una traición? Aunque el texto nunca contesta esta pregunta, el resultado objetivo de las acciones de Isabel se desarrolla a lo largo de los siguientes capítulos: es cuando Rosas seduce a Isabel (¿o es ella quien seduce al general?), y se arrepiente casi de inmediato, que el tormento y la caída del general empiezan. Contrariamente a las intenciones de Isabel, los motivos del general son explícitos:

> Quería saber y hacer saber a Ixtepec que en Ixtepec sólo contaba la voluntad del general Francisco Rosas. ¿Acaso no se reían de él desde hacía meses? [...] luego se volvió a Isabel que esperaba muda y de pie en el medio del cuarto. «Ahora van a saber que lleno mi cama con la que más les duele», se dijo (245).

El deseo de soberanía está claro: «en Ixtepec sólo contaba la voluntad del general Francisco Rosas». Si el soberano es aquel que decide, entonces el proyecto de Rosas no queda confirmado, sino más bien anulado por Isabel conforme ella lo reduce metódicamente a la indecisión y la duda.[76] Rosas le ordena desvestirse, ella lo hace, y después él se pierde en sus «ojos obstinados»: «Isabel obedeció sin replicar y Rosas, intimidado, apagó el quinqué de un soplo; en la cama se encontró con un cuerpo extraño que le obedecía sin decir una palabra. La luz de la mañana lo encontró desamparado. [...] Quería salir de la habitación que se le había vuelto asfixiante» (245). Este juego, en el que al principio no se sabe qué está en juego, continúa durante el resto de la novela, con los «ojos obstinados» de Isabel, su obediencia aterradora, su silencio activo, su ocupación de la habitación de Rosas, todo convergiendo para reducir metódicamente al general a jirones, borrando sus memorias románticas de una revolución (personificada en la figura de su amante fugada, Julia) y sobrepasando su fuerza soberana. Ahí donde él había supuesto que su conquista de Isabel representaría un triunfo total, en lugar de ello «no quedaba lugar para él, ni para su pasado, se ahogaba... "Ocupa todo el cuarto", se dijo, y en ese momento se dio cuenta de que había cometido un error irreparable» (246).

Para el final de la novela, el colapso de la soberanía del general provocado por Isabel ocurre en los términos más literales. Cuando Isabel invade y ocupa el espacio más íntimo del general, él comienza a reconocerla como una suerte de doble del hermano, Nicolás, juzgado y condenado a morir por participar en la rebelión. Isabel, aprovechando el tormento del general, obtiene la libertad de su hermano, y Rosas ordena que Nicolás sea secretamente liberado de camino al lugar del fusilamiento. Justo cuando se completan las ejecuciones, Nicolás regresa voluntariamente para exigir que a él también se le ponga frente al pelotón. Así, el perdón soberano es rechazado y, con él, el poder de Rosas se evapora en un ataque de arrepentimiento: «"No aceptó mi perdón...". Palideció y se golpeó los muslos con la palma de las manos» (286). Si los dobles Moncada —Isabel y Nicolás, quienes han de ser reconocidos, según explica Kaminsky, como «la pareja primordial en esta novela»— representan el amor y el compromiso en el corazón de la acción revolucionaria, es con la muerte de Nicolás que el general —ahora claramente alucinando— ve en sí mismo la muerte de la propia Revolución: «Pensó que iba a llorar [...] ¿Por qué había de matar siempre a lo que amaba? [...] Los Moncada le enseñaron el mundo de la compañía y cuando entraba en él, confiado, se lo arrebataban para dejarlo otra vez solo, entregado a la nada de sus días» (287). Al tiempo que recuerda «las palabras engañosas de Isabel y la cara orgullosa de su hermano», promete: «"Nunca más perdonaré a nadie"» (287). Pero nunca tendrá que hacerlo: anulado su poder de decisión soberana en su gesto más básico (el perdón), vaga durante el resto de la novela ebrio y deprimido antes de ser misericordiosamente llamado de vuelta por el gobierno revolucionario.

Si la cópula de la nación y el Estado representa la articulación moderna de la hegemonía y la soberanía, la caída del general, el soberano local, representa un relajamiento momentáneo de esa articulación y una crisis potencial del poder del Estado. Con esto se abre una fisura, una oportunidad histórica que puede o no ser rellenada por la acción política, un momento en el que la hegemonía nacional —los términos de identificación horizontal que Renan llama «consentimiento»— puede renegociarse. Se trata, en breve, de una fractura histórica en espera de una revolución. Para la generación de Garro, esa oportunidad fue la Revolución, y Garro la entiende claramente como una oportunidad perdida. Una vez más, el fracaso de la alianza le brinda a Garro la base temática para emprender su crítica.

Ixtepec, en su impulso por olvidar, deja ir ese momento histórico. Lo hace equivocándose por completo en la identificación de su enemigo. Los últimos capítulos de la novela asisten a la furia y protesta de todo Ixtepec. En estas escenas tumultuosas, las multitudes se congregan en torno a Nicolás, apresado, el héroe macho, y lo convierten en un mártir revolucionario, esperando con ansias su salvación a manos de un mítico rebelde cristero que, se rumora, ya se acerca: Abacuc.[77] Esta furia popular, sin embargo, no se dirige contra las fuerzas de opresión que acorralan al pueblo: el general y sus tropas no son expulsados, y no hay llamados a llevar al siniestro Rodolfito ante la justicia. En cambio, la protesta dirige su atención rápida y violentamente hacia Isabel. Con una hegemonía apenas perversa, Ixtepec, como nación, solidifica su identidad al consentir el desprecio por su otro marginal: «Sólo Cástulo [un sirviente indígena] deseaba que Isabel obtuviera la vida de su hermano, Ixtepec entero quería que expiara sus pecados [los de Isabel, o los del pueblo]» (284). Si las disyunciones de la raza y la nación produjeron un campo aterrador cuya solución se encuentra en una ilusoria «exterminación de los indios», aquí las disyunciones del género y la nación («una agregación de hombres») producen una ceguera que permite que la acumulación originaria continúe sin restricciones, al tiempo que todo Ixtepec se alza en una sola voz contra la traición llevada a cabo por su «hija ingrata». Sin retomar siquiera la idea de Franco que nos invita a preguntarnos en qué términos podemos comenzar a pensar una traición en este contexto, la catástrofe política es obvia. Una vez que el general ha sido derrotado por Isabel, el pueblo es incapaz de articular su rebelión, y opta por permanecer en silencio, absorto en su tarea de olvidar: «A veces los fuereños no entienden mi cansancio ni mi polvo, tal vez porque ya no queda nadie para nombrar a los Moncada» (292). Y aquí encontramos una especie de triste nación renaniana donde la unidad no es meramente forzada por medio de la brutalidad: la unidad de Ixtepec es la misma cosa que la brutalidad. O, quizás de manera más precisa, la brutalidad parece capaz de producir la hegemonía nacional, mientras la «unidad» sólo descansa a su lado como un eslogan vacío. Cuando Ixtepec consiente tácitamente la llegada de nuevos generales, la expansión de las tierras de Rodolfito continúa, lo mismo que el ahorcamiento de más activistas indígenas. Por lo que toca a la rebelión de Isabel, se petrifica.

En el famoso y desconcertante final de la novela, Isabel, habiendo expulsado al general del pueblo al tiempo que era seducida por él, se transforma en una gran piedra —no queda claro si simbólica o literalmente («piedra», tal como lo señalan muchos críticos, es una forma de decir «prostituta»), y no es importante–, a la vez monumento a su traición y cimiento sobre el cual se apoya Ixtepec. La alegoría «malinchista» se afirma así, haciendo ver las «armas débiles» (cuerpos, silencio) que limitan y a la vez posibilitan la agencia política de las mujeres en el escenario nacional (en realidad, protonacional). Si se es más escéptico sobre el proyecto de Garro, puede sostenerse que la osificación de la resistencia sugerida por la piedra detiene la historia sobre sus pasos, nulificando cualquier discurso revolucionario. Ambas lecturas son buenas lecturas y pueden, de hecho, ser lecturas correctas. Pero una lectura poscolonial empática debe buscar la crítica, y el objeto de esa crítica, albergados en la novela.

Tal como argumenta Kaminsky, el tiempo muerto, inmóvil, que define a Ixtepec, parecería inmovilizar también la acción revolucionaria. Me parece que a esto mismo apunta Franco cuando concluye que, para Garro, «la mujeres no entran a la historia... sólo al romance».[78] Más explícitamente, Kaminsky emite una nota de decepción porque Garro «socava el viejo argumento pero no coloca nada más que silencio en su lugar» y «nadie refuta las palabras finales de la novela. [...] Sin ofrecer nada en su lugar, Garro no hace sino silenciar la voz enmudecida de la resistencia».[79] Pero, precisamente en lo que toca a esta falta, sostengo que la novela afila su viso crítico: lejos de estar silenciada, la voz de la resistencia ha de ser desvelada por nosotros, como lectores activos. Al no ofrecer ninguna narrativa alterna autoevidente, ningún manual amigable con el usuario sobre la acción apropiada, la novela de Garro evita la trampa del objeto de su crítica: el deseo de una narrativa fantástica para superar las fuerzas de la opresión y, en última instancia, la segregación. En este sentido, la idea de que Garro «produce una *nueva* narrativa nacional» que subraya la ambigüedad por encima de la clausura es igualmente dudosa.[80] La única narrativa nacional evocada aquí es una muy vieja: la narrativa de un malestar posrevolucionario, ya visible (e igualmente ambigua) en Azuela y Vasconcelos, y que constituye el punto más convencional de la novela, una reiteración precisa de la marca genérica de la «novela de la Revolución mexicana».

Pero Garro va un paso más allá del mero malestar, y el impulso de su novela es importante para las posibilidades críticas del discurso literario porque confronta el sutil funcionamiento de la raza en una sociedad cuyas premisas están en un contrato racial de aculturación y fusión. La alianza fracasa, y la frontera que marca este fracaso se traza sobre la brillante línea de la segregación que realmente existe. En un México donde el indígena había sido internalizado de manera ambivalente como esencia de la identidad nacional, la élite mestiza todavía no puede encontrar una causa común con las comunidades indígenas y sus luchas por los derechos sobre la tierra. La conclusión de la novela da fe de este *impasse*.

Ahora nos damos cuenta de que la piedra-Isabel, hija del Estado mestizo que sirve como fundamento de ese Ixtepec de nombre indígena («Aquí estoy, sentado sobre esta piedra aparente», son las primeras palabras de la novela, enunciadas por el narrador-Ixtepec), lleva la inscripción de la vergüenza de Isabel: «Soy Isabel Moncada [...] Causé la desdicha de mis padres y la muerte de mis hermanos Juan y Nicolás. Cuando venía a pedirle a la Virgen que me curara del amor que tengo por el general Francisco Rosas que mató a mis hermanos, me arrepentí y preferí el amor del hombre que me perdió y perdió a mi familia» (292). La inscripción, sin embargo, no es una confesión sino un testimonio, interpretada, traducida e inmortalizada por la deslumbrada Gregoria, la sirvienta que en última instancia sigue el mandato del conservadurismo popular, arrastrando primero a Isabel para que enfrente a la multitud y obligándola después a buscar socorro ante la Virgen.[81] Más aún, las palabras están inscritas en un monumento. Y, si hemos leído la novela con cuidado, debemos leer la piedra en el contexto de la inflexible crítica de Garro a la historia monumental, la historia que Renan señalaba como crucial para la formación de las naciones, la bisagra dialéctica que convierte la violencia fundamental olvidada en consenso. Lejos de una confesión, entonces, la inscripción es una borradura, un velo que cubre la acción política de Isabel, y su humillación solidifica el repudio de Garro al nativismo mezquino y la conciencia de clase de Ixtepec, México.

Y una vez más ésta es una oportunidad desaprovechada. Un par de detalles ayudan a enfatizar el punto y a revelar un atisbo de cómo podrían haber sido las cosas. Recelosa de la turba, Gregoria acompaña a Isabel por el largo camino que rodea el pueblo, hacia el campo, donde los mestizos tienen miedo, y ahí se topan con la «choza» del «más sabio y el más cortés de mis vecinos» (290), como dice el narrador. Éste es Enedino Montiel Barona, quien lleva el nombre del compañero de viaje de Garro en el mundo del activismo agrario, aquel que habría dicho «perdone, señor, pero los indios de México no tenemos gobierno». Su casa está reducida a «un montón de piedras» y todas sus palomas han muerto, pero su interacción con la «hija ingrata» de Ixtepec es tan natural y pura como la humilde comida que puede ofrecer a la cansada pareja: «un atado de tortillas, un poco de sal y un guaje de agua fresca» (290). Con una inmediatez ética que puede lograr que la causa común no se vea restringida por el prejuicio de clase, la valiosa generosidad de Enedino se yergue en franco contraste con la mendacidad y neurosis de Ixtepec, con su fracaso para ver cualquier otra cosa que no sea su propia vergüenza, y ni siquiera eso.

La petrificación de Isabel podría ser un monumento a su propio deseo transgresor, y su posición fundacional podría colocarse en una relación homóloga a la del Estado mestizo, nacido de los pecados de Malintzin. El objeto fundamental de la crítica de Garro, sin embargo, no es la agencia de las mujeres, o la falta de ella. Ni siquiera es el poder estatal-militar en cuanto tal. El objeto de la crítica, sostengo, es el pegamento que mantiene unido al Estado mestizo: la propia clase social de Garro, su cobardía, su excluyente (y violenta) nacionalización, su oportunidad histórica perdida.[82] A través de Isabel, esto es todo lo que esa clase verá: Ixtepec, desde sus raíces náhuatl, es una «colina de obsidiana».[83] Al contemplar la vergüenza de Isabel, el Estado mestizo sólo encontrará sus propias contradicciones, sus fracasos, su ser indígena, reflejado sobre una superficie negra. Y esta oportunidad perdida puede ser simbolizada en un error: el error de haber confundido la monumentalización estatal de Zapata y Madero con la verdadera alianza entre dos revoluciones —materialista e idealista, por la tierra y por la justicia—, necesaria para formar una nación que, en vez de olvidar, consiguiera poner un alto a las nuevas recreaciones de sus propios rituales fundadores de violencia.

AGRADECIMIENTOS

Mi gratitud infinita a Marianela Santoveña y Rafael Lemus. Su interés, entusiasmo e inteligencia hicieron posible la publicación de este libro en español. Entre los muchos que contribuyeron al desarrollo y la circulación de esta obra, agradezco a Bram Acosta, Salomé Aguilera Skvirsky, Ivonne del Valle, Betina González, Erin Graff Zivin, Koichi Hagimoto, el fallecido Charles Hale, Peter Hallberg, Carlos Jáuregui, Arpad von Klimo, Aarti Madan Smith, Anne Garland Mahler, Gerry Martin, María del Pilar Melgarejo, Mabel Moraña, Richard Morrison, John Ochoa, Sergio Ramírez Franco, Dierdra Reber, Amy Robinson, Gayle Rogers, Olimpia Rosenthal, Alejandro Sánchez Lopera, Nacho Sánchez, David Solodkow, Sam Steinberg, Estelle Tarica, Luc Vancheri, Joel Wainwright, Christine Waller, Gareth Williams, y mis colegas en la Universidad de Notre Dame. *El Estado mestizo* se benefició del apoyo institucional y de la amistad de Jonathan Arac, del Pitt Humanities Center. Y su investigación de archivo es resultado de los archivistas e investigadores del Instituto Nacional de Antropología e Historia, del Archivo General de la Nación, de la Biblioteca Miguel Lerdo de Tejada y del Instituto Mora. Lorena Gutiérrez y Dalia Hernández me enseñaron el arte de navegar por la Hemeroteca del Fondo Reservado de la Biblioteca Nacional de México. Un agradecimiento afectuoso a Luis Martínez, gran amigo cuya familia me introdujo a México hace mil años. Veo su generosidad reflejada en el pueblo mexicano, que siempre me ha recibido con bondad y cuyo espíritu de rebeldía inagotable, incluso en tiempos oscuros, me da fe en la humanidad. Finalmente, gratitud eterna a mi familia, Sarah, Benny-Maria, Natalie e Ingrid Rose, cuyo humor y amor llenan mis días con inspiración.

NOTAS

Introducción

[1] La historia prenacional del mestizaje en México es profundamente compleja, y la naturaleza de la relación entre la así llamada sociedad de castas y el discurso racial en el México moderno es controvertida. Un recuento de esta historia y de los debates que la rodean —y que se suscitan al tiempo que escribo— cae fuera de los parámetros de este libro. El estudio fundacional sobre la discusión moderna en torno a la raza y el mestizaje en Nueva España es el de Magnus Mörner, *Race Mixture in the History of Latin America* (Boston: Little, Brown, 1967); existen muchos trabajos recientes, y una lista breve de los que considero algunos de los estudios más iluminadores en este campo en expansión incluiría: R. Douglas Cope, *The Limits of Racial Domination: Plebeian Society in Colonial Mexico City, 1660-1720* (Madison: University of Wisconsin Press, 1994); Laura Lewis, *Hall of Mirrors: Power, Witchcraft, and Caste in Colonial Mexico* (Durham, N. C.: Duke University Press, 2003); Ilona Katzew, *Casta Painting: Images of Race in Eighteenth-Century Mexico* (New Haven, Conn.: Yale University Press, 2004); Matthew Restall, *Beyond Black and Red: African-Native Relations in Colonial Latin America* (Albuquerque: University of New Mexico Press, 2005); y María Elena Martínez, *Genealogical Fictions: Limpieza de Sangre, Religion, and Gender in Colonial Mexico* (Palo Alto, Calif.: Stanford University Press, 2008). Claro que también hay una larga historia, aún en curso, de trabajos sobre el tema en el contexto académico mexicano. Si no los menciono en esta nota, es porque ese corpus forma parte esencial del objeto de estudio que desarrollo en este libro.

[2] El texto clave de Molina Enríquez es *Los grandes problemas nacionales* (México, D. F.: Era, 1978 [1909]). Ahí, el autor emprende un primer intento sistemático por comprender la historia social mexicana, en especial el problema del desarrollo rural, en términos de raza. Para una revisión eficaz de los preceptos básicos de Molina Enríquez, véase el excelente estudio de Agustín Basave Benítez, *México mestizo: Análisis del nacionalismo mexicano en torno a la mestizofilia de Andrés Molina Enríquez* (México, D. F.: FCE, 1992).

[3] Véanse, por ejemplo: para el primer proyecto, Luis Villoro, *Los grandes momentos del indigenismo en México* (México, D. F.: El Colegio de México, 1950); para el segundo, Guillermo Bonfil Batalla, *México profundo: Una civilización negada* (México, D. F.: CONACULTA, 2001 [1987]); y, para la presencia africana en México, Gonzalo Aguirre Beltrán, *La población negra de México, 1519-1810: Estudio etno-histórico* (México, D. F.: Ediciones Fuente Cultural, 1946).

[4] Enrique Krauze, *Biography of Power: A History of Modern Mexico, 1810-1996.* Traducido al inglés por Hank Heifetz (Nueva York: HarperCollins, 1997). [Se trata de un texto que únicamente se publicó en inglés, y no ha de confundirse con la colección de ocho volúmenes bajo el mismo título que publicó el Fondo de Cultura Económica en México en 1987. *N. de la T.*]

[5] Más que acumular citas que conformen la base de estas premisas, puedo anotar tres fuentes indispensables para mi pensamiento sobre la raza en este proyecto. Henry Louis Gates Jr. y Kwame Anthony Appiah, eds., *«Race,» Writing, and Difference* (Chicago: Chicago University Press, 1986) es un parteaguas en el giro postestructuralista en torno a los estudios críticos sobre la raza y sobre el discurso literario como un discurso no meramente reflexivo sino, ante todo, productor de la raza. La idea de Étienne Balibar sobre las «etnicidades ficticias», en Étienne Balibar e Immanuel Wallerstein, *Race, Nation, Class: Ambiguous Identities* (Londres: Verso, 1991), resulta esencial para comprender las relaciones entre raza y nación. Junto a estos textos coloco el de Claudio Lomnitz, *Deep Mexico, Silent Mexico: An Anthropology of Nationalism* (Minneapolis: University of Minnesota Press, 2001), por su historia de las instituciones antropológicas en México como una suerte de máquina intelectual para la producción de identidad nacional. Esta última obra ha sido particularmente importante para ayudarme a percibir la forma histórica de las innovaciones conceptuales de los dos textos anteriores, en la medida en que subraya el papel de los intelectuales y sus instituciones, dedicados a la tarea real de producir la raza.

[6] Tanalís Padilla, *Rural Resistance in the Land of Zapata: The Jaramillista Movement and the Myth of the Pax Priísta, 1940-1962* (Durham, N. C.: Duke University Press, 2008), 7.

[7] La tipología sociopolítica dentro de la cual coloco a los escritores en cuestión en este libro se puede comparar, y sin duda tiene una deuda conceptual, con la idea de Ignacio Sánchez Prado sobre la «nación intelectual», que él describe como «un conjunto de producciones discursivas, enunciadas sobre todo desde la literatura, que imaginan, dentro del marco de la cultura nacional hegemóni-

ca, proyectos alternativos de la nación», *Naciones intelectuales: Las fundaciones de la modernidad literaria mexicana (1917-1959)* (West Lafayette, Ind.: Purdue University Press, 2009), 1. Sin embargo, existe una diferencia importante: los escritores que trato en este libro no se dedican a imaginar proyectos alternativos de nación, o al menos no de manera explícita. Suelen ser radicalmente críticos, pero de ninguna manera son radicales de la cultura, y su crítica al discurso racial persigue en gran medida la producción de una hegemonía más justa.

1. Colonización e indianización en el México liberal: el caso de Luis Alva

[1] En la política cultural mexicana, la categoría «mestizo» se refiere a un individuo de ascendencia racial mixta, que por lo general se supone es americana y europea: la presencia de africanos en México padece un profundo borramiento histórico. Véase Luz María Martínez Montiel, coord. *Presencia africana en México* (México, D. F.: Consejo Nacional para la Cultura y las Artes, 1994). El mestizo también es la racialización preferida y de larga data de la identidad nacional. Véase, entre otros, Luis Villoro, *Los grandes momentos del indigenismo en México* (México, D. F.: El Colegio de México, 1950); Agustín Basave Benítez, *México mestizo: Análisis del nacionalismo mexicano en torno a la mestizofilia de Andrés Molina Enríquez* (México, D. F.: Fondo de Cultura Económica, 1992); y Estelle Tarica, *The Inner Life of Mestizo Nationalism* (Minneapolis: University of Minnesota Press, 2008). La categoría más importante para este capítulo es «indio». Con «el indio» me refiero al resultado de una trayectoria histórica de identificación que depende de una mirada colonial respaldada por la fuerza: una mirada que opera dialécticamente, que homogeneiza (el indio monolítico) y que produce una diferencia (comunidades indígenas distintas). Así, el indio funciona retóricamente como emblema y como relación social. Aquí escribo «el indio» entre comillas (y señalo que su uso está implícito de aquí en adelante en todo el libro) para indicar esta historia compleja, y mantengo el término, no importa cuán problemático, porque hace eco del lenguaje de ese contexto histórico que tomo como objeto de examen. De esta manera intento invocar la ambivalencia referencial de «el indio», que indica a la vez sujetos y comunidades así (auto)definidos, y también procesos sociohistóricos a través de los cuales dichos sujetos y comunidades se introducen en el discurso. Sobre los orígenes decimonónicos

del discurso posrevolucionario de la raza en México, véase Luis Villoro, *Los grandes momentos del indigenismo...*; Martin Stabb, «Indigenism and Racism in Mexican Thought, 1857-1911», *Journal of Inter-American Studies* 1, n.° 4 (1959): 405-423; y T. G. Powell, «Mexican Intellectuals and the Indian Question, 1876-1911», *Hispanic American Historical Review* 48, n.° 1 (1968): 19-36.

[2] Charles Hale, *The Transformation of Liberalism in Late Nineteenth-Century Mexico* (Princeton, N. J.: Princeton University Press, 1989). A finales del siglo XIX, el liberalismo mexicano, como explica Hale, se entremezcló con una corriente filosófica mayor de positivismo y se anquilosó como soporte ideológico de un partido de Estado obsesionado con los proyectos mellizos de pacificación y modernización. Dentro del contexto específico de México, el liberalismo debe ser siempre entendido junto con los ecos de esta historia.

[3] El capitalismo es uno entre muchos «modos de producción». Véase Eric Wolf, *Europe and the People without History* (Berkeley: University of California Press, 1982); y, para el contexto específicamente latinoamericano, Ernesto Laclau, «Feudalism and Capitalism in Latin America», *New Left Review* 67 (mayo-junio, 1971): 19-38. En este sentido, la heterodoxia del «liberalismo mexicano» como estudio de caso resulta particularmente útil, ya que, por encima de cualquier otro aspecto ideológico del liberalismo, acentúa descaradamente su articulación con el desarrollo de un modo capitalista de producción. Es así como acabamos con el oxímoron «liberalismo conservador», tan importante en la historia política de México y producto del papel ideológico del liberalismo en la formación de un partido de Estado; el «liberalismo conservador» se yergue como un conjunto rector de las iniciativas políticas, que da prioridad al desarrollo capitalista bajo la protección estatal.

[4] Este proceso comenzó formalmente con la Asamblea Constituyente de 1856-1857, la instauración de la Constitución de 1857 y las subsecuentes Leyes de Reforma, y las presidencias de Benito Juárez en 1858-1863 y 1867-1872. Sebastián Lerdo de Tejada tomó las riendas presidenciales y, pese a que gobernó en tiempos convulsos, logró institucionalizar varios preceptos liberales. En una caótica batalla a tres bandas por la legitimidad del ejecutivo, fue derrocado en una rebelión encabezada por Porfirio Díaz en 1876. Aunque es un anatema para Juárez, que era más ortodoxo en muchos aspectos, fue durante la larga presidencia de Díaz que el legado juarista, y el así llamado periodo de Reforma asociado con su liderazgo, sería canonizado como el auténtico origen de la verdadera cultura política de México.

5 Esta dinámica social, política e histórica fue dramatizada en la popular «novela de bandidos», una forma literaria que, al igual que la élite cultural a la que correspondía, tendía a achatar la heterogeneidad de la resistencia contra la dominación estatal en un «bandidaje» genérico. *Astucia, el jefe de los Hermanos de la Hoja o los Charros Contrabandistas de la Rama*, de Luis Gonzaga Inclán (México, D. F.: Porrúa, 1946 [1865]); *Los bandidos de Río Frío*, de Manuel Payno (ed. de Manuel Sol, México, D. F.: CONACULTA, 2000 [1889]); y *El Zarco: Episodios de la vida mexicana en 1861-1863*, de Ignacio Altamirano (ed. de Manuel Sol, Veracruz: Clásicos Mexicanos. Universidad Veracruzana, 2000 [1901]) son los textos clásicos del género. Pero tal vez sea *Tomochic*, de Heriberto Frías (México, D. F.: Porrúa, 1989 [1893]), en tanto se resistía explícitamente al bandidaje de los rebeldes locales, la obra que capta más exitosamente la faceta brutal de la pacificación del México rural. Hemos de señalar que la consolidación de México fue un proyecto transhistórico y que los contornos del territorio «no pacificado» corresponden de manera sugerente, aunque imperfecta, a los «márgenes del imperio» que asolaron a España, tal como lo explora David Weber en su emocionante estudio *Bárbaros: Spaniards and Their Savages in the Age of Enlightenment* (New Haven, Conn.: Yale University Press, 2005).

6 «Colonización», en este sentido, es un término que fusiona la tensión que Hannah Arendt traza entre la expansión imperial y la soberanía popular de la forma nación republicana, en *The Burden of our Time* (Londres: Secker and Warburg, 1951), 132-153. Mientras que Arendt propone que aquélla sólo puede corroer a la segunda, el caso mexicano muestra cómo la estructura básica de la expansión puede operar y, de hecho, opera dentro de un contexto de soberanía popular.

7 Moisés González Navarro abre su estudio clásico sobre el tema con esta sucinta definición de la política de colonización: «Población escasa y deficiente, y tierra abundante, fértil y baldía, eran las dos premisas en que se basaba la necesidad de atraer la inmigración extranjera que pasara de la potencia al acto las legendarias riquezas del país». Véase, *La colonización en México, 1877-1910* (México, D. F.: Estampillas y Valores, 1960), 1. La colonización porfirista fue un retorno a una idea ya promovida por estadistas desde antes de la guerra de 1847 y la subsecuente expropiación de territorio mexicano por Estados Unidos en 1848. Hale enumera los siguientes datos como cruciales en términos de la política estatal: la formación de una «oficina de colonización» en 1846; un decreto de guerra de 1863 que autorizaba «la ocupación y enajenación de tierras

no reclamadas»; y las leyes explícitas de colonización de 1875 y 1883 (*The Transformation of Liberalism...*, 235). Véase también Moisés González Navarro, *La colonización en México...* Para un examen de la colonización dentro de un contexto histórico más amplio y ligado a la expansión imperial española, véase Friedrich Katz, «The Liberal Republic and the Porfiriato, 1867-1910», en *Mexico since Independence*, ed. por Leslie Bethell, 49-125 (Cambridge: Cambridge University Press, 1991).

[8] Véase Raymond Craib, *Cartographic Mexico: A History of State Fixations and Fugitive Landscapes* (Durham, N. C.: Duke University Press, 2004), 166; y Moisés González Navarro, *La colonización en México...*, 16, 18-20 *et passim*. González Navarro explica que el uso indígena de las tierras declaradas baldías a menudo era desestimado como ocupación itinerante por «salvajes», término común para las comunidades indígenas no sedentarias. Como señala Craib, la premisa de esta lógica de civilización a través del asentamiento —que los grupos indígenas ya eran itinerantes *antes* del inicio de la formación del Estado moderno— está «abierta a debate».

[9] La división de las tierras comunales indígenas —el sistema de ejidos— en granjas privadas comenzó a tomar forma legal seria en la década de 1850 con la introducción de las reformas liberales, y con la Ley Lerdo en 1856, que formalizaba la pretendida privatización de las comunidades indígenas. (Nuevas salvaguardias para los ejidos fueron introducidas tras la revolución, y su cancelación a principios de la década de 1990 ha sido una consigna en las protestas contra el Tratado de Libre Comercio de América del Norte.) Para 1900, la intensificación de la expropiación de tierras indígenas ya era un lugar común historiográfico y crítico, que recibía extensos comentarios en lugares importantes como *México, su evolución social*, de Justo Sierra (Barcelona: Ballescá, 1900-1902). Véase T. G. Powell, «Mexican Intellectuals...», 29. La rápida articulación de la «violencia rural» y la «rebelión indígena» es un tema difícil. Como afirma Hale acertadamente, «los observadores en la capital tendían a referirse a todos los rebeldes rurales como indios», además «estaban mal informados y eran en gran medida insensibles a la variedad de protestas rurales y al espectro de quejas que implicaban» (*The Transformation of Liberalism...*, 222-223). Dicho esto, ya sea que alguna rebelión particular fuese o no ideada por protagonistas que pudiéramos identificar empíricamente (biológica, culturalmente, etcétera) como indígenas, el hecho es que el siglo XIX presenció una *producción de indigenidad* metropolitana, precisamente al fusionar la violencia

rural y la identidad del indio. Los órganos del Estado y la prensa trabajaron duro para apuntalar este discurso. Por poner un ejemplo, véase Paul Vanderwood, *The Power of God against the Guns of Government: Religious Upheaval in Mexico at the Turn of the Nineteenth Century* (Stanford, Calif.: Stanford University Press, 1998), donde aborda el levantamiento de 1892 en Tomochic.

[10] En su versión más primordial, el «problema del indio» del siglo XIX tiene que ver con el miedo a la violencia y con cierto desasosiego por la amenaza (real o imaginada) de las doctrinas izquierdistas que, se creía, flotaban en el aire del campo. Separar el subdesarrollo de las comunidades indígenas como un problema *social* de su potencial rebeldía como problema *político* resulta difícil.

[11] «Acumulación originaria» es el nombre que da Marx a la apropiación, mediante el uso de la fuerza, de recursos que se podrían convertir potencialmente en capital. Un esbozo rápido de la acumulación originaria es la estrategia clave de Marx para desestabilizar los orígenes «idílicos» del capital en las obras de economistas políticos como Adam Smith. La acumulación originaria intenta explicar «la existencia en manos de los productores de mercancías de grandes masas de capital y fuerza de trabajo [...] una acumulación que no es fruto del modo capitalista de producción, sino su punto de partida» (Karl Marx, *Capital: A Critique of Political Economy*, vol. 1. [Nueva York: International Publishers, 1961, 713). En pocas palabras, puede ser comprendida como «el proceso histórico de disociación entre el productor y los medios de producción».

[12] Véase Martin Stabb, «Indigenism and Racism...», 407-412, para una efectiva introducción a estas obras. Prieto comenta sobre la condición indígena en varios de sus esbozos de viaje costumbristas. El estudio de Pimentel se titula *Memoria sobre las causas que han originado la situación actual de la raza indígena de México, y medios de remediarla* (México: Andrade y Escalante, 1864).

[13] Véase Alfonso Caso, *Indigenismo* (México, D. F.: Instituto Nacional Indigenista, 1958); y Henri Favre, *El indigenismo* (México, D. F.: Fondo de Cultura Económica, 1998). Véanse también las páginas iniciales de Estelle Tarica, *The Inner Life...*, para una definición más elaborada del indigenismo, incluida la consideración de sus legados de opresión y de emancipación. En los estudios literarios, es común distinguir entre el indigenismo social realista o surrealista (en las décadas de 1930 a 1960) y el «indianismo» romántico (asociado con el siglo XIX), y que consiste en el tratamiento del indio idealizado como objeto de las obras literarias. El indianismo contemporáneo suele referirse a los movimientos políticos basados en la búsqueda de derechos y liderados por indígenas.

[14] Otro ejemplo de esto lo encontramos en la obra de Luis Villoro, quien en 1950 citó favorablemente la conclusión de Manuel Gamio según la cual la historia del mestizaje ha resultado en la «creciente indigenización» de México, con lo que Villoro invocaba una variación del término exactamente como yo lo concibo, con todas sus cualidades retóricas intactas (*Los grandes momentos del indigenismo...*, 207). Pues ¿cómo mediríamos empíricamente la indigenización? Es preciso, sin embargo, revisar la idea de «reindianización» de Leticia Reina y Cuauhtémoc Velasco, que se refiere, a la inversa, a la tenacidad de las comunidades indígenas en su resistencia contra el impulso liberal de «homogeneización de sus pobladores» en la América Latina del siglo XIX, en *La reindianización de América, siglo XIX*, coord. por Leticia Reina (México, D. F.: Siglo XXI, 1997), 15.

[15] Luis Alva, «Boletín del "Monitor"», *El Monitor Republicano* (23 de mayo-23 de noviembre, 1893): múltiples volúmenes. [Todas las referencias a la serie de ensayos que aparecen en el Boletín de *El Monitor Republicano* durante este periodo se indicarán con el título «Boletín» y la fecha entre paréntesis en el cuerpo del texto. *N. del E.*] Spencer, junto con Auguste Comte, constituyó la gran fuente positivista para gran parte de la América Latina del siglo XIX, y su influencia se sintió especialmente en el México porfiriano. Alva fue un pensador del disenso en este aspecto. La distinción básica entre ambos puede marcarse en su invocación de una «ley general del progreso». Los dos coinciden en que una ley universal del progreso limita los efectos de las acciones humanas individuales. Para Spencer, el motor de esta ley es la lucha, y él la utilizaba como argumento contra la intervención del Estado en las cuestiones sociales. Para Alva, por el contrario, la ley del progreso es algo que los seres humanos deben esforzarse en aprovechar adecuadamente, y esto no se puede lograr a través del individuo, sino a través de la colectividad, cuyo espíritu puede captar un gran liderazgo, ya tenga éste la forma de un hombre o del Estado (12 de octubre de 1893). En lo tocante al tema del progreso, si Spencer es darwiniano, Alva es hegeliano. Alva entendía la lucha darwiniana como una filosofía barata para la esfera social que meramente justificaba la explotación de los débiles por parte de los fuertes (9 de noviembre de 1893). Constant fue un filósofo político suizo-francés y un héroe de los constitucionalistas mexicanos. Alva aplica muchas de sus enseñanzas sobre el gobierno, especialmente en lo que se refiere a la división de poderes que debería asegurar una república moderna. Aun cuando se separa del apoyo que da Constant a un poder monárquico neutral o de

mediación dentro del republicanismo, Alva compartía sus tesis elitistas sobre la necesidad en las sociedades modernas de representantes estables para ejercer una buena práctica política. Para una introducción ilustrativa sobre el pensamiento de Constant y su resurgimiento actual, véase Helena Rosenblatt, «Why Constant? A Critical Overview of the Constant Revival», *Modern Intellectual History* 1 (2004): 439-453 y *The Cambridge Companion to Constant* (Cambridge: Cambridge University Press, 2009); sobre el impacto de Constant en México, véase Charles Hale, *Mexican Liberalism in the Age of Mora, 1821-1853* (New Haven, Conn.: Yale University Press, 1968), 76 *et passim.*

[16] Luis Alva, «Economías», *El Monitor Republicano* (24 de febrero de 1881).

[17] El 19 de noviembre de 1881, *El Siglo Diez y Nueve* anuncia que ha recibido la primera copia del *Museo de la Casa* de Alva: «Dicha publicación está consagrada á las familias, y será una enciclopedia popular y económica para uso de las señoras, los jóvenes, los labradores y los comerciantes en general, pues se ocupará de diferentes materias propias a la instrucción y recreo de las familias». *El Nacional* hace el mismo anuncio el 20 de noviembre, y agrega: «Si el papel fuera mejor, lucirían los grabados que contiene el *Museo*». El 4 de diciembre, *El Siglo Diez y Nueve* hace pública la recepción del tercer número. Más allá de estas referencias, no he podido encontrar más rastros de la publicación en diversos archivos principales de la Ciudad de México.

[18] *Tomochic* fue el primer golpe importante en forma de escritura de protesta que sacudió al Porfiriato. Con lujo de detalle, contaba la destrucción de un pequeño pueblo y sus habitantes a manos de tropas federales. Este relato, que era una vergüenza para el gobierno, fue retomado por los opositores como ejemplo de la tiranía porfirista. En una crítica de la «paz» tal como la promovía el Porfiriato, Alva escribe: «Y nuestro ánimo se llena de horror y nuestro corazon se entristece, al pensar y al presentir que se repetirán las sangrientas y horribles escenas de luto y desolacion de Tomóchic y Temosáchic» (*El Monitor Republicano*, 28 de octubre de 1893).

[19] La frase con que concluye Sierra en *México, su evolución social* (1900-1902) es célebre como expresión cautelosa del desasosiego cada vez mayor de la clase dirigente por la presidencia permanente de Díaz: «Toda la evolución social mexicana habrá sido abortiva y frustránea si no llega a ese fin total: la Libertad».

[20] Si bien Daniel Cosío Villegas ubica con precisión los argumentos constitucionalistas de los antirreeleccionistas como la plataforma emergente de la revolución, de alguna manera pasa por alto a Alva en su formidable historia de la

prensa mexicana. Alva, especialmente por su importante posición en *El Monitor*, debería estar a la altura de Emilio Vázquez en la labor de preparar el terreno fundamental para la revolución.

[21] Las ideas de Franz Boas tuvieron un emisario importante en el México postrevolucionario en la figura de Manuel Gamio; véase el capítulo 3 de este libro.

[22] Amigo de la frase concisa y vigorosa, Alva concluye así un ensayo: «Hagamos las leyes para el pueblo y no queramos hacer pueblo para las leyes» («Boletín», 18 de noviembre).

[23] El bosquejo de la trayectoria profesional de Alva proviene de fuentes primarias examinadas en el Fondo Reservado de la Biblioteca Nacional (Ciudad de México). Hale es quien hace la única mención significativa de Alva que he podido encontrar en la literatura historiográfica (*The Transformation of Liberalism...*, 113-115, 238). Su paradero durante la década que corrió entre sus dos periodos principales de escritura —principios de 1880 y 1893— permanece en el misterio.

[24] La visión de Alva sobre la amenaza de la intrusión estadounidense no es extraña aquí, al contrario. Sin embargo, su negativa a ceder a la retórica de los «conquistadores en pugna», que enmarcaba al indio como enemigo común de los esfuerzos civilizatorios mexicanos y estadounidenses, es única. En el texto Alva sólo menciona de pasada a «los salvajes», y centra su atención en los «colonistas abusistas», con lo que quiere decir los ocupantes texanos de tierras mexicanas. Si queremos conocer el tono prevaleciente en la época, podemos señalar que, en contraste, un mes antes el mismo periódico había publicado un ensayo estrafalariamente alarmista sobre «Los enemigos de la civilización», en el que se acusaba a los indios de ser una «plaga funesta» que libraba una «guerra de exterminación» (*El Monitor Republicano*, 18 de febrero de 1881). El mismo día en que apareció el ensayo de Alva (10 de mayo de 1881), *El Siglo Diez y Nueve* publicó un artículo sobre Chiapas titulado «Guerra de castas», en el que se predecía que los rumores de la rebelión indígena ponían en peligro a la «raza blanca» y que las vidas en juego eran no menos de 750.000.

[25] La fuente definitiva sobre esta historia es Charles Hale, *The Transformation of Liberalism...*

[26] Como muestra, Martin Stabb enumera los títulos de las editoriales que aparecen en *La Libertad* de 1878 a 1879: «Los agitadores de los indios», «La guerra social», «El comunismo en Morelos» y «El plan socialista de Querétaro» («Indigenism and Racism...», 418-419).

[27] Trato este debate en el siguiente capítulo. Véase también T. G. Powell, «Mexican Intellectuals...», 23-24.
[28] Véase Luis Villoro, *Los grandes momentos...*; Martin Stabb, «Indigenism and Racism...»; T. G. Powell, «Mexican Intellectuals...»; Charles Hale, *The Transformation of Liberalism...*, 205-244; y Alan Knight, «Racism, Revolution, and *Indigenismo*: Mexico: 1910-1940», en *The Idea of Race in Latin America, 1870-1940*, ed. de Richard Graham, 71-114 (Austin: University of Texas Press, 1990).
[29] Para que quede claro, esto no quiere decir que se apropie de la retórica del socialismo *en tanto* socialismo, ya que más adelante lo llama «insensato» y el «mal del siglo» («Boletín», 6 de junio).
[30] Los términos protoindigenistas de Alva no serán del todo alcanzados sino hasta mucho después de la revolución, y resuenan por demás armoniosamente con *El indio* de Gregorio López y Fuentes (México, D. F.: Porrúa, 1972 [1935]).
[31] Los ensayos aparecen en trece ediciones de *La Libertad* durante el verano de 1882, desde el 7 de junio hasta el 20 de julio. [Las referencias a los ensayos sobre «La colonización extranjera y la raza indígena» serán anotadas con la fecha de la publicación entre paréntesis en el cuerpo del texto. *N. del E.*]
[32] Por ejemplo, Ernest Renan, en su famoso discurso «¿Qué es una nación?» (1882) —pronunciado, por cierto, el mismo año en que se publicaron los ensayos de Alva—, llega incluso a rechazar la relación «natural» entre raza y nación. Véase «What Is a Nation?», en *Nation and Narration*, ed. por Homi Bhabha (Londres: Routledge, 1990), 8. [Existe versión en español: *Nación y narración. Entre la ilusión de una identidad y las diferencias culturales*, comp. de Homi Bhabha, trad. de María Gabriela Ubaldini (Buenos Aires: Siglo XXI, 2010).]
[33] Durante el siglo XIX, esta «heterogeneidad» se pensó por lo general en términos de las relaciones entre indios, criollos (o mexicanos «blancos»), mestizos y, con menor frecuencia, nuevos inmigrantes. La presencia de africanos y de la cultura africana en México ha sufrido un borramiento histórico, palpable en la escritura decimonónica sobre temas de la interculturalidad de la nación, algo que ha recibido creciente atención en las décadas recientes. Véanse las obras clásicas de Gonzalo Aguirre Beltrán, *La población negra de México...*; y *El proceso de aculturación y el cambio socio-cultural en México* (México, D. F.: Instituto Nacional Indigenista, 1992 [1957]). Otros estudios más recientes son los de Luz María Martínez Montiel, *Presencia africana en México*; Ben Vinson y Matthew Restall, eds., *Black Mexico: Race and Society from Colonial to Modern Times* (Albuquerque: University of New Mexico Press, 2009); y Herman Bennett,

Colonial Blackness: A History of Afro-Mexico (Bloomington: Indiana University Press, 2010).

[34] Sobre el positivismo, véase Gabino Barreda, «Oración cívica», en *Estudios* (México, D. F.: UNAM, 1941 [1867]), 78. Ya desde 1849,José María Luis Mora argumenta a favor de un mestizaje activamente promovido como una forma de apaciguar la violencia social. Véase José María Luis Mora, «Carta dirigida al Gobierno de México, Londres, julio 31 de 1849», en *Obras completas*, vol. 7, *Obra diplomática*, 275-278 (México, D. F.: Instituto Mora / CONACULTA, 1994 [1849]). Francisco Pimentel fue el primero en sostener esto en términos de desarrollo nacional (*Memoria sobre las causas...*), y Vicente Riva Palacio comenzó a confeccionar una política de Estado en torno a fines protoeugenésicos a través de nuevas políticas de inmigración en 1877. Véase Moisés González Navarro, *La colonización en México*.

[35] Justo Sierra, *Apuntes para un libro: México social y político* (México, D. F.: Secretaría de Hacienda y Crédito Público, 1960 [1885]), 301 y 299, respectivamente. Sobre los rasgos básicos de la visión de Justo Sierra sobre la «nación mestiza» como una suerte de «utopía de la integración nacional», véase Laura Angélica Moya López, *La nación como organismo: México, su evolución social, 1900-1902* (México, D. F.: Porrúa, 2003).

[36] Justo Sierra, *Apuntes para un libro...*, 297.

[37] Vicente Riva Palacio, *México a través de los siglos*, vol. 2 (México: s/d, 1889), 480.

[38] Mientras que las citas previas de Sierra y Riva Palacio están tomadas de textos importantes que aparecieron después de los ensayos de Alva, su ímpetu fundamental puede hallarse a lo largo de todos sus escritos. Ambos estaban explícitamente preocupados por el lugar del indio en la sociedad mexicana, y ambos veían con optimismo las políticas de colonización. Sierra había sido su defensor por largo tiempo; Riva Palacio había promovido la política como secretario de desarrollo durante el primer régimen de Díaz. Véase Moisés González Navarro, *La colonización en México*; y Charles Hale, *The Transformation of Liberalism...*, 235.

[39] Por ejemplo, en Franz Boas, «Human Faculty as Determined by Race», en *The Shaping of American Anthropology. 1883-1911: A Franz Boas Reader*, ed. por George Stocking, 221-242 (Nueva York: Basic Books, 1974 [1894]). Manuel Gamio, *Forjando patria: Pro-nacionalismo* (México, D. F.: Porrúa, 1992 [1916]). Ignacio Ramírez, «Los habitantes primitivos del continente americano: Discurso leído en la Sociedad de Geografía y Estadística», en *Obras de Ignacio Ramírez*, vol. 1, 199-211 (México, D. F.: Editora Nacional, 1960 [1872]).

40 Este paso, que Neil Larsen llama la «re-racialización», es básico para la crítica «hibridista» de la raza en los estudios latinoamericanos. Neil Larsen, «O "hibrido" como fetiche: "Raça", ideologia, e narrativa em *Casa-grande e senzala*», en *Gilberto Freyre e os estudos latino-americanos*, ed. por Joshua Lund y Malcolm McNee, 379-394 (Pittsburgh: IILI, 2006).
41 Digo «ostensiblemente» porque la producción de Alva de un indio abyecto es en sí misma un efecto del discurso que guía sus supuestos. Aun cuando un vasto número de comunidades indígenas estaban material y culturalmente oprimidas, las comunidades indígenas también eran formaciones sociales activas que podían obligar al Estado a negociar en diversos conflictos. Véase la colección de ensayos editada por Leticia Reina y Cuauhtémoc Velasco, *La reindianización de América*.
42 El sueño de producir una población fuerte mediante la reproducción queda plasmado en el escalofriante comentario al final de la novela *Tomochic*, de Heriberto Frías, cuando el narrador declara que las mujeres y niños valientes que sobrevivieron a la masacre en Tomochic serán puestos en custodia de familias locales y se convertirán en «semillero» de una futura raza nacional. Heriberto Frías, *Tomochic*, 146.
43 La idea del mestizaje biológico como medio para aliviar el conflicto social tiene una historia larga y sostenida en el discurso mexicano, que va desde los liberales del siglo XIX hasta Enrique Krauze (*Mexico, Biography of Power*, 221-222).
44 Para una buena colección de fuentes primarias relacionadas con los levantamientos indígenas y campesinos, véase Leticia Reina, *Las rebeliones campesinas en México (1819-1906)* (México, D. F.: Siglo XXI, 1988 [1980]). Véase también John Tutino, *From Insurrection to Revolution in Mexico: Social Bases of Agrarian Violence, 1750-1940* (Princeton, N. J.: Princeton University Press, 1986) [existe versión en español: *De la insurrección a la revolución en México: Las bases sociales de la violencia agraria, 1750-1940*, trad. de Julio Colón (México, D. F.: Ediciones Era, 1990)]. Aunque es sabido que la mayor parte de estas acciones tuvieron lugar antes de 1880, su reputación reverberó a lo largo del Porfiriato como parte de un discurso cuyos efectos materiales incluían la violencia del Estado y despliegues militares masivos como la conquista de los yaquis a principios del siglo XX.
45 El caso de Aguilar es fascinante en sí mismo, pero me llevaría muy lejos si lo detallara aquí. Federico Aguilar fue un sacerdote jesuita enviado a México por el Estado colombiano, que se encontraba entonces bajo los auspicios de un movimiento conservador recordado hoy en día como «La Regeneración». Tal

como el decreto gubernamental lo declaraba, su tarea era «un trabajo científico y literario». Esta comisión, aprobada en 1880 y reimpresa en *La Libertad*, continúa: «Comisiónase al mismo Dr. Aguilar para que se traslade á las Repúblicas de México y Centro América y haga de ellas un estudio científico que llene los objetos á que se ha aludido, para comunicarlo á la prensa colombiana; en el cual [...] no pierde de vista ventaja ni desventaja de condicion que observar respecto de las nuestras, ni institucion útil que merezen plantearse entre nosotros» (*La Libertad*, 9 de mayo de 1880). A su llegada a la ciudad de México en 1882, Aguilar dio una serie de sermones un tanto escandalosos y ante un público nutrido en el Templo de la Encarnación (que entonces era un convento y una iglesia, y que hoy es la Secretaría de Educación Pública, uno de los monumentos estatales más hermosos de México, famoso por sus murales de Diego Rivera). Su teología era heterodoxa, un intento por reconciliar el descubrimiento científico (en especial los hallazgos geológicos que chocaban con la narrativa bíblica de la historia) con la revelación, y provocó polémicas desenfrenadas —en las que Aguilar participó alegremente— en la prensa católica. Cuando los informes de Aguilar a Colombia llegaron de regreso a la capital mexicana, afectaron las sensibilidades locales, ya que en ellos se afirmaba que México pronto se vería asimilado por Estado Unidos, un tema delicado (y real) de aquel momento. Alva, por su parte, responde a la declaración de Aguilar según la cual el atraso de México se debía a su vasta población indígena y el exterminio al estilo Estados Unidos o Argentina era la única esperanza de progreso. Aguilar parece haber abandonado la ciudad de México en malos términos para luego ir a Puebla a generar una suerte de gresca. El *Diario del Hogar* informó que había sido expulsado de su compromiso formal de orador y que ahora predicaba en las calles de los barrios (22 de julio de 1882). Cuando murió, cinco años más tarde, el *Diario del Hogar* retomó su historia, remarcando su evidente inteligencia y lamentando su confusión social, que los editores atribuían a su adoctrinamiento jesuita (21 de septiembre de 1887). Varios de sus libros pueden encontrarse aún en librerías, y Siquisirí (México) reeditó una colección de sus escritos sobre México de 1885, con una provechosa introducción de Martha Poblett: «Federico Cornelio Aguilar, Último año de residencia en México» (México, D. F.: Siquisirí, 1995 [1895]). Los informes de 1882 que causaron tal consternación entre la intelectualidad de la ciudad de México están disponibles sólo en su formato original de publicación, en *El Pasatiempo*, de Bogotá.

[46] Incluso diez años más tarde, cuando el anarquista Frías encuentra al mexi-

cano auténtico en las víctimas de la represión estatal porfirista, se muestra lo suficientemente cuidadoso como para distinguir esta fuente de autenticidad como mestiza, es decir, no indígena. Véase Heriberto Frías, *Tomochic*.

47 Giorgio Agamben, *Homo Sacer. El poder soberano y la nuda vida*, trad. Antonio Gimeno (Valencia: Pre-textos, 1996) [1995]).

48 La resonancia con la famosa crítica de Arendt a Marx, en la que invierte las categorías de labor, trabajo y acción es provocativa y merece mención. Véase Hannah Arendt, *La condición humana*, trad. de Ramón Gil Novales (Barcelona: Paidós, 1993). Patrick Dove ofrece un breve pero sugerente análisis de las relaciones entre la «nuda vida» de Agamben y la «mano de obra viva» de Marx. Véase Patrick Dove, «Living Labour, History, and the Signifier: Bare Life and Sovereignity in Diamela Eltit's *Mano de obra*», *Journal of Latin American Cultural Studies* 15, n.° 1 (2006): 77-91; véase también Timothy Brennan, *Wars of Position: The Cultural Politics of Left and Right* (Nueva York: Columbia University Press, 2006).

49 Como nos lo recuerda Laclau, en «Feudalism and Capitalism...», la homología de esta fórmula –civilización y barbarie– proporciona el modelo básico para un análisis social de los liberales latinoamericanos desde principios del siglo XIX, un modelo que guiaría a la izquierda hacia varias teorías del desarrollismo.

50 Los escritores, desde Mariátegui hasta Ortiz y García Canclini, han hecho del siguiente paso lógico, más allá de Alva, una convención, que consiste en explorar las formas en que las prácticas tradicionales «persisten» dentro e incluso dan forma a una modernidad latinoamericana desigual, transcultural, híbrida o heterogénea. Véase José Carlos Mariátegui, *Siete ensayos de interpretación de la realidad peruana* (Lima: Amauta, 1952 [1928]); Fernando Ortiz, *Contrapunteo cubano del tabaco y el azúcar* (La Habana: J. Montero, 1940); y Néstor García Canclini, *Culturas híbridas: Estrategias para entrar y salir de la modernidad* (Buenos Aires: Sudamericana, 1992 [1989]).

51 Véase el ensayo de Schwarz «Nationalism by Elimination», en *Misplaced Ideas*. Véase también Neil Larsen, *Determinations: Essays on Theory, Narrative, and Nation in the Americas* (Londres: Verso, 2001).

52 Mi invocación de la «biopolítica» se alimenta de la revisión que hace Giorgio Agamben en *Homo Sacer. El poder soberano...* de la idea de Michel Foucault en *Defender la sociedad. Curso en el Collége de France (1975-1976)* (Buenos Aires: Fondo de Cultura Económica, 2000). Tanto Foucault como Agamben entien-

den la ciencia de la raza, su articulación con la nación, y su gestión por parte del Estado como central en la operación de la biopolítica.

[53] María del Pilar Melgarejo, «El discurso de la lengua nacional en Freyre y Bello», en *Gilberto Freyre e os estudos latino-americanos*, ed. por Joshua Lund y Malcolm McNee, 181-202 (Pittsburgh: Instituto Internacional de Literatura Iberoamericana, 2006), 189. El contexto específico del análisis de Melgarejo es el del jurista del siglo XIX Andrés Bello. Sin embargo, el modelo del «lenguaje político» que esboza es relevante para una consideración general de la América Latina decimonónica.

[54] Walter Benjamin, «Para una crítica de la violencia», trad. de Roberto Blatt, en *Para una crítica de la violencia y otros ensayos. Iluminaciones IV*, 23-46 (Madrid: Taurus, 1998).

[55] Véase el importante texto del subcomandante insurgente Marcos, «Ni el centro, ni la periferia», ponencia leída durante el Primer Coloquio Internacional in Memoriam Andrés Aubry, Chiapas, diciembre de 2007.

[56] Para un ejemplo dramático, véase la colección de documentos que presenta Leticia Reina, en *Las rebeliones campesinas...*, sobre el levantamiento de Julio López en 1868. Véase también Marco Antonio Pérez Anaya, *Rebelión y revolución en Chalco-Amecameca, Estado de México, 1821-1921*, 2 vols. (México, D. F.: Instituto Nacional de Estudios Históricos de la Revolución Mexicana, 1997); y Romana Falcón, *México descalzo: Estrategias de sobrevivencia frente a la modernidad liberal* (México, D. F.: Plaza y Janés, 2002).

2. La carga de Altamirano

[1] Luis Alva, «Boletín del "Monitor"», *El Monitor Republicano*, varios volúmenes (23 de mayo al 23 de noviembre, 1893), 22 de julio.

[2] Véase, por ejemplo, *ibid.*, 1 de junio de 1893.

[3] Alva sostenía que Lerdo, el gran demócrata, en lugar de ceder a la transición ordenada que una república democrática liberal exigía, había sucumbido a la arrogancia: «reunir en su persona todo el poder, toda la autoridad, y toda la ciencia» (23 de noviembre). Y continúa: «de haberse creído invulnerable como Aquiles é infalible como Dios», Lerdo abrió las puertas al caudillo antidemocrático «haciéndose, por su orgullo y sus errores, el autor de su propia ruina y el obrero de su propio derrumbe» (23 de noviembre).

[4] Tutino denomina «compresión» agraria a esta dinámica social. Véase John Tutino, *From Insurrection to Revolution in Mexico...*, refiriéndose a la penetración capitalista de las tierras campesinas y al malestar resultante derivado de la nueva dirección que tomaron los flujos de beneficios.

[5] Ignacio Manuel Altamirano, *Obras completas*. Editado por Nicole Girón (Ciudad de México: Secretaría de Educación Pública: 1986-2001), 19:69.

[6] Ignacio Ramírez fue una de las grandes voces del liberalismo a mediados del siglo XIX. Al igual que Altamirano, era un hombre de muchos talentos que ayudó a moldear la cultura intelectual mexicana de las décadas subsiguientes. Fue en gran medida responsable del establecimiento de la beca que llevó a Altamirano a Toluca. Sobre su relación con Altamirano, junto con una historia general del Instituto, véase el excelente libro de Nicole Girón, *Ignacio Altamirano en Toluca* (Toluca de Lerdo: Instituto Mexiquense de Cultura, 1993).

[7] María Rosa Palazón Mayoral y Columba Galván Gaytán, «El centro contra las periferias (El nacionalismo defensivo de Altamirano)», en *Homenaje a Ignacio Manuel Altamirano (1834-1893)*, ed. por Manuel Sol y Alejandro Higashi (Veracruz: Universidad Veracruzana, 1997), 99; véase también Christopher Conway, «Native Republican: Ignacio Manuel Altamirano and *El Zarco, the Blue-Eyed Bandit*», introducción a *El Zarco, the Blue-Eyed Bandit: Episodes of Mexican Life between 1861-1863*, de Ignacio Manuel Altamirano, traducido al inglés por Ronald Christ (Santa Fe, N. M.: Lumen, 2007). Conway ofrece una buena bibliografía sobre la institucionalización del «culto a Benito Juárez» y su principio básico, a saber: que «la vida de Juárez reivindicaba a la clase indígena y ofrecía un ejemplo a seguir para todos los mexicanos». Véase Christopher Conway, «Ignacio Altamirano and the Contradictions of Autobiographical Indianism», *Latin American Literary Review* 34, n.° 67 (2006): 38. Conway sostiene que el «mito de Altamirano el indio era muy similar» en su vocación didáctica (*ibid.*). La película de Emilio «El Indio» Fernández, *Río Escondido*, de 1948, protagonizada por una brava María Félix, ofrece una fascinante dramatización del culto a Juárez.

[8] Citado en Carlos Monsiváis, «El Zarco: Los falsos y los verdaderos héroes románticos», en *El Zarco*, de Ignacio M. Altamirano (México D. F.: Editorial Océano, 1999), 9.

[9] Altamirano, *Obras completas*, 13:105.

[10] *Ibid.*, 18:12.

[11] *Ibid.*, 1:211.

[12] Citado en Erica Segre, «An Italicised Ethnicity: Memory and Renascence in the Literary Writings of Ignacio Manuel Altamirano», *Forum for Modern Language Studies* 36, n.º 3 (2000): 276.

[13] Herminio Chávez Guerrero, *Ignacio Manuel Altamirano* (Chilpancingo: Instituto Guerrerense de la Cultura, 1985), 22.

[14] No he podido confirmar ningún dato sobre la población de ascendencia africana en Tixtla, pero sin duda existe, ya sea que se reconozca culturalmente o no. Y si bien nunca he visto referencias a ningún linaje africano entre los antepasados de Altamirano, esta posibilidad no puede descartarse dado lo poco que sabemos sobre su historia familiar y la relativa cercanía entre Tixtla y la Costa Chica, un centro de cultura afromexicana.

[15] Herminio Chávez Guerrero, *Ignacio Manuel Altamirano*, 21.

[16] El canon biográfico sobre Altamirano incluye tres obras contemporáneas importantes: Chávez Guerrero, *Ignacio Manuel Altamirano*; Vicente Fuentes Díaz, *Ignacio Manuel Altamirano: Triunfo y Viacrucis de un escritor liberal* (México, D. F.: Gobierno del Estado de Guerrero, 1986); Girón, *Ignacio Manuel Altamirano en Toluca.*

[17] Varios españoles desempeñaron papeles fundamentales en la juventud de Altamirano. Al margen de su historia familiar, cuando Altamirano tenía alrededor de 19 años, un español adinerado de nombre Luis Rovalo se convirtió en su «protector» durante su estancia en Cuautla. Al morir Rovalo en 1858, Altamirano siguió recibiendo apoyo financiero de la familia, ahora por medio del hijo de Rovalo, Agustín. Véase Manuel Sol, «Introducción», en *El Zarco*, de Ignacio Manuel Altamirano, ed. por Manuel Sol (Veracruz: Instituto de Investigaciones Lingüístico-Literarias Universidad Veracruzana, 2000), 70. En su discurso de 1870, *La educación popular*, Altamirano declara: «He debido mi instrucción primaria a la beneficencia de mi pueblo, y la instrucción secundaria a la beneficencia del gobierno liberal y a la de un digno noble español a quien no puedo recordar sin la más tierna gratitud» (Altamirano, *Obras completas*, 1:211).

[18] El impacto de Altamirano sobre la política cultural del México moderno no puede exagerarse. Fue un crítico extremadamente influyente de literatura, teatro y arte; estuvo en el centro de varias publicaciones sobre literatura y política; y fue anfitrión de reuniones a las que asistieron buena parte de los escritores e intelectuales jóvenes de México. La agenda cultural del nacionalismo literario presentada en su efímera revista *El Renacimiento* (1869) sería la más

influyente de México, al menos hasta que surgió el fermento creativo que rodeó al Ateneo de la Juventud del periodo revolucionario. Véase Altamirano, *Obras completas*, 143:9-21. La lista de colaboradores en la fiesta de despedida de Altamirano incluyó, entre otros, a Ángel del Campo, Guillermo Prieto, Porfirio Parra, Manuel Gutiérrez Nájera y Justo Sierra. Véase Fernando Tola de Habich, ed., *Homenaje a I. M. Altamirano (1834-1893)* (México, D. F.: Premià, 1984).

[19] Véase, entre otros, Doris Sommer, *Foundational Fictions: The National Romances of Latin America* (Berkeley: University of California Press, 1991), 223; Carlos Monsiváis, *El Zarco...*, 9; Erica Segre, *An Italicised Ethnicity*, 267; Ronald Christ, «Translator's Note», en Altamirano, *El Zarco, the Blue-Eyed Bandit*, 40.

[20] Herminio Chávez Guerrero, *Ignacio Manuel Altamirano*, 36. También cabe destacar que los supuestos monolingüismo y analfabetismo de Altamirano tampoco aparecen en el relato, más riguroso, que hace Girón de su llegada a Toluca (Nicole Girón, *Ignacio Altamirano en Toluca*).

[21] Nicole Girón, *Ignacio Altamirano en Toluca*, 109. Sobre las distintas etapas de estas rebeliones rurales interrelacionadas, véase Leticia Reina, *Las rebeliones campesinas en México (1819-1906)* (México, D. F.: Siglo XXI, 1980), 85-122.

[22] Nicole Girón, *Ignacio Altamirano en Toluca*, 59-60.

[23] Christopher Conway, «Ignacio Altamirano and the Contradictions...», 34-39, profundiza en el discurso del «indio feo».

[24] Chrisotpher Conway, «Native Republican», 20.

[25] Ronald Christ, «Translator's Note», 43.

[26] En Nicole Girón, *Ignacio Manuel Altamirano en Toluca*, 57-61, se cuestiona seriamente este tan reiterado relato. El argumento de Girón es que el propio Altamirano nunca confirmó la anécdota de manera directa (llegó a nosotros por medio de sus conocidos), además de que habría sido algo totalmente fuera de lugar para el director del Instituto. Recurriendo a correspondencia de archivo, Girón plantea la hipótesis de que el dificultoso inicio de los estudios de Altamirano en el Instituto sin duda se debió a que el municipio financiador no proporcionó fondos suficientes para cubrir la colegiatura.

[27] Herminio Chávez Guerrero, *Ignacio Manuel Altamirano*, 39.

[28] La expresión de las relaciones raciales, así como la reflexión sobre el tema, surgen de forma muy distinta en ambos países. Las obras clásicas sobre las complejidades de las relaciones raciales en Estados Unidos —*Light in August* [Luz de agosto] (1932) de Faulkner, *Native Son* [Hijo nativo] (1940) de Wright— no tienen equivalente en México, de la misma forma en que un manifiesto bien

establecido sobre las virtudes de la mezcla de razas, como *La raza cósmica* (1925) de Vasconcelos, no tiene equivalente en Estados Unidos (la «tesis del crisol» del pluralismo neoyorquino temprano no captura realmente la política y el espíritu raciales de la tesis de la raza cósmica).

[29] Catalina Sierra y Cristina Barros, *Ignacio Manuel Altamirano: Iconografía* (México, D. F.: Fondo de Cultura Económica, 1998), reúne una colección dramática de imágenes de Altamirano, desde retratos hasta parodias.

[30] Altamirano, *Obras completas*, 15:266.

[31] *Ibid.*, 267.

[32] Altamirano presenta este argumento en varios textos, aunque lo hace de manera más explícita en un artículo de 1882, «Generalización del castellano» (*ibid.*, 15:200-210; véase también María Rosa Palazón Mayoral y Columba Galván, «El centro contra las periferias», 110-112). Justo Sierra lo expresa de manera más abierta por la misma época: «Enseñarlos [los idiomas indígenas] a los maestros de los indios, tiene para nosotros el objeto capital de destruirlos, de enseñar a todos el idioma castellano y de suprimir así esa barrera formidable opuesta á la unificacion del pueblo mexicano», véase Justo Sierra, *Apuntes para un libro: México social y político* (Ciudad de México: Secretaría de Hacienda y Crédito Público, 1885), 2. Cabe señalar que buena parte de este debate en torno a la enseñanza de la lengua ubica a los mexicanos indígenas en medio de una lucha entre dos proyectos coloniales rivales: el «hispánico» local y la amenaza de la intervención imperialista del norte. Así concluye Sierra su reflexión: «Porque es este uno de los objetos de la multiplicacion de las escuelas, son centros de contacto del indígena con el mundo moderno, son en consecuencia, centros de civilizacion. Y esto, si nosotros no nos apresuramos á hacerlo, otros lo harán, aunque en distinto idioma; y el águila del nopal, símbolo de union de la vieja raza azteca, será olvidado por el indígena, cuya mirada convierta el maestro á las constelaciones boreales» (*ibid.*, 2).

[33] Citado en Manuel Sol, «Introducción», 41.

[34] Edward Wright-Rios, «Indian Saints and Nation-States: Ignacio Manuel Altamirano's Landscapes and Legends», *Mexican Studies/Estudios Mexicanos* 20, n.º 1 (2004): 48 y 64.

[35] Christopher Conway, «Ignacio Altamirano and the Contradictions...», 46.

[36] Erica Segre, «An Italicised Ethnicity», 271.

[37] Christopher Conway, «Ignacio Altamirano and the Contradictions...», 38.

[38] *Ibid.*, 246. Cuando la identidad de Altamirano finalmente surge en el deba-

te, sólo es de paso y para destacar su falta de identidad étnica. Para cuestionar la concepción de Justo Sierra (aliado de Altamirano en el debate) del «problema del indio», su oponente, Francisco Cosmes, apunta: «Es que tú no sabes, compañero mio, lo que es esta raza indígena. En materia de indios, no conoces mas que á Altamirano, que tiene mucho de ateniense» (Francisco Cosmes, «Cartas de Junius», 1).

[39] María Rosa Palazón y Columba Galván, «El centro contra las periferias».

[40] En general, el texto no es tan tendencioso como lo hace sonar este fragmento. Palazón y Galván, con buenos fundamentos en las complejidades y contradicciones de las teorías de la nación, aprecian la ambivalencia del liberalismo. Lo ven como una ideología que puede promover un Estado fuerte que, por definición, será déspota para algunos pero que, sin embargo, mediante su compromiso con las libertades de los derechos individuales, contiene en sí misma su propia teoría de protesta contra los excesos del Estado. Por otra parte, si bien condenan a Altamirano por su postura sobre las culturas indígenas, lo alaban en tanto arquitecto incansable de lo que llaman el «nacionalismo defensivo» contra el intervencionismo estadounidense.

[41] Ambos pasajes aparecen citados casi en todos los estudios contemporáneos que abordan el tratamiento de Altamirano respecto de la raza. Muchos consideran que las características atribuidas al protagonista de *Clemecia* cumplen con ciertos estereotipos de etnicidad indígena: «moreno, pero tampoco de ese moreno agradable de los españoles, ni de ese moreno oscuro de los mestizos, sino de ese color pálido y enfermizo que revela o una enfermedad crónica o costumbres desordenadas [...] ojos pardos y regulares, nariz un poco aguileña, bigote pequeño y negro, cabellos lacios, oscuros y cortos, manos flacas y trémulas [...] laborioso, reservado, frío, este joven tenía un aspecto repugnante, y en efecto era antipático para todo el mundo» (Altamirano, *Obras completas*, 3:164). La descripción de Nicolás, héroe de *El Zarco*, se desplaza al extremo opuesto, pues el personaje indígena ya no es enfermizo, sino que posee una belleza y un entendimiento que se presentan como una excepción indígena: «Era un joven trigueño, con el tipo indígena bien marcado, pero de cuerpo alto y esbelto, de formas hercúleas, bien proporcionado. [...] Se conocía que era un indio, pero no un indio abjecto y servil, sino un hombre culto ennoblecido por el trabajo», véase Ignacio Altamirano, *El Zarco: Episodios de la vida mexicana en 1861-1863* (Veracruz: Clásicos Mexicanos, Universidad Veracruzana, 2000 [1901]), 125.

[42] *Ibid.* La cursiva es del original.

[43] Carlos Monsiváis, «El Zarco: Los falsos y los verdaderos héroes románticos», 13. Las siguientes líneas muestran el radicalismo oculto (el cual, recordemos, siempre es un tipo de purismo) del proyecto de Altamirano tal y como lo interpreta Monsiváis: «Para la burguesía naciente y creciente del siglo XIX, las apariencias no son velos sino guías hacia el auténtico Yo de quien lleva los trajes, tan indeciblemente significativos. [...] En la República Restaurada o en el porfiriato, Altamirano ve crecer el amor por las apariencias, y el culto por personalidades casi siempre falsas y pomposas, y desde sus novelas resiste a tan desdichada convicción. Su actitud corresponde a una idea de sí mismo (la vanidad de su fealdad) y a su férreo y desesperanzado pensamiento democrático» (*ibid.*, 14).

[44] Todas las citas de la novela son de la edición Ignacio Altamirano, *El Zarco: Episodios de la vida mexicana en 1861-1863*; edición, estudio preliminar y notas de Manauel Sol Tlachi (Veracruz: Clásicos Mexicanos, Universidad Veracruzana, 2000 [1901]), y la indicación de las páginas remite siempre a esta edición.

[45] Evodio Escalante, «Lectura ideológica de dos novelas de Altamirano», en Sol y Higashi, *Homenaje a Ignacio Altamirano*, 196-197.

[46] *Ibid.*, 100 y 101.

[47] En su maravillosa edición crítica de *El Zarco*, Manuel Sol ofrece una buena contextualización de la novela. Equiparando la voz narrativa a la voz del autor, conjetura que los primeros capítulos de *El Zarco* fueron escritos en 1874, con base en una referencia a 1854 en las primeras líneas del libro y la indicación subsecuente de que han pasado 20 años desde entonces (Altamirano, *El Zarco*, 29).

[48] Escalante, «Lectura ideológica...», 197. También puede apuntarse que Altamirano no necesariamente considera «vulgares» a los pueblos indígenas. En sus escenas costumbristas de la vida en los pueblos indígenas, el lenguaje más duro y crítico tiende a girar en torno a la pobreza, que implica temas más amplios de economía política nacional, y no en torno a las costumbres indígenas como tales. Algunos de sus retratos de la vida indígena rural son abiertamente laudatorios. Erica Segre, «An Italicised Ethnicity»; Edward Wright-Rios, «Indian Saints and Nation-States»; y Christopher Conway, «Ignacio Altamirano and the Contradictions...», ofrecen interpretaciones de estos momentos en la obra de Altamirano.

[49] Xochimancas, nos informa el narrador, solía ser un sitio donde se rendía culto a Coatlicue, diosa azteca de las flores, con forma de serpiente. Luego se

describe cómo Xochimancas ha caído en la ruina y está habitada sólo por reptiles. Más tarde, el lugar sería ocupado, en la lectura de Escalante, por «la versión humana de los reptiles» (Evodio Escalante, «Lectura ideológica...», 202): los bandidos. Los bandidos son indianizados mediante el uso de los reptiles metonímicos. Pero, como es costumbre, queda una amplia ambivalencia. Como Escalante menciona, Coatlicue estaría transculturada como el icono del catolicismo mexicano, la Virgen de Guadalupe. Y la postura de Altamirano en torno a Guadalupe como el centro de la identidad nacional mexicana va desde una aprobación resonante (véase «La fiesta de Guadalupe», en Altamirano, *Obras completas*, vol. 5) hasta un elevado escepticismo; Edward Wright-Rios, «Indian Saints...», ofrece un buen acercamiento al pensamiento de Altamirano sobre la Virgen de Guadalupe, en especial en las páginas 57-58.

[50] Evodio Escalante, «Lectura ideológica...», 201.

[51] *Ibid.*, 201.

[52] Altamirano, *Obras completas*, 15:291. La cursiva es del original.

[53] *Ibid.*

[54] Erica Segre, *An Italicised Ethnicity*, 270. En otro ensayo del mismo año sobre educación pública, Altamirano describe como sigue a las comunidades indígenas que han recibido educación financiada por el Estado: «Los indígenas de allí están muy lejos de parecerse a los desgraciados y abyectos indígenas del centro del país, analfabéticos y miserables» (Altamirano, *Obras completas*, 15:232).

[55] Los documentos reunidos en Reina, *Las rebeliones campesinas en México*, son especialmente ilustrativos en este aspecto. Si bien las rebeliones fueron algo generalizado a lo largo de todo el siglo XIX, no terminarían de articularse a nivel nacional sino hasta fines de siglo.

[56] A Altamirano suele leérsele como una especie de elitista, pero los académicos han encontrado una veta perceptiblemente progresista en su obra. Al introducir sus escritos históricos, Moisés Ochoa Campos concluye que Altamirano «se convierte en el primer historiador mexicano moderno, imbuido de sentido social y que concibe la lucha de clases como motor de la historia» (Altamirano, *Obras completas*, 2:9). Palazón y Galván muestran cómo esta veta populista sobrevivió el paso de las décadas, desde un discurso de 1859 que lo distinguía de «los liberales ortodoxos porque nunca renegó de su "condición de pueblo"», hasta un ensayo de 1880 en el que denunciaba la condición de los «"desheredados de la suerte" que habitaban los suburbios de la ciudad de México, invitando a las "autoridades indolentes" a que visitaran ese "círculo ne-

gro" que vivía bajo la represión policiaca» (María Rosa Palazón y Columba Galván, «El centro contra las periferias», 98).

[57] Sobre la familiaridad personal de Altamirano con Morelos, la región donde tiene lugar la acción de *El Zarco*, véase Nicole Girón, «Altamirano en Cuautla», en Sol y Higachi, *Homenaje a Ignacio Manuel Altamirano*, 21-48.

[58] Podría acumular varias referencias, pero la lectura canónica en torno a este punto es Sommer, *Foundational Fictions*.

[59] Éxodo 7:8-12:23.

[60] *Ibid.*, 11:4-5; 12:29.

[61] *Ibid.*, 11:7.

[62] *Ibid.*, 12:23.

[63] Por ejemplo, 2 Samuel 24:16, Isaías 37:36.

[64] *Ibid.*, 12:12, *Biblia de Jerusalén* (Bilbao: Desclée de Brouwer, 1998), 85.

[65] Herbert May y Bruce Metzger, eds., *The New Oxford Annotated Bible with Apocrypha: Revised Standard Version* (Nueva York: Oxford University Press, 1973), 77-78; véase Éxodo 9:15-16.

[66] Santiago Ballescá, «Nota del editor», en *El Zarco (Episodios de la vida mexicana en 1861-63)*, de Ignacio Manuel Altamirano (Barcelona: Establecimiento editorial de J. Ballescá y Ca., Sucesor, 1901), 7.

[67] Véase, entre otros, Moisés Ochoa Campos, «Prólogo», en Altamirano, *Obras completas*, 9-15.

[68] Alejandro Rivas Velázquez, «Altamirano y su nueva visión de la novela en *El Zarco*», en *Reflexiones lingüísticas y literarias*, vol. 2, *Literatura*; editado por Rafael Olea Franco y James Valender (México, D. F.: El Colegio de México, 1992).

[69] *El Zarco* se publicó por primera vez en Barcelona. El editor original, Santiago Ballescá, justifica el prolongado retraso entre la entrega y la publicación del manuscrito explicando que el copista perdió parte del original, el cual permaneció perdido hasta tiempo después (Ballescá, «Nota del editor»). Manuel Sol sostiene que el texto que conocemos como *El Zarco* desciende de la edición de Barcelona y fue transformado durante la etapa de edición. Explica que probablemente fue modificado por un segundo copista que «introdujo algunas modificaciones con el propósito de adecuarlo a lo que él consideraba "correcto" y que, en la mayoría de los casos, correspondían a algunas normas del español de España y, en general, a las reglas y acepciones de la *Gramática y Diccionario de la Real Academia Española*. Normas y criterios que no eran ciertamente de Altamirano» (Manuel Sol, «Introducción», 17). Por ejemplo, *embellecido* fue reem-

plazado por *ennoblecido*, que hubiera tenido una «"connotación nobiliaria" totalmente ausente en un mexicano de espíritu liberal como Altamirano» (*ibid.*). Algunos pasajes que quizás hubieran ofendido a un público español —como los que involucran a mercenarios españoles en la introducción de las prácticas del secuestro en México— también fueron eliminados o transformados (*ibid.*).

70 Andrés Molina Enríquez, *Los grandes problemas nacionales* (México, D. F.: Era, 1978 [1909]), 136; véase también Charles Hale, *The Transformation of Liberalism in Late Nineteenth-Century Mexico*, 9.

71 Francisco Sosa, «Prólogo», en Altamirano, *El Zarco* (edición de Ballescá), 13-90.

72 Doris Sommer, *Foundational Fictions*, 231.

73 Por ejemplo, Jacqueline Cruz, «La moral y la identidad mexicana vistas a través de los personajes femeninos de *El Zarco*», *Explicación de Textos Literarios* 22, n.° 1 (1994): 73; Friedhelm Schmidt, «Amor y nación en las novelas de Ignacio Manuel Altamirano», *Literatura Mexicana* 10, n.° 1-2 (1999): 99-117; Christopher Conway, «Lecturas: Ventanas de la seducción el *El Zarco*», *Revista de Crítica Literaria Latinoamericana* 26, n.° 52 (2000): 97; José Salvador Ruiz, «El laberinto de la aculturación: Ciudadanía y nación mestiza en *El Zarco* de Ignacio Manuel Altamirano», *Revista de Crítica Literaria Latinoamericana* 31, n.° 61 (2005): 23-36; Joshua Lund, *The Impure Imagination: Toward a Critical Hybridity in Latin American Writing* (Minneapolis: University of Minnesota Press, 2006), 91.

74 Estar bien armado era una obsesión menor de Altamirano, quien se refiere a ello favorablemente no menos de 13 veces en la novela (véase 118, 126, 203, 209, 254, 297, 306, 311, 315, 320, 324, 330). Existe una inmediatez histórica detrás de esta curiosidad: las armas eran el botín preferido tanto de soldados como de bandidos, los pueblos a menudo eran desarmados y, entonces como ahora, las instituciones estatales de seguridad —el ejército y la policía— no siempre aventajaban a las pandillas de bandidos en este aspecto. *El Zarco* presenta este tema de manera explícita (203).

75 Para un análisis exhaustivo del tema de la corrupción en *El Zarco*, incluidas las bases históricas de las acusaciones que Altamirano lanza en la novela, véase Alejandro Rivas Velázquez, «Altamirano y su nueva visión...»; Manuel Sol, «Introducción»; y Amy Robinson, «Imagining Mexican Bandits: The Literary Construction of Late Nineteenth-Century Criminality» (conferencia, Asociación de Estudios Latinoamericanos, Dallas, Texas, 27-29 de marzo de 2003).

[76] Citando la obra histórica de Paul Vanderwood, Sol explica que éste era un título real vinculado con unas fuerzas de seguridad semiformales dirigidas por prefectos locales y autoridades estatales y, por ende, distintas del ejército profesional apoyado por la federación (Manuel Sol, «Introducción», 51).
[77] Sobre las relaciones entre espacios y figuras de «excepción», como la del bandido y el soberano, véase Giorgio Agamben, *Homo Sacer: el poder soberano y la vida nuda.*
[78] La bibliografía de Sol sobre este tema es indispensable (Manuel Sol, «Introducción», 55). Rastrea la aparición de Martín Sánchez desde Pablo Robles, *Los plateados de Tierra Caliente: Episodios de la Guerra de Tres Años en el estado de Morelos; Cuento semi-histórico* (México: La Matraca, 1982 [1891]) hasta el llamativo Lamberto Popoca Palacios, *Historia del bandalismo [sic] en el Estado de Morelos: ¡Ayer como ahora! ¡1860! ¡Plateados! ¡1911! ¡Zapatistas!* (Puebla: Tipografía Guadalupana, 1912) y, finalmente, en Enrique Juventino Pineda, *Morelos legendario* (Cuernavaca: Ediciones Bernal Díaz, 1936).
[79] José Luis Martínez considera el libro de Robles una suerte de complemento histórico de *El Zarco*, pues recurre directamente a la novela de Altamirano. Véase José Luis Martínez, «Altamirano novelista», en *Obras completas* de Ignacio Manuel Altamirano. Editado por José Luis Martínez (México, D. F.: Secretaría de Educación Pública, 1986) 3:7-20. Sin embargo, en su propio relato socava esta tesis. *Los plateados de Tierra Caliente* se publicó en 1891. La única publicidad conocida en torno a *El Zarco* antes de su publicación en 1901 fue la presentación que hizo Altamirano de los primeros 13 capítulos en «las sesiones públicas y privadas del Liceo Hidalgo, en 1886», como el propio Altamirano lo explica en una nota escrita a mano en el manuscrito (José Luis Martínez, «Altamirano novelista», 13-14). Y estos primeros capítulos no incluyen la historia de Martín Sánchez.
[80] Robles, *Los plateados de Tierra Caliente*, 142.
[81] De nuevo, esta investigación habría sido bastante ardua sin el trabajo previo de Sol, quien ofrece una bibliografía completa de los escritos periodísticos y editoriales de Altamirano sobre el bandolerismo (Manuel Sol, «Introducción», 55). Véase también Alejandro Rivas Velázquez, «Altamirano y su nueva visión...».
[82] Altamirano, *Obras completas*, 1:75.
[83] *Ibid.*
[84] *Ibid.*
[85] *Ibid.*, 18:104.

[86] Es importante recordar que el término «bandido» era un arma retórica blandida por el Estado (de manera muy similar a «terrorista» en la actualidad). De una u otra forma, grupos sociales de todo tipo, en especial las comunidades campesinas que reivindicaban activamente sus derechos constitucionales, acababan inscritos dentro de la categoría de «bandidos», aun cuando en realidad no participaran en las prácticas que suelen asociarse con la bandolería (robos, extorsiones, secuestros). Un ejemplo fascinante de este proceso puede observarse si se rastrean las transformaciones de la retórica estatal a lo largo del tiempo en torno a la revuelta de Julio López en 1868-1869. Leticia Reina, *Las rebeliones campesinas en México*, contiene reimpresiones de los documentos relevantes sobre el caso de López.

[87] Paul Vanderwood, *Disorder and Progress: Bandits, Police, and Mexican Development* (Wilmington, Del.: Scholarly References, 1992), 48. [Existe versión en español: *Desorden y progreso: Bandidos, policías y desarrollo mexicano*, trad. de Félix Blanco (México: Siglo XXI, 1986).]

[88] *Ibid.*, 49.

[89] Altamirano, *Obras completas*, vol. 18.

[90] Altamirano, *Obras completas*, 18:104.

[91] Sol apunta que los saqueos a manos de las fuerzas liberales que rescataban a los pueblos de los conservadores o bandidos no eran raros (Manuel Sol, «Introducción», 51), una realidad convertida en escena de *El Zarco* en forma de un reclamo del prefecto de Yautepec: «Pasó primero Márquez con los reaccionarios y quitó todas las armas y los caballos que pudo encontrar. [...] Pasó después el general González Ortega con las tropas liberales y mandó recoger todas esas armas y todos esos caballos que habían de quedar, de manera que nos dejó con los brazos cruzados» (Altamirano, *El Zarco*, 203). Sol cita el estudio sociológico de Francisco López Cámara sobre el México de la Reforma, y apunta que las pandillas de bandidos incluían, entre otros, a «soldados y oficiales del ejército regular que desertaban después de cada guerra civil» (Manuel Sol, «Introducción», 53). Citando a Miguel Galindo y Galindo, Sol destaca el hecho bien conocido de que los *plateados* lucharon «en las filas del ejército liberal» (Manuel Sol, «Introducción», 60). Por último, Vanderwood concluye que los bandidos mercenarios no trabajaban «por un pago en el sentido habitual. A cambio, se les permitía saquear a medida que avanzaban. El saqueo era su sustento y su recompensa» (Paul Vanderwood, *Disorder and Progress*, 6). Esto constituía un problema especialmente grave en los años de Juárez: «Por mucho que los par-

ticipantes [en las guerras civiles] lamentaran la necesidad de emplear a bandidos famosos como combatientes, lo hacían de cualquier forma, en especial los asediados liberales bajo el presidente Benito Juárez» (*ibid.*).

92 Cuando Juárez dice «Bueno», está respondiendo de manera más inmediata a la revelación de Martín Sánchez sobre el infiltrado corrupto dentro del aparato estatal. Después indica que este oficial será despedido y luego pregunta «¿Qué más desea usted?» (*ibid.*, 324). Resulta interesante que Juárez nunca diga de manera explícita «Sí, usted puede llevar a cabo ejecuciones extrajudiciales». El soberano simplemente debe dejar que las cosas sucedan.

93 Por supuesto, «salud pública» puede sonarnos extraño; hoy en día diríamos más bien «seguridad pública». Sin embargo, la combinación de la seguridad del cuerpo social con su supervivencia misma, su «salud», es importante, en especial históricamente, por sus raíces en el *Comité de Salut Public* creado después de la Revolución francesa.

94 Evodio Escalante, «Lectura ideológica...», 200. La cursiva es del original.

95 Sin inaugurar nuevos caminos en torno a la interpretación de la función de Martín Sánchez en *El Zarco*, Sol aborda la crítica de Escalante de manera directa pidiéndonos que comprendamos mejor las condiciones históricas en las que Altamirano produjo su texto (Manuel Sol, «Introducción», 64-67). En última instancia, señala, lo que Escalante percibe como despotismo era en realidad una maniobra autorizada constitucionalmente.

96 Amy Robinson, «Imagining Mexican Bandits», s/p.

97 Salvador Ortíz Vidales, *Los bandidos en la literatura mexicana* (México: Tehutle, 1949), 36.

98 Altamirano, *Obras completas*, 19:46.

99 *Ibid.*, 57.

100 Citado en *ibid.*, 19:52.

101 Véanse, por ejemplo, Doris Sommer, *Foundational Fictions*; Christopher Conway, «Lecturas», 98; Juan Pablo Dabove, *Nightmares of the Lettered City: Banditry and Literature in Latin America, 1816-1929* (Pittsburgh: University of Pittsburgh Press, 2007).

102 Alejandro Rivas Velázquez, «Altamirano y su nueva visión...», 179.

103 *Ibid.*, 181.

104 Evodio Escalante, «Lectura ideológica...», 200.

105 Altamirano, *Obras completas*, 19:15. El pretexto de la suspensión propuesta se presenta en el ensayo anterior, «Ineficaz jurado popular» (*ibid.*, 19:11-

14), una encarecida condena a la exoneración de los miembros de un grupo acusado de robo y asesinato en un tren local.

[106] *Ibid.*, 18. La cursiva es del original.

[107] Al defender la «vida», lo que relata Altamirano es nada menos que el gesto central de soberanía de la Ilustración, un gesto fundamentalmente biopolítico, el cual Michel Foucault captura en la consigna «hacer vivir, dejar morir» (Michel Foucault, *Defender la sociedad...*). A Altamirano le alegraría dejar morir al bandido, pero no llama al pueblo a quitarle la vida. Llama a que se le presente ante la justicia dentro del orden constitucional.

[108] Altamirano, *Obras completas*, 19:18. La cursiva es del original. En «Ladrones y asesinos», Altamirano responde en parte a un debate específico sobre las ineficaces instituciones de justicia criminal que operaban a lo largo y ancho del México rural. Un aspecto de esta discusión giraba en torno a las ventajas de la semiformalización de las «leyes Lynch», básicamente el paramilitarismo, frente al llamado *estado primitivo*, en el que «cada uno se haga justicia por su propia mano» (*ibid.*, 15). En respuesta a un argumento común favorable a la *ley Linch* publicado en algunos periódicos importantes como *La Libertad*, *La Industria Nacional*, y *La Tribuna*, quienes veían en este giro hacia la justicia popular «el único recurso a que tiene que apelar el pueblo para hacerse justicia» (*ibid.*), Altamirano escribe: «Antes que apelar a la *ley Linch* y al *estado primitivo*, es decir, a la desesperación, hay que echar mano de un recurso conocido, prescrito por las leyes, obligatorio para la administración, cuando las leyes comunes no bastan para dar seguridad al pueblo» (*ibid.*, 19. La cursiva es del original). Este recurso, claro está, es la suspensión de las garantías constitucionales. La ley incluye su propia excepción.

[109] 1: Y mucha conciencia, Señor Sánchez. 2: Usted lleva facultades extraordinarias, pero siempre con la condición de que debe usted obrar con justicia. 3: La justicia ante todo. 4: Sólo la necesidad puede obligarnos a usar estas facultades. 5: Que traen tan grande responsabilidad. 6: Pero yo sé a quién se los doy. 7: No haga usted que me arrepienta.

[110] En la vida real, este arreglo le preocupaba a Juárez de igual manera. Vanderwood saca a la luz esta cita sobre la inquietud de Juárez en torno a los reclutas bandidos en la lucha contra la intervención francesa: «Lamento los excesos de [las fuerzas bandidas paramilitares] [...] pero hay que tolerarlas, pues de lo contrario nos abandonarán, y he dado a entender a nuestros aliados [los estadounidenses] que tales guerrillas operan para obtener todo tipo de suministros

del enemigo», véase Paul Vanderwood, *The Power of God against the Guns of Government* (California: Stanford University Press, 1998), 57.

[111] John Tutino, *From Insurrection to Revolution in Mexico: Social Bases of Agrarian Violence, 1750-1940*, 260.

[112] Justo Sierra, *Apuntes para un libro*, 316. El modelo histórico de Sierra, sabidamente racializado, proviene del borrador de 1885 para su *Evolución política*: «Pudo decir verdad el orador que en el cuerpo legislativo francés, en tiempo del Imperio, pintaba a los indígenas adorando y bendiciendo al joven austríaco de mirada azul y flotante barba rubia, como un nuevo Quetzalcóatl; pero en el vericueto de la próxima montaña, espiaba, con el rifle listo, el guerrillero: éste era el mestizo; para éste, Maximiliano nunca fue una divinidad, sino el enemigo» (Justo Sierra, *Apuntes para un libro*, 316).

3. La Revolución fuera de lugar: Rosario Castellanos y la guerra de razas

[1] Carlos Navarrete Cáceres, *Rosario Castellanos: Su presencia en la antropología mexicana* (México, D. F.: UNAM, 2007), 39.

[2] Todas las citas de la novela son de la edición *Oficio de tinieblas* (México, D. F.: Joaquín Mortiz, 1962) y la indicación de las páginas remite siempre a esta edición.

[3] Octavio Paz, *El laberinto de la soledad* (México, D. F.: Fondo de Cultura Económica, 1992 [1981]), 27.

[4] Miguel Ángel Asturias, *Hombres de maíz*, ed. por Gerald Martin (Nanterre: ALLCA, 1996).

[5] Gregorio López y Fuentes, *El indio* (México, D. F.: Porrúa, 1972 [1935]), 123.

[6] Menchú escribe: «Sigo ocultando lo que yo considero que nadie sabe, ni siquiera un antropólogo, ni un intelectual, por más que tenga muchos libros, no saben distinguir todos nuestros secretos», véase Elizabeth Burgos y Rigoberta Menchú, *Me llamo Rigoberta Menchú y así me nació la conciencia* (México, D. F.: Siglo XXI, 1982), 271; sobre el silencio del subalterno en los estudios literarios y culturales en América Latina, véase Abraham Acosta, «Contingencies of Silence: Subalternity, the *EZLN*, and the Accounting of Speech in Latin America», *Journal of Latin American Cultural Studies* 19, n.° 2 (2010): 203-223.

[7] «Guerra de castas» es un término que se utiliza en México para describir un tipo de violencia rural que es fácil de racializar; en otras palabras, que se vuel-

ve inteligible mediante su reducción a una lucha binaria típicamente engañosa entre indios y no indios. A menudo, aunque no de manera exclusiva, se asocia con levantamientos en el sur de México. El punto de referencia más común es la llamada Guerra de castas en Yucatán, recordada en el mundo de habla inglesa gracias al estudio clásico de Nelson Reed en torno a ese conflicto de mediados del siglo XIX. Véase Nelson Reed, *The Caste War of Yucatán* (Stanford, Calif.: Stanford University Press, 2001 [1964]). El término implica un cierto tramo histórico que, en general, llega al siglo XIX o antes; por ejemplo, sería extraño referirse al actual conflicto entre el Estado mexicano y el Ejército Zapatista de Liberación Nacional como una guerra de castas.

[8] Leticia Reina, *Las rebeliones campesinas en México*, 45-60, ofrece un eficiente análisis y revisión de la rebelión chamula, e incluye fuentes primarias. Si se busca una opinión más agresivamente crítica de cómo la rebelión ha sido interpretada desde la perspectiva histórica, véase Jan Rus, «Whose Caste War? Indians, Ladinos, and the "Caste War" of 1869», en *Spaniards and Indians in Southeastern Mesoamerica: Essays on the History of Ethnic Relations*, ed. por Murdo MacLeod y Robert Wasserstrom, 127-168 (Lincoln: University of Nebraska Press, 1983).

[9] De allí que tres generaciones de novelas de la Revolución mexicana tematicen de manera tan obsesiva la reforma agraria y sus límites.

[10] Michel Foucault, *Defender la sociedad*, 108.

[11] *Ibid.*, 81.

[12] *Ibid.*, 83.

[13] Al menos parte de la debilidad conceptual de Foucault en torno a la idea de raza puede explicarse por el hecho de que emplear la «raza», en este contexto, es un intento de provocación. Hacia el final de sus conferencias se vuelve cada vez más claro que utiliza su genealogía heterodoxa del racismo para criticar a la izquierda del siglo XX por no haber enfrentado del todo el surgimiento del biologicismo ni reconocido críticamente su propio compromiso con él, a menudo encubierto en el lenguaje de la lucha de clases y el economismo.

[14] *Ibid.*, 77. He aquí la definición completa: «...en ese discurso que se refiere a la guerra de razas y en el que el término "raza" aparece bastante tempranamente, se sobreentiende que no se asigna un sentido biológico estable a esa palabra. Sin embargo, ésta no es absolutamente fluctuante. Designa, en definitiva, cierto clivaje histórico político, sin duda amplio, pero relativamente fijo. Se dirá, y ese discurso lo dice, que hay dos razas cuando se hace la historia de dos

grupos que no tienen el mismo origen local; dos grupos que no tienen, al menos en el origen, la misma lengua y, con frecuencia, tampoco la misma religión; dos grupos que sólo constituyeron una unidad y una totalidad política al precio de guerras, invasiones, conquistas, batallas, victorias y derrotas: de violencias, en suma; un lazo que no se establece sino a través de la violencia de la guerra. Se dirá, por último, que hay dos razas cuando hay dos grupos que, pese a su cohabitación, no están mezclados a causa de diferencias, disimetrías, barreras debidas a los privilegios, las costumbres y los derechos, la distribución de las fortunas y el modo de ejercicio del poder» (*ibid.*, 77). El compromiso empirista con el hecho objetivo de estos «dos grupos» es notable y mucho le debe —como veremos en el Capítulo 4— a Ernest Renan, en su discurso «What is a Nation?».

[15] Karl Marx, «The Future Results of British Rule in India», en *Selected Writings*, ed. por David McLellan (Oxford: Oxford University Press, 1977 [1852]), 335. [Existen varias versiones en español, entre ellas: «Futuros resultados de la dominación británica en India», en *Obras escogidas, en tres tomos*, dc Carlos Marx y Friedrich Engels (Moscú: Editorial Progreso, 1974), tomo I.]

[16] Sobre los orígenes de la Ley Lerdo, así como sobre la privatización de la tierra y los límites de su ambigua aplicación en contra del ejido, véanse John Tutino, *From Insurrection to Revolution in Mexico*, 263, 271, 312-313; Charles Hale, *The Transformation of Liberalism* [existe versión en español: *La transformación del liberalismo en México a fines del siglo XIX*, trad. de Purificación Jiménez (México D. F.: Fondo de Cultura Económica, 2002)]; Michael Ducey, «Liberal Theory and Peasant Practice: Land and Power in Northern Veracruz, México, 1826-1900», en *Liberals, the Church, and Indian Peasants: Corporate Lands and the Challenge of Reform in Nineteenth-Century Spanish America*, ed. por Robert Jackson (Albuquerque: University of New Mexico Press, 1997), 65-94; Robert Knowlton, «Dealing in Real Estate in Mid-Nineteenth-Century Jalisco: The Guadalajara Region», en Jackson, *Liberal Theory...*, 13-36; Christopher Boyer, *Becoming Campesinos: Politics, Identity, and Agrarian Struggle in Postrevolutionary Michoacán, 1920-1935* (Stanford, Calif.: Stanford University Press, 2003); Raymond Craib, *Cartographic Mexico*, 56. [Existe versión en español: *México cartográfico: una historia de límites fijos y paisajes fugitivos*, trad. de Rossana Reyes (México, D. F.: UNAM, 2013).]

[17] Reflexionar sobre la historia de la forma del ejido como un proceso límpido de degradación (durante la hegemonía liberal del siglo XIX) y restauración

(después de la Revolución) ofrece un resumen útil, pero también resulta algo difícil de entender. Ambos momentos históricos marcan una importante distinción política en torno al ejido. El ejido del siglo XIX representaba una posición conservadora en la medida en que se apropiaba una visión tradicional de las tierras comunales originada en la ley colonial española; su discurso era de naturaleza fundamentalmente defensiva. El ejido del México posrevolucionario después de 1917 representaba una posición progresista en la medida en que era un instrumento de la reforma agraria y estaba vinculado de manera explícita con la redistribución de la tierra y la reinstitucionalización de la propiedad colectiva de la tierra; su discurso era de naturaleza fundamentalmente ofensiva. En ambos casos históricos, el campesinado expresaba una gama heterogénea de actitudes hacia la forma del ejido y su relación con la política estatal. Boyer, *Becoming Campesinos*, ofrece una excelente historia que toma en cuenta la diversidad de los mexicanos del campo. El texto clásico sobre la historia de la reforma agraria y el agrarismo en México es Jesús Silva Herzog, *El agrarismo mexicano y la reforma agraria: Exposición y crítica* (México, D. F.: Fondo de Cultura Económica, 1964 [1959]).

[18] Véase el trabajo de Fischer y Brown, cuyas conclusiones sobre las relaciones raciales en las tierras altas de Guatemala pueden aplicarse de igual forma a las tierras altas de Chiapas: Edward Fischer y R. McKenna Brown, eds., *Maya Cultural Activism in Guatemala* (Austin: University of Texas Press, 1996). La denominación racial es complicada en Chiapas, hecho que se refleja en la prosa de Castellanos. Si bien una problematización exhaustiva de los términos etnológicos me llevaría demasiado lejos, a continuación presento un rápido bosquejo en términos de la escritura de Castellanos: las comunidades indígenas pueden llevar el término genérico *indio*, pero en general se identifican por su grupo lingüístico maya específico (tzotzil, tzeltal, etcétera). También en ocasiones se denominan chamulas, lo cual comprende a los pueblos indígenas de San Juan Chamula y sus alrededores, un pueblo importante —por razones tanto comerciales como religiosas— justo saliendo de San Cristóbal de las Casas, el antiguo centro colonial de las tierras altas de Chiapas. Los personajes no indígenas llevan tres nombres. *Ladino* es una categoría cultural racializada que se utiliza en la parte baja de Mesoamérica para señalar a la gente no indígena (por lo que constituye una categoría más amplia y fluida que *mestizo*). *Coleto* se refiere a los habitantes de San Cristóbal de las Casas y conlleva un tinte aristocrático. Para complicar aún más las cosas, San Cristóbal, en la prosa de Castellanos, retoma

su viejo nombre colonial de Ciudad Real, o bien su nombre indígena de Jobel. Por último, *caxlán* es el nombre indígena para las personas de ascendencia europea, hablantes de castellano; implica cierta autoridad.

[19] Cabe destacar que, si bien la lucha neozapatista en torno a los derechos indígenas ubica a Chiapas en el mapa internacional, un tema de igual urgencia en la escena nacional es la continuada enemistad entre las comunidades indígenas católicas y protestantes, así como sus respectivas afiliaciones políticas. Castellanos tematiza esta dinámica en el cuento «Arthur Smith salva su alma» (en Castellanos, *Ciudad Real*, 165-219). Este conflicto aún estalla con cierta regularidad.

[20] Véase su ensayo «El hombre del destino», en Rosario Castellanos, *El uso de la palabra* (México, D. F.: Ediciones de Excelsior, 1974 [1970]), 204-208.

[21] Véase Rosario Castellanos, *Cartas a Ricardo* (México, D. F.: Consejo Nacional para la Cultura y las Artes, 1996); véase también Navarrete Cáceres, *Rosario Castellanos*, que ofrece una excelente compilación de las últimas reflexiones de Castellanos sobre su trabajo con el gobierno en Chiapas.

[22] En una carta a Ricardo Guerra, escribe: «Fuimos al Museo del Hombre y yo quería llorar toda feliz y triste porque en una de sus vitrinas de arte precolombino había lanzas y vestidos de los lacandones y chamulas y retratos de sus chozas. Fíjese, ya no era siquiera México cuyo recuerdo me es más o menos soportable. Sino Chiapas, como quien dice la mera entraña de uno» (Castellanos, *Cartas a Ricardo*, 97). De manera nada irrelevante, esta descripción forma parte de un pasaje más amplio sobre París como centro de cultura mundial, desde Leonardo, Rembrandt, los impresionistas, y Picasso hasta el Guimet y su colección de arte asiático.

[23] Estelle Tarica, *The Inner Life of Mestizo Nationalism* (Minneapolis: University of Minnesota Press, 2008).

[24] Luis López Álvarez, *Conversaciones con Miguel Ángel Asturias* (Madrid: EMESA, 1974), 75; véase también Luis Harss y Barbara Dohmann, *Into the Mainstream: Conversations with Latin American Writers* (Nueva York: Harper and Row, 1967).

[25] Véanse de Miguel Ángel Asturias: *Leyendas de Guatemala*, ed. por Alejandro Lanoël (Madrid: Cátedra, 1995 [1930]); y *Hombres de maíz*; «Foreword», en *Maya*, de Pierre Ivanoff (Nueva York: Madison Square Press, 1975), 6-10 [existe versión en español: *Maya, azteca*, trad. de Juan Blanco Catala (Madrid: Grupo, 1990), libro 88].

[26] Véase Harss y Dohmann, *Into the Mainstream.*

[27] Rosario Castellanos, «La rueda del hambriento», en *Ciudad Real* (México, D. F.: Punto de Lectura, 2008 [1960]), 111-150.

[28] *Ibid.*, 147. La cursiva es del original.

[29] Existe una clara continuidad geográfica entre las tierras altas de Chiapas y de Guatemala, además de que comparten una historia precolombina de civilización maya. El Chiapas moderno pasó de manos guatemaltecas a mexicanas por un proceso de anexión en etapas durante el siglo XIX. Sobre la familiaridad de Castellanos con escritores guatemaltecos y chiapanecos —que fue significativa—, véase Navarrete Cáceres, *Rosario Castellanos*, 35-36.

[30] Rosario Castellanos, «La muerte del tigre», en *Ciudad Real.*

[31] Para un desarrollo más elaborado sobre las relaciones entre los escritos mayistas de Asturias y el Estado nacional, véase Joshua Lund y Joel Wainwright, «Miguel Ángel Asturias and the Aporia of Postcolonial Geography», *Interventions: International Journal of Postcolonial Studies* 10, n.º 2 (2008): 141-157, y Joshua Lund y Joel Wainwright, «Race, Space, and the Problem of Guatemala in Miguel Ángel Asturias's Early Work», *GeoHumanities* 10 (2016); véase Mario Roberto Morales, «Miguel Ángel Asturias: La estética y la política de la interculturalidad», en *Cuentos y leyendas: Edición crítica*, de Miguel Ángel Asturias, ed. por Mario Roberto Morales (París: Colección Archivos, 2000), 553-607.

[32] Citado en Cynthia Hewitt de Alcántara, *Anthropological Perspectives on Rural Mexico* (Londres: Routledge, 1984), 58. [Existe versión en español: *Imágenes del campo: La interpretación antropológica del México rural*, trad. de Félix Blanco (México, D. F.: El Colegio de México, 1988).]

[33] El INI fue inaugurado por el gobierno mexicano en 1948; la rama tzeltaltzotzil en Chiapas fue su primer centro coordinador regional, establecido en 1951. El estudio de Hewitt de Alcántara sigue siendo un resumen clásico de las bases teóricas y la historia práctica del INI y sus centros, e incluye una amplia bibliografía (Hewitt de Alcántara, *Anthropological Perspectives...*). Para un relato más detallado que ubica al INI dentro de una trayectoria institucional más amplia, véanse los 15 volúmenes que conforman *La antropología en México*: Carlos García Mora, coord., *La antropología en México: Panorama histórico* (México, D. F.: INAH, 1987), 15 vols., una historia panorámica de la antropología nacional publicada por el Instituto Nacional de Antropología e Historia. Joanna O'Connell, *Prospero's Daughter: The Prose of Rosario Castellanos* (Austin: University of Texas, 1995), ofrece un análisis crítico de la relación entre Castellanos y el INI; Navarrete, *Rosario Castellanos*, contiene un análisis más descriptivo e in-

cluye la reimpresión de varios documentos iluminadores escritos por la propia Castellanos (cartas, ensayos e historias). En 2003, el INI fue desmantelado y sustituido, con bombo y platillo, por la Comisión Nacional para el Desarrollo de los Pueblos Indígenas, lo cual representó el fin formal del fomento del Estado al acercamiento integracionista y aculturalista a los asuntos indígenas, y la institucionalización formal de un paradigma multiculturalista.

[34] Los talentos colectivos de esta generación no pueden sobreestimarse. Gastón García Cantú fue uno de los grandes historiadores sociales del siglo. Alfonso Caso fue el primer director del INI y un prominente indigenista, tanto político como académico (como arqueólogo). Gonzalo Aguirre Beltrán fue un destacado etnohistoriador e investigador de las relaciones raciales en México durante medio siglo. Julio de la Fuente es famoso por su colaboración con Bronislaw Malinowski en el estudio de las culturas de mercado en Oaxaca, y sus reflexiones teóricas ayudaron a trasformar la práctica del indigenismo patrocinado por el Estado que conduciría al establecimiento del INI y sus centros. Véanse Hewitt de Alcántara, *Anthropological Perspectives...*; y Javier Téllez Ortega, «"La época de oro" (1940-1964)», en García Mora, *La antropología en México*, vol. 2, *Los hechos y los dichos (1880-1986)*, 289-338.

[35] Navarrete, *Rosario Castellanos*, incluye esta historia, además de la reimpresión de buena parte de las obras de títeres de Castellanos. Los títulos ofrecen una indicación clara del contenido: «Petul y Xun juegan a la Lotería»; «La Bandera»; «Benito Juárez»; «Petul y el diablo extranjero»; «Petul, promotor sanitario»; «Petul en la campaña antialcohólica»; «Gallinero de Xun»; «Los pollos de Xun»; «Lázaro Cárdenas».

[36] Véanse las reflexiones de la propia Castellanos sobre esa época en un conjunto de ensayos de 1960, reimpresos en Navarrete, *Rosario Castellanos*, 115-125, así como sus «Cartas a Elías Nandino», en *Mujer de Palabras: Artículos rescatados de Rosario Castellanos*, ed. por Andrea Reyes (México, D. F.: CONACULTA, 2003 [1956]), vol. 1.

[37] Esta transformación en las técnicas aculturadoras no siempre se desplazó en una dirección más suave. Algunos de los primeros mandatos revolucionarios prohibieron el uso del atuendo blanco tradicional de los campesinos indígenas en los pueblos; el uso de pantalones modernos y las prácticas de higiene se hicieron obligatorios; y el México posrevolucionario fue practicante de una política etnocida estándar vinculada ampliamente con la transformación del colonialismo de los colonizadores en un nacionalismo moderno: la Ley de Instrucción

Rudimentaria volvió ilegal el uso de las lenguas indígenas en las escuelas rurales (véase Leticia Rivermar Pérez, «En el marasmo de una rebelión cataclísmica (1911-1920)», en García Mora, *La antropología en México*, 120-121).

[38] Véase Gonzalo Aguirre Beltrán, *El proceso de la aculturación y el cambio sociocultural en México* (México, D. F.: Instituto Nacional Indigenista, 1992 [1957]), en especial 164-184; y Julio de la Fuente, *Relaciones interétnicas* (México, D. F.: Instituto Nacional Indigenista, 1965), que incluye su obra teórica desde la década de 1940.

[39] Véanse Alfonso Caso, «Los ideales de la acción indigenista», en *Los Centros Coordinadores: Edición conmemorativa en ocasión del XXXV Congreso Internacional de Americanistas* (México, D. F.: Instituto Nacional Indigenista, 1962); y Alfonso Caso, «Los fines de la acción indigenista en México», en *La comunidad indígena* (México, D. F.: Secretaría de Educación Pública, 1971 [1955]).

[40] Véase Alonso Villa Rojas, «El Centro Coordinador Tzeltal-Tzotzil», en *Los Centros Coordinadores*, que ofrece una presentación sistemática de la teoría y la práctica del Centro Tzeltal-Tzotzil. El ensayo forma parte de un extraordinario volumen (*Los Centros Coordinadores*), publicado por el INI, que examina casi todos los centros regionales.

[41] Alfonso Caso, «Los ideales de la acción indigenista», 7. Gonzalo Aguirre Beltrán, *El proceso de aculturación...*, 165-166.

[42] Sol Tax, citado en Alfonso Caso, «Los ideales de la acción indigenista», 12.

[43] Alfonso Caso, «Los fines de la acción indigenista en México» y «Los ideales de la acción indigenista»; Gonzalo Aguirre Beltrán, *El proceso de aculturación...*; Julio de la Fuente, *Relaciones interétnicas*.

[44] El Museo Nacional funcionó como una especie de «base institucional de la antropología durante el Porfiriato», según Blanca Estela Suárez Cortés en «Las interpretaciones positivas del pasado y el presente (1880-1910)», en García Mora, *La antropología en México*, 25. Claudio Lomnitz, *Deep Mexico, Silent Mexico*, ofrece una historia sucinta de la antropología nacional. Lomnitz también sugiere que el campo mismo de la antropología surge de los viajes de Edward Burnett Tylor a México, publicados como *Anahuac* (1861) (Claudio Lomnitz, *Deep Mexico*, 235).

[45] Belmar, olvidado en gran medida, contribuyó de manera significativa al estudio de las lenguas indígenas. Desde el punto de vista político, su obra fue importante para promover la idea de que el náhuatl, el zapoteco y varias lenguas mayas estaban plenamente desarrolladas en su capacidad expresiva y podían

alcanzar un alto nivel de abstracción (ciencia y literatura), a la par de las lenguas europeas (Blanca Estela Suárez Cortés, «Las interpretaciones positivas...», 62). Además, refutó la influyente clasificación que hizo Francisco Pimentel de las lenguas nativas mexicanas (Leticia Rivermar Pérez, «En el marasmo...», 116).

[46] *El Imparcial*, «¿Puede el indio civilizarse?», 24 de marzo de 1910.

[47] *El Imparcial*, «Anoche fue inaugurado un notable congreso», vol. 29, núm. 6 056, 31 de octubre de 1910, 1, 10. El congreso se llevó a cabo en el Museo Nacional. *El Imparcial*, un periódico de la ciudad de México, ofreció una cobertura de tres días del evento, y lo que cito a continuación procede de su reporte. El lenguaje de la conferencia fue excesivamente académico e incluyó referencias a la «regeneración» racial, al estado «retrógrada» de las comunidades indígenas, a su «debilidad moral», etcétera. En contraste, la propia conferencia parece haber sido algo parecido a un circo, en el mejor de los sentidos. Entre las expresiones efusivas de gratitud a hombres con altos cargos y ejecuciones temáticamente disonantes de música de cámara europea (Chaikovski, ejecutado por la Orquesta Beethoven), hubo un serio debate sobre la educación nacional contra la local, comentarios sobre la responsabilidad de la cultura dominante por el empobrecimiento de las culturas indígenas, homenajes a soldados y hombres de Estado indígenas (entre ellos Díaz), y una denuncia de las doctrinas de superioridad racial («Abraham Castellanos [...] dijo que sólo los pseudo-filósofos asentaban que las razas blancas eran superiores à las negras») (*El Imparcial*, «La primera sesión del Congreso de Indianistas», vol. 29, n.º 6 057, 1 de noviembre de 1910, 4). Uno de los participantes, Francisco Salazar, mencionó a un empolvado Díaz, recordándoles a todos la herencia mixteca del presidente. Evocando a Alva, Esteban Castellanos, en un «rapto de entusiasmo por los indios», cerró la conferencia en un tono polémico al vincular al indio con la producción de una cultura nacional auténtica: denunciando una aparente falta de poetas (no hay un Darío mexicano) o pintores de primer orden (sólo imitadores), dijo que era «preciso educar á los indios para que estos formaran nuestro arte nacional y salvaran á la Patria» (*El Imparcial*, «Se clausura el Congreso Indianista», 13). El último párrafo del artículo de *El Imparcial* destaca la asistencia de un pequeño grupo de indios, aunque al parecer no estaban ahí para hablar. En el artículo no queda claro si los indios se vieron forzados a asistir: «El señor [ilegible] hizo asistir al Congreso á varios indígenas traídos de los pueblos vecinos» (*ibid.*).

48 *El Imparcial*, «El Congreso Indianista obtiene un triunfo», vol. 29, n.º 6 085, 29 de noviembre de 1910, 1.

49 Véase Leticia Rivermar Pérez, «En el marasmo...», 103-110.

50 Véase David Brading, «Manuel Gamio and Official Indigenismo in Mexico», *Bulletin of Latin American Research* 7, n.º 1 (1988): 75-89, que profundiza en Gamio y en lo que él llama indigenismo «oficial»; y Kelley Swarthout, *«Assimilating the Primitive»: Parallel Dialogues on Racial Miscegenation in Revolutionary Mexico* (Nueva York: Peter Lang, 2004), 95-104, sobre Gamio y lo que ella llama indigenismo «científico».

51 Véase Leticia Rivermar Pérez, «En el marasmo...», 107-108.

52 En Melville Herskovits, *Franz Boas: The Science of Man in the Making* (Nueva York: Scribner, 1953) y en George Stocking, *The Shaping of American Anthropology, 1883-1911: A Franz Boas Reader* (Nueva York: Basic Books, 1974), puede encontrarse una reseña de la carrera de Boas y su impacto más amplio en la antropología como campo de estudio. La relación intelectual entre Boas y Gamio fue, por supuesto, benéfica para ambos, un hecho que Stocking no reconoce; véase Quetzil Castañeda, «Stocking's Historiography of Influence: The "Story of Boas", Gamio, and Redfield at the Cross-road to Light», *Critique of Anthropology* 23, n.º 3 (2003): 235-263. La crítica que Castañeda hace a la deificación de Boas dentro de la historiografía dominante de la antropología norteamericana constituye un importante acercamiento a esa tradición. Y si bien cuestiona la utilidad de llamar «boasiano» a Gamio, no cabe duda de que, como señala el propio Castañeda, «la antropología de Gamio [...] surgió en parte de algunas ideas básicas sobre la cultura y el relativismo cultural tomadas de Boas» (*ibid.*, 256). En este contexto, «básicas» debería entenderse como transformativas, no como elementales.

53 Vimos versiones no desarrolladas de esta actitud en Luis Alva, Justo Sierra e Ignacio Altamirano; José López Portillo y Rojas, *La raza indígena: Breves reflexiones* (México, D. F.: Viamonte, 1904), parte de la idea de que es la cultura, y no la raza, lo que denota la diferencia humana. Ello no impide que el texto se convierta en un panfleto notoriamente racista sobre las culturas indígenas.

54 Franz Boas, «Human Faculty as Determined by Race», en *The Shaping of American Anthropology, 1883-1911: A Franz Boas Reader*. Editado por George Stocking (Nueva York: Basic Books, 1974 [1894]), 221-242. Franz Boas, *The Mind of Primitive Man* (Nueva York: MacMillan, 1938 [1911]). [Existe versión en español: *La mentalidad del hombre primitivo*, trad. de Marta R. García (Buenos Aires: Almagesto, 1992).]

[55] Boas, «Human Faculty as Determined by Race».

[56] No es exagerado decir que en el México de Gamio todo giraba en torno a la nación. Incluso los llamados al cosmopolitismo de un prominente universalista como Alfonso Reyes estaban fundados en una preocupación nacional: México (la nación) debía verse como participante en la cultura mundial; sólo así podría alcanzar la condición de nación.

[57] Boas también llevó a cabo más trabajos locales, como sus famosos estudios sobre los descendientes de inmigrantes en la ciudad de Nueva York: Franz Boas, «Instability of Human Types» en *Papers on Inter-racial Problems*, ed. por G. Spiller (Nueva York: Arno Press, 1969 [1911]). Sin embargo, solía vincular los resultados de sus investigaciones no tanto con la cuestión nacional, sino con su interés más amplio en la mutabilidad de los tipos humanos en relación con el contexto.

[58] Lomnitz argumenta que esta desarticulación entre dos tipos de antropología se basa «en condiciones epistemológicas más profundas que el mero rechazo patriótico o las barreras lingüísticas» (Lomnitz, *Deep Mexico*, 258). Castañeda completa la reflexión: «Mientras que Boas luchó por profesionalizar la antropología en la universidad como una ciencia separada del Estado y de la política en torno a la idea de grupo nacional, Gamio creaba una antropología directamente vinculada con el Estado como la agencia científica y el medio para alcanzar el "buen gobierno" y la construcción nacional [...] Estas visiones opuestas de la disciplina pueden caracterizarse como "antropología de universidad" y "antropología gubernamental"» (Castañeda, «Stocking's Historiography of Influence», 243).

[59] Entre los estudios empíricos de Gamio se cuenta su trabajo de campo en Teotihuacán, ampliamente celebrado por su fusión creativa y rigurosa de métodos arqueológicos y etnológicos: Manuel Gamio, *La población del valle de Teotihuacán* (México, D. F.: Talleres Gráficos, 1922).

[60] Manuel Gamio, *Forjando patria*, 103-104.

[61] *Ibid.*, 105.

[62] *Ibid.*, 23. La cursiva es mía.

[63] Citado en Cynthia Hewitt de Alcántara, *Anthropological Perspectives...*, 15.

[64] Claudio Lomnitz, *Deep Mexico*, 252.

[65] Manuel Gamio, *Forjando patria*, 103.

[66] *Ibid.*, 107.

[67] Un documento de 1922 elaborado por David Siqueiros bajo los auspicios del Sindicato de Trabajadores Técnicos, Pintores y Escultores, y firmado por un

grupo de artistas prominentes de la Revolución, declara: «El noble trabajo de nuestra raza, hasta en sus expresiones espirituales y físicas más insignificantes, es nativo (e indio) en origen» (citado en Charles Harrison y Paul Wood, *Art in Theory: 1900-1990* [Londres: Blackwell, 1992], 406). Luis Villoro conduciría esta idea a su culminación con su meditación existencialista sobre la identidad mexicana: *Los grandes momentos del indigenismo en México*.

68 Manuel Gamio, *Forjando patria*, 25.

69 *Ibid.*, 167.

70 *Ibid.* La cursiva es del original.

71 *Ibid.* En este punto, la deuda de Gamio con Molina Enríquez, *Los grandes problemas nacionales*, aunque no se mencione, es significativa.

72 Foucault, «Society Must Be Defended», 62.

73 Gregorio López y Fuentes, *El indio*, 118.

74 *Ibid.*, 123. La cursiva es del original.

75 *Guardias blancas* es un término que se ha extendido por toda América Latina, desde fines del periodo de la Revolución, para denotar a aquellas fuerzas paramilitares movilizadas específicamente para desestabilizar o revertir los esfuerzos por establecer una reforma agraria. La etimología del término se ha vinculado con la resistencia al programa de reforma agraria de la Revolución rusa. En al menos una ocasión en México, las guardias blancas fueron comparadas con el Ku Klux Klan; véase Raymond Craib, *Cartographic Mexico*, 227-230.

76 Joseph Sommers, «Forma e ideología en *Oficio de tinieblas* de Rosario Castellanos», *Revista de Crítica Literaria Latinoamericana* 4, n.° 7-8 (1978). Joanna O'Connell coincide y, recurriendo a recuentos históricos de las relaciones raciales chiapanecas, concluye que «las dos comunidades étnicas no son dos mundos separados» (O'Connell, *Prospero's Daughter*, 136). Véase también Carlo Navarrete Cáceres, *Rosario Castellanos*, 42-43. Sommers interpreta la tematización que Castellanos hace de esta interdependencia como una astuta crítica al discurso integracionista de moda que guió la política indígena durante los años del INI (Joseph Sommers, «Forma e ideología...», 87).

77 Joseph Sommers, «Forma e ideología...», 84.

78 Leonardo le confiesa a Julia Acevedo, su amante, que los acontecimientos que condujeron al ataque a los indios fueron fabricados. Cuando dos hombres de la guardia nocturna del pueblo aparecen muertos, se culpa a los indios del asesinato, aunque en realidad se trató de un caso de fuego aliado entre los nerviosos guardias. Dice Leonardo: «Pero no los mataron los indios. Eso lo inven-

tamos nosotros» (Castellanos, *Oficio de tinieblas*, 334). La lectura crítica que hace Rus de la historiografía que rodea la revuelta chamula en la década de 1860 le otorga peso histórico a este giro en la novela (Jan Rus, «Whose Caste War?»). Tras una cuidadosa presentación del material de archivo, concluye: «El movimiento indígena de 1867-69, cuando *fue* su movimiento, parece haber sido pacífico. Lo que buscaban era que los dejaran cultivar sus campos, dirigir sus mercados, y adorar a sus santos como mejor les pareciera. El hecho de que no lograran hacer estas cosas —de que al final los masacraran por intentarlo— no demuestra pasividad y sumisión de su parte, sino inhumanidad de quienes los veían no como personas, sino como objetos, "recursos" por los que pelear y a quienes controlar» (*ibid.*, 159-160). Si bien hay más que una pizca de lo romántico en estas palabras de Rus, su guion político es impecable cuando se compara con el archivo histórico de la revuelta.

[79] Joanna O'Connell, *Prospero's Daughter*, 140.

[80] Joseph Sommers, «Forma e ideología...». Ésta constituye una extraña crítica puesto que, como Sommers bien sabe, el «pesimismo» es una marca distintiva de la prosa de ficción latinoamericana, por decir lo menos (Joseph Sommers, «Forma e ideología...»). Véase Rosario Castellanos, «El pesimismo latinoamericano», en *Obras II: Poesía, teatro y ensayo*, ed. por Eduardo Mejía (México, D. F.: Fondo de Cultura Económica, 1998 [1975]).

[81] Joanna O'Connell, *Prospero's* Daughter, 139.

[82] Este tema aparece en el ensayo «Herlinda se va» (1973), una conmovedora reflexión sobre la solidaridad femenina dentro del contexto de la desigualdad de clases. Escribe Castellanos: «Así que María se fue a trabajar con Gertrudis Duby, quien no salía de su asombro (y así me lo dijo con reproche) de que después de tantos años de convivencia y no le hubiera enseñado a María ni a leer bien ni a escribir. Yo andaba de Quetzalcóatl por montes y collados mientras junto a mí alguien se consumía de ignorancia. Me avergoncé» (Rosario Castellanos, «Herlinda se va», en *El uso de la palabra*, 264).

[83] Rosario Castellanos, «Teatro Petul», en *Mujer de palabras*, vol. 1, 299-304.

[84] Si bien es un tema demasiado amplio para desarrollar aquí, cabe notar que Castellanos se mostraba firme en su resistencia a ser vinculada con el indigenismo literario. Como le dijo de manera franca a Emmanuel Carballo: «Si me atengo a lo que he leído dentro de esta corriente [el indigenismo], que por otra parte no me interesa, mis novelas y cuentos no encajan en ella», Emmanuel Carballo, *Diecinueve protagonistas de la literatura mexicana del siglo XX* (México,

D. F.: Empresa, 1965), 422. Hasta donde sé, su único ensayo importante sobre el tema, «Teoría y práctica del indigenismo», trata exclusivamente del indigenismo patrocinado por el Estado en el INI y nada tiene que ver con la creación artística (Rosario Castellanos, «Teoría y práctica del indigenismo», en *Mujer de palabras*, 291-304). Castellanos evita el término escrupulosamente en su crítica literaria. Llama «un escritor mediocre» al autor de la monumental *Rebelión de los colgados* (1936), Bruno Traven, cuya prosa carecía de una dimensión humana (Rosario Castellanos, «Benzulul, un nuevo nombre en la tradición del realismo mexicano: Eraclio Zepeda, con su libro de cuentos», en *Mujer de palabras*, 112). Al mismo tiempo, avala con cautela *Benzulul*, de Eraclio Zepeda, aunque no como una obra de indigenismo, sino como una contribución al regionalismo chiapaneco y a la relevancia continuada de la tradición realista mexicana (*ibid.*, 110-114). Sin embargo, la historia literaria se empecina en ubicar a Castellanos dentro de esta genealogía que ella al parecer repudió. Para distinguir la sofisticación literaria de su escritura de una tematización anterior y más forzada del indio, suele mencionársele como una de las protagonistas —junto con Asturias y Arguedas— en un giro de mediados de siglo hacia el neoindigenismo. Pero esta afiliación es arbitraria y sólo se sostiene en el hecho de que los personajes indígenas desempeñan un papel significativo en sus novelas más destacadas. Con base en este criterio, Castellanos bien podría ubicarse dentro de varios otros subgéneros temáticos, como la novela de la tierra o la novela de la Revolución mexicana. No obstante, nadie pensaría en ubicar a sus colegas —Juan Rulfo, Carlos Fuentes, Elena Garro, José Revueltas y Juan José Arreola—, con quienes comparte un compromiso general con el alto modernismo de tendencia existencialista, en ninguna de estas categorías.

[85] Emmanuel Carballo, *Diecinueve protagonistas...*, 422.

[86] Esta observación no es precisamente una excepción. En la misma entrevista, Castellanos compara la «mentalidad» indígena con la de un niño: «Este mundo infantil es muy semejante al mundo de los indígenas, en el cual se sitúa la acción de la novela [*Balún Canán*]. (Las mentalidades de la niña y de los indígenas poseen en común varios rasgos que las aproximan)» (Emmanuel Carballo, *Diecinueve protagonistas...*, 419). En una carta dirigida a Gastón García Cantú, escrita cuando trabajaba para el INI en Chiapas, reporta que los «parajes indígenas» que solía visitar estaban poblados por «una masa enorme de gente escandalosamente pobre, radicalmente ignorante» (en Carlos Navarrete Cáceres, *Rosario Castellanos*, 22).

[87] A decir verdad, existe una vasta obra crítica en este sentido. El capítulo de Tarica sobre Castellanos en *The Inner Life of Mestizo Nationalism* lleva esta línea crítica más lejos y también es una buena fuente de bibliografía sobre el tema.

[88] O'Connell argumenta que «la obra literaria de Castellanos se une a esa corriente de debate indigenista que constituía una minoría en el Congreso de Pátzcuaro de 1940 [el primer congreso internacional importante sobre política indígena], donde los socialistas promovieron cambios radicales en la sociedad mexicana misma, mientras que la mayoría promovía, en su lugar, transformar a los "indios"» (Joanna O'Connell, *Prospero's Daughter*, 77). O'Connell, por lo tanto, junto con Sommers («Forma e ideología...»), lee a Castellanos como precursora de la crítica al etnocidio que surgiría en contra de las políticas del INI en la década de 1960, sobre todo mediante la obra de Bonfil Batalla. Si bien es debatible que Castellanos llegara tan lejos, lo interesante es ver cómo se desvía del texto modelo del INI en su compleja producción literaria cuando ésta se examina al lado de sus comentarios publicados sobre el trabajo del INI. Estos últimos son, en su mayoría, expresiones directas y favorables de la principal línea de indigenismo institucional y su paradigma conceptual establecido por Gamio, Aguirre Beltrán, de la Fuente y Caso, entre otros.

[89] Estelle Tarica, *The Inner Life of Mestizo Nationalism*, 149.

[90] *Ibid.*, 150. Es importante destacar que, de acuerdo con Tarica, partiendo de la teoría básica del INI, lo que está en juego para Castellanos es «toda la cultura regional» y su transformación. Mientras el grupo de Castellanos estaba en Tuxtla y San Cristóbal, parte de su misión comprendía la labor de fomentar un cambio ideológico entre los sectores dominantes de la sociedad chiapaneca. De esta forma, mientras que para los indios se producían obras de títeres, para las clases urbanas no indígenas se publicaban revistas culturales que trataban de replantear el problema del indio en torno a los derechos, la ciudadanía y el desarrollo, mediante los términos positivos de una transculturación productiva. Escritas en español, estas publicaciones intentaban encarnar el biculturalismo mediante gestos como sus títulos en tzotzil. Una se llamaba *Winik* —de manera significativa, «hombre» en tzotzil—, y otra era una publicación bilingüe (tzeltal-español) llamada *Sk'oplal te Mejikolum / La palabra de México*, de nuevo significativo por su denominación del tzeltal (Mejikolum) como participante en la nación (México). Los índices de alfabetización entre los hablantes de tzeltal y tzotzil eran muy bajos, de modo que el propio bilingüismo de la publicación era

una herramienta ideológica que consistía en poner dos lenguas socialmente desiguales juntas en la misma página. Véase Carlos Navarrete Cáceres, *Rosario Castellanos*, 33-34. Más adelante, Castellanos reflexiona: «[El INI] modifica la conciencia que el indio y el blanco tienen de sí mismos y de su relación [...] Ya ni la palabra indio va cargada forzosamente de desprecio ni la palabra ladino de esa ambigüedad que oscila entre el elogio y el insulto. El Centro instaura una posibilidad. De cada uno de nosotros depende que esa posibilidad se realice» (Castellanos, «Teoría y práctica del indigenismo», 294).

91 Rosario Castellanos, «El don rechazado», en *Ciudad Real*, 151-164.

92 *Ibid.*, 160. Una escena similar tiene lugar en uno de los ensayos testimoniales más conocidos de Castellanos sobre su trabajo con el teatro de títeres en Chiapas, «Incidente en Yalentay», en *Mujer de palabras*, 203-206.

93 Castellanos, «El don rechazado», 162.

94 A todo lo largo de la obra de ficción de Castellanos, la crítica a las expectativas de gratitud es un tropo poderoso y representado con regularidad. Sus protagonistas ladinos expresan con frecuencia la idea de un «indio ingrato». Claramente se trata de un problema con el que Castellanos lidiaba en su vida cotidiana. En «Herlinda se va», habla de su comprensión culposa de la perversidad que gobernaba su relación con su sirvienta de la niñez y jura «pedir perdón a quien había yo ofendido» y «no aprovechar mi posición de privilegio para humillar a otro» (Castellanos, «Herlinda se va», 262). El resultado: «¿Entre una María rebosante de gratitud y una Rosario cargada de escrúpulo moral se estableció una amistad respetuosa? No. Entre una María desconcertada y una Rosario inerme ya no hubo contacto posible» (*ibid.*, 262-263).

95 Castellanos, «El don rechazado», 163.

96 Gerardo Estrada expresa de manera eficaz los orígenes biográficos estereotipados de esta idea en su prólogo a *Rosario Castellanos: Homenaje Nacional*: «La joven Rosario, marginada por su condición de mujer, se identificó en su opresión con los indígenas», Gerardo Estrada, «Prólogo», en *Rosario Castellanos: Homenaje Nacional* (México, D. F.: Conaculta, 1995), 3. O'Connell, en *Prospero's Daughter*, ofrece un sano antídoto a la extrapolación de esta afirmación biográfica a la obra de Castellanos.

97 Véase, por ejemplo, Tarica, *The Inner Life of Mestizo Nationalism*, 137-182.

98 El carácter ambivalente de su pertenencia agrega otro nivel de complejidad: la narradora es ignorada constantemente en favor de su hermano, y Nana es atacada y herida a manos de los indios por tener un empleo como sirvienta en

el rancho familiar. Véase Rosario Castellanos, *Balún Canán* (México, D. F.: Fondo de Cultura Económica, 2007 [1957]), 15-16.

[99] Véase Leah Strobel, *Can Silence Speak? Reading the Marginalized Woman in Three Novels of Female Development* (Pittsburgh: University of Pittsburgh, 2010), que ofrece un análisis extenso en este sentido.

[100] Castellanos, *Balún Canán*, 285.

[101] *Ibid.*, 16.

[102] El tapiz histórico de *Oficio de tinieblas* es infinitamente rico, y otro tema presente es el hecho de que el conflicto coincide con el levantamiento contrarrevolucionario de la rebelión cristera, aún reciente en la memoria de todos. El ataque contra los privilegios de la Iglesia que se derivó de la Revolución generó una resistencia particularmente obstinada en zonas rurales conservadoras como Chiapas. De tal suerte, que las mujeres se vean acorraladas por un crimen de adoración constituye una ironía sutil.

[103] Sobre la rebelión de 1712, véase Juan Pedro Viqueira, *María de la Candelaria, india natural de Cancuc* (México, D. F.: Fondo de Cultura Económica, 1994). La rebelión de 1867 es el referente histórico que Castellanos está representando; véase Jan Rus, *Whose Caste War?* La referencia a 1917 debe ser una alusión a la ratificación de la nueva Constitución revolucionaria y su Artículo 27, que exige la fragmentación de las grandes haciendas y protecciones para la modalidad de propiedad comunal de la tierra conocida como ejido.

[104] Véase también su conversación con el terrateniente Leonardo Cifuentes, 149-156.

[105] Es muy poco probable que exista una intención por parte de Castellanos de establecer un vínculo entre Cárdenas y su creación literaria. Era una ferviente cardenista y sostenía que el presidente la había salvado de una sombría vida de aristocracia pueblerina. Sin embargo, en el contexto de la novela, Cárdenas es una figura fantasmal, apenas discernible detrás de la fallida reforma agraria en Chiapas. Cualquier mención de su presencia en el texto (como el «presidente» o el «ajwalil») señala una política de redistribución progresiva y bienestar público; en pocas palabras, una afirmación general de la vida del ciudadano que Foucault llamaría «biopolítica». Cuando Leonardo Cifuentes asume las funciones estatales en el escenario local de Ciudad Real, vemos el lado oscuro de la biopolítica, la política con poder sobre la vida que afirma la necesidad de la muerte en la forma del racismo estatal. Aunque tendamos a recordar el giro biopolítico de Foucault en su punto más escalofriante —el discurso del dejar

morir—, algunos filósofos e historiadores han destacado en fechas más recientes la ambivalencia de la biopolítica, por un lado afirmación de la vida, pero por el otro, cálculo de la muerte. Véanse Roberto Esposito, *Bíos: Biopolítica y filosofía*, trad. de Carlo R. Molinari Marotto (Buenos Aires: Amorrortu, 2007); y Timothy Campbell, *Improper Life: Technology and Biopolitics from Heidegger to Agamben* (Minneapolis: University of Minnesota Press, 2011). Con la guerra de razas como condición de la historia de Chiapas, quizás podamos leer *Oficio de tinieblas* como una problematización de la raza misma, como la moneda que tiene a Cárdenas en un lado y a Cifuentes en el otro.

106 A propósito del lenguaje jurídico de la época, véase Rosario Castellanos, «El idioma en San Cristóbal de las Casas», en *Obras II: Poesía, teatro, y ensayo*, ed. por Eduardo Mejía (México, D. F.: Fondo de Cultura Económica, 1960), 533-537. El título del *Ordenanzas militares* es extraordinario y abre un agujero espacio-temporal en el texto que inmediatamente transporta la narración cuatro siglos atrás. Las «ordenanzas militares» son las reglas formales que rigen las prácticas, los procedimientos y las responsabilidades (incluidos los límites y las restricciones) de las fuerzas armadas. Son un avance importante en la profesionalización y modernización de los ejércitos formales. La España de los Reyes Católicos, de fines del medievo, cautivada por un discurso jurídico en expansión, fue crucial en la historia de esta codificación del servicio militar, y sus códigos fueron reescritos como ordenanzas claramente «nacionales» en la época postindependiente de América Latina. Las ordenanzas militares toman dos direcciones: en la negativa, restringen las acciones de las fuerzas militares y, en este sentido, intentan preservar el poder en manos del soberano; en la positiva, autorizan y legitiman la posesión y los medios de la fuerza violenta frente a ese mismo soberano y, por extensión, a la sociedad en general. Las primeras ordenanzas importantes emitidas en Mesoamérica surgieron ni más ni menos que del conquistador Hernán Cortés. Respecto de *Ordenanzas militares dadas por Hernando Cortés en Tlaxcallan* (1520), Anthony Pagden explica: las ordenanzas que Cortés lee en voz alta y luego relata en su tercera carta tienen la «intención de persuadir al emperador de que, al intentar tomar Tenochtitlan por la fuerza, está actuando tanto en los mejores intereses de la Corona como de acuerdo con la ley. Argumenta que los mexicas no son ciudadanos libres, sino vasallos rebeldes, y que deben ser castigados como tales» (en Hernán Cortés, *Letters from México*, trad. y ed. por Anthony Pagden [Nueva York: Orion, 1971], 482) [este texto es la traducción al inglés de las *Cartas de relación* de

Hernán Cortés (1485-1547)]. En pocas palabras, Cortés utiliza las ordenanzas como uno de sus argumentos de *jus ad bellum* para justificar su ataque a la civilización azteca. Con las ordenanzas, su ejército se transforma de una fuerza paramilitar ilegal en un ejército legítimo que defiende los derechos del rey. En *Oficio de tinieblas*, cuando Leonardo le presenta sus acciones al gobernador local, invoca la mismísima lógica para formalizar la paramilitarización de la sociedad: los ciudadanos patrióticos están defendiendo el tesoro nacional (equiparado con sus tierras) de la muchedumbre, la chusma que ha enarbolado la violencia y se ha ubicado fuera de la nación y sus leyes. El Estado, desconcertado, asiente, acepta esta versión de los acontecimientos, y ve cómo los viejos y expertos colonizadores recolonizan su discurso.

[107] Para los propios rebeldes, genocidio total: muerte a ellos y a sus familias, destrucción de sus pueblos, sal a sus campos. Para el resto, deportación y colonización forzada. La raza regresa a casa cuando la vieja estrategia de Alva para la integración patrocinada por el Estado es invocada en la ley de una segregación radical.

[108] Ésta es la lectura de O'Connell: «La inferencia es que su lucha progresará sólo cuando tengan acceso a y comprendan los medios que se utilizan para dominarlos, cuando puedan leer todos los signos» (Joanna O'Connell, *Prospero's Daughter*, 169), opinión que comparte con Sommers («Forma e ideología...»). Sin embargo, ésta se desploma cuando consideramos a los coletos. Como todas las partes involucradas (ellos, los tzotziles, el Estado revolucionario), sólo entienden de manera parcial, en el mejor de los casos, «los signos» que están en juego en esta lucha, y no obstante son capaces de conservar cierto nivel de dominio sobre la región. Quizás el asunto sólo se reduzca a tener los medios y la voluntad de utilizar la fuerza violenta.

4. Elena Garro y el fracaso de la alianza

[1] El contexto histórico en cuestión se conoce como la rebelión cristera, entendida por lo general como una reacción conservadora y popular contra las restricciones que el Estado posrevolucionario impuso a la Iglesia. Su momento de mayor intensidad se produjo, aproximadamente, entre 1926 y 1929. La obra en tres tomos de Jean Mayer, *La Cristiada* (México, D. F.: Siglo XXI, 1973) es aún el análisis más completo del levantamiento.

[2] Entrevista con Verónica Beucker en «Encuentro con Elena Garro», en *Elena Garro: Lectura múltiple de una personalidad compleja*, ed. por Lucía Melgar y Gabriela Mora, 37-53 (Puebla: Benemérita Universidad Autónoma de Puebla, 2002), 44.

[3] En realidad, era una suerte de anticomunista heterodoxa, que consideraba la reforma agraria y la redistribución de la tierra como la única forma en que México podría escapar a esa clase de influencia comunista que, tras la Revolución cubana, era más fuerte en el Sur global que en el Norte completamente industrializado. Garro concebía esta postura como fiel a la Constitución revolucionaria y se refería a sí misma como una «agrarista guadalupana». En una entrevista con Carlos Landeros, en 1965, llegó a ofrecer este resumen convincente de su perspectiva política: «Ahora, ser colonia de nosotros mismos es una ofensa que nos infligimos y que nos reduce a seres indignos», Carlos Landeros, *Yo, Elena Garro* (México, D. F.: Lumen, 2007), 63-65.

[4] Véase Luis Enrique Ramírez, *La ingobernable: Encuentros y desencuentros con Elena Garro* (México, D. F.: Hoja Casa Editorial, 2000), 49-54.

[5] El intento más completo, aunque no crítico, de dar cuenta del activismo y las polémicas de Garro alrededor de 1968 puede encontrarse en su biografía oficial: véase Patricia Rosas Lopátegui, *Testimonios sobre Elena Garro* (Monterrey: Ediciones Castillo, 2002).

[6] Citada por Verónica Beucker, «Encuentro con Elena Garro», 45.

[7] Entrevista con Lucía Melgar, en Lucía Melgar y Gabriela Mora, *Elena Garro*, 269-273.

[8] Verónica Beucker, «Encuentro con Elena Garro», 42; véase también Patricia Rosas Lopátegui, *Testimonios...*, 247.

[9] En Lucía Melgar y Gabriela Mora, *Elena Garro*, 15.

[10] He aquí cómo responde a las dudas de Elena Poniatowska sobre su elección de atuendo para una reunión con campesinos activistas: «No soy una hipócrita. Que me vean, que me conozcan tal y como soy. No tengo nada que esconder a diferencia de otros sepulcros blanqueados, escritores que se fingen indigenistas y en el fondo son racistas. Juegan un doble juego porque se fingen salvadores de los indios pero están muy contentos de ser blancos y rubios. ¡Qué gran asco me dan! Si soy dueño de un abrigo de pieles me lo pongo en el juzgado, donde sea y cuando sea. No lo voy a esconder», en Elena Poniatowska, «Elena Garro y sus tormentas», en *Baúl de recuerdos. Homenaje a Elena Garro*, ed. por Mara García y Robert Anderson, 5-15 (Tlaxcala: Universidad Autónoma de

Tlaxcala, 1999), 12. El texto es un recuerdo de Poniatowska, pero si se confronta con las numerosas entrevistas a Garro, suena bastante exacto.

[11] Disponible en https://www.maryferrell.org/pages/Elena_Garro_de_Paz_Allegation.html

[12] Otra serie de correspondencia, mucho más pequeña, la Colección Gabriela Mora de Elena Garro, se abrió en 2008.

[13] Elena Paz Garro, *Memorias* (México, D. F.: Océano, 2003).

[14] Esto se deja ver con mucha claridad en la lista de panegíricos a Garro reunidos en el volumen de Mara García. Carlos Monsiváis la llama una «mezcla de genialidad y locura», en Mara García, *Baúl de recuerdos*, 216. Margo Glantz la describe como «un personaje ejemplar por su antisolemnidad, su odio a las instituciones, su capacidad crítica, su locura, su gran talento», en Mara García, *Baúl de recuerdos*, 213.

[15] Lucía Melgar y Gabriela Mora, *Elena Garro*, 244.

[16] *Ibid.*, 269.

[17] *Ibid.*, 243.

[18] Un primer borrador de *Los recuerdos del porvenir* fue compuesto antes de que Garro desarrollara su activismo en torno a la reforma agraria, ya a finales de la década de 1940, mientras estaba en Europa, pero gran parte de aquel manuscrito fue destruido; la versión revisada y final se publicó en 1963. El movimiento jaramillista ocupa un lugar importante en una trayectoria más amplia de luchas agrarias en el México moderno y en su dialéctica concomitante entre activismo por la tierra y represión estatal. El asesinato de su líder y de su familia fue un escándalo nacional, y el movimiento suele llevarse el crédito por ayudar a consolidar el activismo de la década de los sesenta que culminaría en las protestas estudiantiles de 1968. Tanalís Padilla ofrece este resumen convincente del movimiento y su contexto: «Bajo el liderazgo de Rubén Jaramillo, los campesinos pelearon por mejores precios de las cosechas, créditos y reforma agraria. La lucha de los jaramillistas, conforme sus participantes se dieron a conocer, duró desde 1942 hasta el asesinato de Jaramillo en 1962. [...] Influidos por el legado del agrarismo de Emiliano Zapata, la esperanza creada por el populismo de Lázaro Cárdenas (1934-40), el desencanto traído por los gobernantes siguientes y las expectativas renovadas de cambio radical inspiradas [más tarde] por la Revolución cubana, los jaramillistas son un emblema de la resistencia campesina durante este periodo. Cuando los gobiernos postcardenistas abandonaron su compromiso con el campo, decidieron sofocar las peticiones jaramillistas con

violencia», Tanalís Padilla, «From Agraristas to Guerrilleros: The Jaramillista Movement in Morelos», *Hispanic American Historical Review* 87, n.º 2 (2007): 255. Véase también de Tanalís Padilla *Rural Resistance in the Land of Zapata*.

19 Lucía Melgar y Gabriela Mora, *Elena Garro*, 246. Garro quedó impresionada por lo ocurrido a los Montiel Barona y basó su cuento «El árbol», en *La semana de colores* (Veracruz: Universidad Veracruzana, 1964) en algunos aspectos de la vida de Antonia.

20 Véase Martha Portal, *Proceso narrativo de la Revolución Mexicana* (Madrid: Espasa, 1980); Amy Kaminsky, *Reading the Body Politic: Feminist Criticism and Latin American Women Writers* (Minneapolis: University of Minnesota Press, 1993), 151; y Amalia Gladhart, «Present Absence: Memory and Narrative in *Los recuerdos del porvenir*», *Hispanic Review* 73 (invierno, 2005): 91-111.

21 Amy Kaminsky, *Reading the Body Politic*, 86.

22 Elena Garro, «La culpa es de los tlaxcaltecas», en *La semana de colores*.

23 Sobre los elementos surrealistas en la obra de Garro, véase Anita Stoll, «Elena Garro y el surrealismo», en *Baúl de recuerdos*, 111-122; y Margarita León Vega, «La realidad está en otra parte: El surrealismo en la obra de Elena Garro», en *Elena Garro, Recuerdo y Porvenir de una escritura*, ed. por Luzelena Gutiérrez de Velasco y Gloria Prado, 25-41 (Toluca: Tecnológico de Monterrey, 2006).

24 Sobre las lecturas de esta obra como metáfora del machismo, véase, por ejemplo, Cynthia Duncan, «La culpa es de los tlaxcaltecas: A re-evaluation of Mexico's past through myth», *Crítica Hispánica* 7, n.º 2 (1985): 105-120; y Elizabeth Montes Garcés, «Redefining Identities in Elena Garro's "La culpa es de los tlaxcaltecas"», en *Relocating Identities in Latin American Cultures*, ed. por Elizabeth Montes Garcés, 117-132 (Calgary, Canadá: University of Calgary Press, 2007).

25 Elena Garro, «La culpa es de los tlaxcaltecas», 13.

26 Sobre la referencia a la Malinche, véase especialmente Sandra Messinger Cypess, *La Malinche in Mexican Literature: From History to Myth* (Austin: University of Texas Press, 1991).

27 La versión que utilizo aquí es de Martin Thom y aparece en Homi Bhabha, ed., *Nation and Narration*.

28 Citado en Richard Chadbourne, *Ernest Renan*, 100.

29 La cita de Renan: Ernest Renan, «What Is a Nation?», 19. Hannah Arendt, *The Burden of our Time* (Londres: Secker and Warburg, 1951), 125 *et passim*.

30 Benedict Anderson, *Imagined Communities* (Londres: Verso, 1991), 6. [Existe versión en español: *Comunidades imaginadas. Reflexiones sobre el origen y la di-*

fusión del nacionalismo, trad. de Eduardo L. Suárez (México, D. F.: Fondo de Cultura Económica, 1993.]

[31] Homi Bhabha, *Nation and Narration*, 310. No obstante, Renan es una figura peligrosa sobre la cual fundar cualquier crítica poscolonial a la forma nación, y que tiene una tendencia etnocéntrica que Edward Said describe notablemente en su libro *Orientalismo*, trad. de María Luisa Fuentes (Madrid: Libertarias/Prodhufi, 1990).

[32] Ernest Renan, «What Is a Nation?», 19.

[33] Georg Wilhelm Friedrich Hegel, *Hegel's Philosophy of Mind*, § 393 [existe versión en español: *Enciclopedia de las ciencias filosóficas en compendio*, trad. de Ramón Valls Plana (Madrid: Alianza Editorial, 1997), aunque en esta versión no se encuentran traducidos todos los *Zusätze*, es decir, anotaciones o comentarios realizados por los alumnos de Hegel para complementar la obra].

[34] *Ibid.*, § 393 *Zusatz.*

[35] *Ibid.*, § 394 *Zusatz.*

[36] *Ibid.*

[37] Georg Wilhelm Friedrich Hegel, *Filosofía de la historia universal*, trad. de José Gaos (Buenos Aires: Losada, 2010 [1835]).

[38] Ernest Renan, «What Is a Nation?», 15.

[39] La acción crítica de su retórica no libró a Renan, por supuesto, del «racismo», y aunque él pudiera ser cautivadoramente autoreflexivo al respecto, su actitud racista es bien conocida. Véase Edward Said, *Orientalismo.*

[40] Citado en Richard Chadbourne, *Ernest Renan*, 100.

[41] Ernest Renan, «What Is a Nation?», 8.

[42] *Ibid.*, 14.

[43] *Ibid.*

[44] *Ibid.*

[45] Kant sostiene lo anterior en «Sobre las diferentes razas humanas» (1777), que suele leerse como la primera interpretación sistemática de la raza como concepto científico.

[46] *Ibid.*, 14. Véase Manuel Gamio, *Forjando patria.*

[47] Arthur de Gobineau, «Essay on the Inequality of the Human Races», en *Gobineau: Selected Political Writings*, ed. por Michael Biddiss, 37-176 (Londres: Jonathon Cape, 1970 [1851]) [existe versión en español: *Escritos políticos*, ed. Michael Biddiss (México, D. F.: Extemporáneos, 1973)].

[48] Ernest Renan, «What Is a Nation?», 15.

49 De hecho, históricamente la raza aparece al mismo tiempo y dentro del surgimiento del Estado nacional. Véase David Theo Goldberg, *The Racial State* (Malden: Blackwell, 2002).

50 Ernest Renan, «What Is a Nation?», 20. Gobineau escribe: «Por lo mismo que sus necesidades y sus fuerzas se acrecientan, [una tribu] se pone inevitablemente en contacto con otras familias, y, por la guerra o por la paz, logra incorporárselas», «Essay on the Inequality...», 61.

51 Es por la vía de esta lógica que Renan puede ser visto aún como algo cercano a un imperialista, como Said lo deja claro, al tiempo que ofrece una crítica a la expansión al atacar los cimientos del par raza-nación. En esto concuerda explícitamente con Hegel, quien señala, en su *Filosofía del derecho* (1820) que las «naciones cultas consider[a]n y trat[a]n a otras, que están más atrasadas en los momentos sustanciales del Estado [...], como bárbaras, con la conciencia de un derecho desigual, y su autonomía es considerada como algo formal», Georg Wilhelm Friedrich Hegel, *Hegel's Philosophy of Right*, traducido al inglés por T. M. Knox (Londres: Oxford University Press, 1967 [1820], § 351 [existe versión en español: *Filosofía del derecho*, trad. de Angélica Mendoza de Montero (Buenos Aires: Claridad, 1968)]. Wardman se equivoca, en este sentido, cuando sugiere que el ensayo es una corrección de las ideas previas de Renan «sobre la desigualdad racial», H. W. Wardman, *Ernest Renan: A Critical Biography* (Londres: Athlone, 1964), 162.

52 El gesto que opera aquí de nuevo nos recuerda la «re-racialización» de Neil Larsen en «O "híbrido" como fetiche...». Al desarrollar esta idea, Larsen se ocupa de la escena específica de *Casa-grande e senzala*, de Gilberto Freyre (1933), pero se trata de un acercamiento histórico materialista que probablemente podría ampliarse a la mayor parte del pensamiento latinoamericano sobre el problema raza-nación. De hecho, Renan fue un gran éxito en América Latina, pero irónicamente no por la posible desestabilización de la idea de la raza que se puede entresacar de su hibridización de la nación. Más bien, fue invocado una y otra vez —por Rodó, Vasconcelos y otros— por acabar con el problema de la mezcla de razas nacional con sus ideas de la nación como proyecto espiritual o alma común.

53 Ernest Renan, «What Is a Nation?», 10-11.

54 *Ibid.*, 16.

55 De Benedict Anderson, veá *Imagined Communities*, 199-201. De Homi Bhabha, «DisemiNation: Time, Narrative, and the Margins of the Modern Nation», en *Nation and Narration*, 310. El llamado de Renan en «What Is a Nation?», 11.

56 *Ibid.*, 19-20.

57 *Ibid.*, 19. La cursiva es del original.

58 *Ibid.*, 20.

59 Amalia Gladhart, «Present Absence...», 93.

60 Ernest Renan, «What Is a Nation?», 11.

61 Todas las citas de la novela son de la edición: Elena Garro, *Los recuerdos del porvenir* (México, D. F.: Joaquín Mortiz, 2001 [1963]), y la indicación de las páginas remite siempre a esta edición.

62 La Malinche, o Malintzin, es la famosa traductora que acompaña a Hernán Cortés y aparece como figura prominente en los recuentos de Bernal Díaz y de Gómara sobre la invasión y conquista de la Nueva España. Leída alternativamente como villana y como heroína, es el sujeto de innumerables obras creativas y ensayos críticos, de los cuales mi favorito es el de Jean Franco, «La Malinche: From Gift to Social Contract», en *Critical Passions: Selected Essays*, ed. por Mary Louise Pratt y Kathleen Newman, 66-82 (Durham, N. C.: Duke University Press, 1999), que lee a la Malinche en el contexto de una crítica de la «mujer mediadora». Véase el ensayo de Margo Glantz, «Las hijas de la Malinche», en *Literatura mexicana hoy: Del 68 al ocaso de la revolución*, 121-129 (Frankfurt: Vervuert Verlag, 1991); y Sandra Messinger Cypess, *La Malinche in Mexican Literature: From History to Myth* (Austin: University of Texas Press, 1991) para un par de lecturas sostenidas de la novela de Garro como referencia alegórica a la Malinche.

63 Louis Agassiz, paleontólogo y naturalista del siglo XIX, fue un defensor notable del «poligenismo» (una genealogía humana que puede rastrearse a génesis separadas, por oposición a una sola familia de la especie humana) y un crítico influyente de la «mezcla de razas». Samuel George Morton fue un famoso antropólogo y frenólogo de la misma época y sostenía que las razas humanas se podían dividir en niveles permanentes de avance civilizatorio. Si bien ambos eran hostiles a la idea de la evolución, Francis Galton, primo de Charles Darwin, elaboró el primer argumento sistemático de la eugenesia, una teoría evolucionista de ingeniería social que tomó muchos de los supuestos racialmente jerárquicos de los poligenistas.

64 Compárese, por ejemplo, con los famosos capítulos iniciales de Octavio Paz en *El laberinto de la soledad* (la versión más reciente en español es: *El laberinto de la soledad. Postdata. Vuelta al laberinto de la soledad*, ed. por Enrico Mario Santí [México, D. F.: Fondo de Cultura Económica, 2015]).

[65] Véase Justo Sierra, *Apuntes para un libro...*, 301; Andrés Molina Enríquez, *Los grandes problemas...*, 138; Manuel Gamio, *Forjando patria...*, 117-118; y José Vasconcelos, *La raza cósmica.*

[66] Véase Jean Franco, *Plotting Women: Gender and Representation in Mexico* (Nueva York: Columbia University Press, 1989), 133-134.

[67] Homi Bhabha es famoso por sus lecturas de las sutilezas psicoanalíticas de este conflicto entre «colonizador y colonizado» (aquí, amo y sirviente, nacionalizador y nacionalizado), y cualquiera de sus ensayos de mediados de la década de 1980, reproducidos en *The Location of Culture* (Londres: Routledge, 1994) [existe versión en español: *El lugar de la cultura*, trad. de César Aira (Buenos Aires: Ediciones Manantial, 2002)] puede echar luz sobre las dinámicas entre clases o entre razas que operan en Ixtepec. Sobre el pasaje que sigue a esta nota, véase «Sly Civility» [«Astuta urbanidad»], especialmente por sus citas y su lectura de la teoría de Freud sobre «lo paranoide» (Homi Bhabha, *The Location...*, 93).

[68] Amy Kaminsky, *Reading the Body Politic*, 84.

[69] Antes, en la novela, se señala que Inés es cortejada por el sargento, precisamente después de que los soldados declaren la necesidad de un «soplón» (*ibid.*, 187); conforme la conspiración se desmorona, llega el punto en que Rosas exige que alguien la lleve ante él, y dos soldados arguyen más tarde que alguien «cantó». Así que, aunque hay sugerencias circunstanciales, el lector nunca presencia una escena de traición que implique a Inés. Y también, más allá de la inocencia y la culpa, está el problema más ligado de la traición misma; véase Jean Franco, «La Malinche...».

[70] Por «alianza» quiero decir la articulación (real o potencial) de formaciones sociopolíticas dispares en busca de una meta común (por ejemplo, la defensa de la Iglesia contra el Estado en Ixtepec, que claramente unía a los ricos y los pobres [*Ibid.*, 158]). En el pensamiento marxista contemporáneo, la alianza se suele colocar en tensión con la «solidaridad», donde aquélla se entiende como un medio temporal para un fin y ésta como medio y fin a la vez, una condición necesaria para la verdadera revolución. La alianza y su eficacia han surgido como temas importantes de debate durante las últimas dos décadas, especialmente en el contexto de los así llamados nuevos movimientos sociales y, hoy más que nunca, en relación con los movimientos altermundistas agrupados en torno al Foro Social Mundial, Occupy Wall Street y otros.

[71] Dos textos clásicos nos pueden guiar a lecturas sugerentes sobre el poder de esta escena. Sobre la idea de violencia como esencia de la acción humana, véa-

se Walter Benjamin, «Para una crítica de la violencia» (1921). Para la idea del discurso y su relación con lo político, véase Hannah Arendt, *La condición humana* (1958).

[72] Amy Kaminsky, *Reading the Body Politic* y, «Residual Authority and Gendered Resistance», en *Critical Theory, Cultural Politics, and Latin American Narrative*, ed. por Steven Bell, Albert LeMay y Leonard Orr, 103-121 (Notre Dame, Ind.: University of Notre Dame Press, 1993).

[73] Jean Franco, «La Malinche...», 71.

[74] Kaminsky duda de la idea de que Isabel estuviera siquiera enamorada, y atribuye esas lecturas a la «autoridad residual» que guía nuestra recepción de las narrativas antipatriarcales: «la relación de Isabel con Rosas [...] no tenía que ver ni con el amor ni con el autosacrificio, sino que era más bien un asunto complejo de destrucción y autodestrucción» (Amy Kaminsky, *Reading the Body Politic...*, 94; véase también «Residual Authority...», 105-107). Para otras interpretaciones de los motivos de Isabel, véase Cynthia Duncan, «Time and Memory as Structural Unifiers in Elena Garro's *Los recuerdos del porvenir*», *Journal of Interdisciplinary Literary Studies* 4, n.° 2 (1992): 105-120); Margarita León, «Las voces femeninas en el umbral de la conciencia: Las heroínas en la obra de Elena Garro», *La Palabra y el Hombre* 113 (2000): 127-133; y Amalia Gradhart, «Present Absence...».

[75] Véase Amalia Gladhart, «Present Absence...», 106.

[76] Una lectura sugerente de este punto podría implicar pensarlo a través de los estudios de Giorgio Agamben sobre la idea del poder soberano en el pensamiento occidental. Véase especialmente su crítica a la teoría de la soberanía de Carl Schmitt como «el lugar de decisión extrema» por la vía de la reconstrucción benjaminiana del soberano barroco como aquel que no puede decidir, en Giorgio Agamben, *Homo Sacer...*, 54 *et passim*.

[77] Las invocaciones históricas del pueblo a Zapata, que oscila entre el héroe popular y el saqueador rapaz en los recuerdos de Ixtepec, carga el deseo por la justicia revolucionaria de Abacuc de una cierta ironía.

[78] Jean Franco, *Plotting Women*, 138.

[79] Amy Kaminsky, «Residual Authority...», 109-110.

[80] Amalia Gladhart, «Present Absence...», 102. La cursiva es mía.

[81] Sobre la política de la figura de Gregoria, véase Amy Kaminsky, «Residual Authority...».

[82] En este punto, resulta tentador leer la crítica de Garro a la inacción política en contrapunto con la recepción que Octavio Paz dio a la franqueza pública de

Elea durante la década de los cincuenta, recepción que sólo podría ser descrita, de manera por demás generosa, como nerviosa. Véase la entrevista a Garro por Lucía Melgar y Gabriela Mora, *Elena Garro: Lectura múltiple...*, esp. 245.

83 Sandra Boschetto, «Romancing the Stone in Elena Garro's *Los recuerdos del porvenir*», *Journal of the Midwest Modern Language Association* 22, n.º 2 (1989): 1-11.

ÍNDICE

• ALIOS • VIDI •
• VENTOS • ALIASQVE •
• PROCELLAS •

© Malpaso Ediciones, S. L. U.
Gran Via de les Corts Catalanes 657, entresuelo
08010 Barcelona
www.malpasoed.com

Título original: *The Mestizo State: Reading Race in Modern Mexico*

ISBN: 978-84-16665-18-1
Depósito legal: DL B 22287-2016
Primera edición: marzo 2017

Impresión: Novoprint
Diseño de interiores: Sergi Gòdia
Maquetación y corrección: Àtona Víctor Igual, S. L.
Imagen de cubierta: © RIVERA: RAIN. /nMural by Diego Rivera at the Ministry of Public Education, Mexico City.